“十三五”国家重点出版物出版规划项目

国家出版基金项目
NATIONAL PUBLICATION FOUNDATION

湖北省学术著作出版专项资金
Hubei Special Funds for Academic Publications

中国化马克思主义研究丛书

中国化马克思主义意识形态理论研究

杨军 著

WUHAN UNIVERSITY PRESS
武汉大学出版社

图书在版编目(CIP)数据

中国化马克思主义意识形态理论研究/杨军著.—武汉：武汉大学出版社,2023.3

中国化马克思主义研究丛书

“十三五”国家重点出版物出版规划项目　国家出版基金项目　湖北省学术著作出版专项资金资助项目

ISBN 978-7-307-22049-2

Ⅰ.中…　Ⅱ.杨…　Ⅲ.马克思主义—意识形态—发展—研究—中国　Ⅳ.D61

中国版本图书馆 CIP 数据核字(2020)第 272881 号

责任编辑:胡国民　　　责任校对:李孟潇　　　版式设计:韩闻锦

出版发行：**武汉大学出版社**　(430072　武昌　珞珈山)

(电子邮箱：cbs22@ whu.edu.cn　网址：www.wdp. com.cn)

印刷:湖北金港彩印有限公司

开本:720×1000　1/16　印张:20.75　字数:312 千字　插页:3

版次:2023 年 3 月第 1 版　　2023 年 3 月第 1 次印刷

ISBN 978-7-307-22049-2　　定价:73.00 元

前言
深化对社会主义意识形态中国化的研究

长期以来，中国共产党高度重视社会主义意识形态中国化，并推动我国学术界持续开展社会主义意识形态中国化研究。特别是20世纪90年代苏联解体、东欧剧变发生后，中国共产党和学术界在反思中深刻认识到社会主义意识形态中国化关系到当代中国“举什么旗，走什么路”，关系到党和国家各项事业顺利推进，关系到全党全国各族人民凝聚力和向心力，关系到党和国家前途命运。面对全球化发展、社会主义市场经济发展、互联网信息技术发展和国际形势的风云变幻，我国学术界着眼于巩固马克思主义在意识形态领域的指导地位、巩固全党全国人民团结奋斗的思想基础，不断推进对相关的理论问题和实践问题的研究。对社会主义意识形态中国化的历史进程、基本经验、基本规律、现实境遇、目标任务、基本要求和基本路径等社会主义意识形态中国化要处理的若干重大关系、其他国家和政党在意识形态建设的经验和教训等开展研究，形成了大批高质量的学术成果。

一、我国学术界近年来关于社会主义意识形态中国化的研究及其特点

党的十八大以来，习近平提出了一系列加强意识形态工作、推进社会主义意

识形态中国化的重要思想，引导学术界围绕社会主义意识形态中国化研究不断聚焦、深化。近年来学术界关于社会主义意识形态中国化的研究重点在以下方面展开：其一，深入研究马克思主义经典作家，以及中国共产党领袖毛泽东、邓小平等关于社会主义意识形态中国化的思想，从中获得对现实的社会主义意识形态中国化的理论指导和思想启示；初步梳理了习近平关于社会主义意识形态中国化思想的基本内容、主要特点和指导意义。其二，深入研究了当前我国意识形态建设面临的主要矛盾和主要问题，尤其是全球化、互联网发展、多样化社会思潮蔓延等带来的消极影响，形成了“我国意识形态领域形势复杂，面临着安全风险”“意识形态领域处于矛盾凸显期”“错误思潮对社会主义意识形态形成严重挑战”“网络的发展对社会主义意识形态的传播提出新要求”等基本观点，也关注并讨论了社会主义意识形态自身存在的话语表达调适性不足、传播方式时代性不足等问题。其三，围绕中国共产党提出的“牢牢掌握意识形态工作的领导权、管理权、话语权”的要求，讨论社会主义意识形态中国化的基本原则、主要任务、着力点、基本路径等问题，尤其是对建构社会主义意识形态话语权、开拓占领和建设意识形态阵地、创新意识形态工作的方法和策略等有比较多的研究。同时伴随实践中意识形态责任制的落实，关于意识形态工作相关制度建设的研究开始加强。其四，运用马克思主义的基本原理和科学方法研究当前我国多样化的社会思潮，对各种社会思潮的产生条件、现状特征、主要观点、理论实质、影响程度、发展趋势等进行分析，特别是加强了对错误思潮(新自由主义思潮、历史虚无主义思潮、西方宪政思潮、“普世价值”论等)进行了学术批判，分析其理论渊源、内在逻辑、主要表现和现实危害等。

当前，我国社会主义意识形态中国化研究具有以下特点：

其一，综合性研究和专题性研究相结合。综合性研究主要是系统讨论社会主义意识形态的内涵、构成、特征、功能、话语、安全风险，讨论我国社会主义意识形态中国化的重大意义、基本规律、基本原则、基本经验、基本路径、成效评价等问题。专题研究则关注具社会主义意识形态中国化中的具体问题和现象，主要研究改革开放以来伴随我国经济社会领域的调整和经济全球化发展、互联网发展等，我国意识形态领域发生的深刻变化；西方对我意识形态渗透的手段、方法及其特点；意识形态领域日益多样多元的条件下社会主义意识形态话语权问题；中国共产党对意识形态工作的领导权；网络新媒体对社会主义意识形态中国化的双重影响；加强和创新社会主义意识形态传播、教育以推进意识形态认同；以马克思主义为指导分析当代中国多种社会思潮的兴起、主要观点、传播蔓延、社会影响等，用社会主义意识形态引领社会思潮；中国共产党推进意识形态工作的思想、举措；加强高校思想政治工作，等等。

其二，以多学科视角透视社会主义意识形态中国化。由于意识形态是以一定的社会存在为基础，由政治思想、法律、道德、艺术、宗教、哲学等所组合而成的观念系统，这决定了对意识形态的研究问题必然在哲学社会科学等多个学科展开。因此，我国学术界以特定的学科视角观照社会主义意识形态的基本理论问题和重大实践问题，形成了对社会主义意识形态及其建设的哲学分析、经济学分析、政治学分析、社会学分析、心理学分析、历史学分析等，拓展了社会主义意识形态中国化研究的理论深度与视域广度。

其三，研究方法多样化。学术界在研究中普遍坚持辩证唯物主义、历史唯物主义的科学精神和基本方法，坚持理论与实际相结合、历史与逻辑相统一，具体运用了理论研究、文献研究、实证研究、比较研究、历史研究等多种方法。以理论研究分析回答社会主义意识形态中国化的一系列基本问题，认识社会主义意识形态中国化的指导思想、战略意义、现实境遇、主体条件、方法手段等；以文献研究梳理、挖掘马克思主义和中国化的马克思主义关于意识形态的思想，为社会主义意识形态中国化提供理论指导，同时把握西方学术界的相关研究进展；以实证研究具体考察社会主义意识形态中国化的典型案例、方法路径和效果；以比较研究分析国外政党关于意识形态建设的主要理论和措施，分析西方国家在意识形态构建和传播上的特点，为深化对我国社会主义意识形态中国化研究提供参考；以历史研究把握社会主义意识形态中国化的进程，总结社会主义意识形态中国化的基本经验，深入认识社会主义意识形态中国化的基本规律。多种方法的运用提升了研究的科学性。

其四，论域广阔、维度多样。学术界在研究社会主义意识形态中国化中，不是就事论事，而是将社会主义意识形态中国化置于多个论域、多重维度，不仅从本体维度考察社会主义意识形态的总体层面与具体层面，考察其演变、话语、特点、结构和功能，而且从认识维度讨论把握社会主义意识形态中国化的内在要求、基本经验和基本规律，从实践维度探索社会主义意识形态中国化的方法路径；不仅研究建设社会主义意识形态的主体，也研究社会主义意识形态传播的受众；既从历史的纵向对我国社会主义意识形态中国化展开分析和总结，也从国际横向对照来考察世界范围内意识形态的发展趋势和特点、其他国家政党的意识形态建设，汲取西方马克思主义意识形态研究的合理因素，反观社会主义意识形态中国化的优势与“短板”；既讨论现实生活中经济社会结构变迁带给社会主义意识形态认同的困扰，更密切关注和深入研究了网络发展(包括新媒体发展)造成的社会主义意识形态安全问题。由于将社会主义意识形态中国化置于马克思主义中国化、党的思想建设、文化建设、大众日常生活、多元社会整合、机制制度构建、互联网治理、总体国家安全等多个领域进行考察，从而使当代中国社会主义意识形态中国化成为一个广阔的问题域。

二、准确把握社会主义意识形态中国化研究的新要求

习近平在党的十九大报告中指出：“必须推进马克思主义中国化时代化大众化，建设具有强大凝聚力和引领力的社会主义意识形态，使全体人民在理想信念、价值理念、道德观念上紧紧团结在一起。”①这一重要论述指明了在中国特色

① 习近平. 习近平谈治国理政(第3卷)[M]. 北京：外文出版社，2020：32-33.

社会主义进入新时代的条件下，社会主义意识形态中国化的目标。这一目标既包含对社会主义意识形态内容的要求，也包含对社会主义意识形态教育、传播效果的要求。展开而言：通过加强和创新社会主义意识形态中国化，巩固马克思主义的指导地位，在全社会牢固树立共产主义远大理想和中国特色社会主义共同理想，培养"四个自信"，培育和践行社会主义核心价值观，从而使坚持和发展中国特色社会主义具有坚实的社会基础和稳定的思想条件；通过加强和创新社会主义意识形态中国化，以具有强大凝聚力、引领力的社会主义意识形态反映时代潮流、表达人民意愿、增进社会共识、铸造文化之魂、引领发展方向、构建国家形象，做到人民有信仰、国家有力量、民族有希望，为建设社会主义现代化强国、实现中华民族伟大复兴完成社会动员、提供精神动力；通过加强和创新社会主义意识形态中国化，坚决反对一切削弱、歪曲、否定党的领导和我国社会主义制度的言行，抵御一切错误思潮观点的干扰，推动党的政治建设和思想建设，不断壮大党的思想引领力，为中国共产党始终成为全国人民的主心骨扎紧思想纽带，为中国共产党坚定党性原则、保持政治定力、完成历史使命、成为中国特色社会主义事业的坚强领导核心筑牢思想屏障。

对社会主义意识形态中国化的要求，也是深化社会主义意识形态中国化研究的新任务。即通过学术研究说明什么样的社会主义意识形态具有强大的凝聚力、引领力，如何使社会主义意识形态成为具有强大凝聚力、引领力的社会主义意识形态，为社会主义意识形态在多元意识形态格局中站稳主导地位、最大限度实现其功能提供学理支撑。

准确把握对社会主义意识形态研究，需要看到，当前在意识形态研究上须在以下方面作出更多的学术努力：

第一，全面总结党的十八大以来社会主义意识形态中国化的新经验。

自党的十八大以来，党和国家取得历史性成绩、发生历史性变革。其中党的十八大以来社会主义意识形态中国化在总体思路、具体方法和路径上都有重大创新，推动我国意识形态领域发生明显变化，反映了当代中国在全球化、信息化、多元化和分众化的社会条件下，建设社会主义意识形态的基本要求，开创了我国社会主义意识形态中国化的新局面党对意识形态工作的领导发生深刻变革。习近平围绕加强和改进党的意识形态工作，提出了一些新论断、新观点，牢牢掌握对意识形态工作的领导权，采取了一系列重要举措，包括坚持马克思主义在意识形态领域的指导地位，推进马克思主义中国化时代化大众化，创新社会主义意识形态话语，明确意识形态工作的基本原则，建立健全意识形态工作责任制，创新意识形态工作方式方法，引导哲学社会科学研究取向，规制中国特色社会主义文艺发展方向，加强宣传舆论阵地管理，加强网络舆论监管，开展对错误思想的"亮剑"斗争，坚决遏制各种错误思想炒作和蔓延，等等，增强了党在意识形态领域的主导权和话语权，使社会思想舆论环境中的混乱状况得到明显改变。近年来意识形态工作的实践和成果，全面体现了以习近平同志为核心的党中央对意识形态工作的高度重视、对意识形态领域复杂矛盾的准确分析、对意识形态发展趋势的敏锐洞察、对增强社会主义意识形态凝聚力引领力的顶层设计，也反映了中国共产党人对全球化、信息化和意识形态多元化交织的条件下社会主义意识形态中国化基本规律的新认识，为在新时代新征程中加强和创新社会主义意识形态中国化积累了新鲜经验。

经验是最好的老师。由于西方没有放弃"西化""分化"的图谋，由于我国多元化意识形态格局没有改变，意识形态领域斗争依然复杂，国家安全面临新情况，社会主义意识形态中国化将"永远在路上"，"只有进行时、没有完成时"。中国共产党人在多年来积累的社会主义意识形态中国化的鲜活经验，是当前和未来社会主义意识形态中国化的重要指引。因此，全面总结党的十八大以来社会主义意识形态中国化的新经验，不仅有利于推进对社会主义意识形态中国化基本规律的认识，推进对习近平社会主义意识形态中国化思想的学习和理解，而且有利于在社会主义意识形态中国化的实践中把握正确方向、运用科学方法、开辟有效路径。

第二，从理论上进一步厘清社会主义意识形态中国化的一些基本问题。

当前关于社会主义意识形态中国化的研究，还存在一些基本问题尚待从理论与实践结合的层面进行深入研究。比如意识形态工作和社会主义意识形态中国化是什么关系？社会主义意识形态中国化是否需要借鉴西方意识形态建构与传播的经验？意识形态工作的领导权、管理权和话语权之间是什么关系？社会主义意识形态中国化与哲学社会科学研究是什么关系？社会主义意识形态的凝聚力、引领力的科学内涵、形成机制、实现途径及其相互关系是怎样的？……就意识形态的凝聚力、引领力而言，社会主义意识形态的凝聚力、引领力是对社会主义意识形态的功能及其效果的表述，从本质上看是社会主义意识形态的能力。凝聚力表现为围绕某个中心，吸引、聚合其他事物的能力，外在表现为其他事物对某个中心的趋附、依从。用来表示社会主义意识形态的能力，则是指社会主义意识形态能够吸引人、聚合人心，外在表现为人们对社会主义意识形态的认同。引领力是指主体带动、牵引对象与其同向运动的能力；用来表示社会主义意识形态的能力，则是指社会主义意识形态能够在多元化意识形态格局中，带动、引导社会思想向着符合社会主义意识形态价值取向的方向发展。社会主义意识形态的凝聚力、引领力不是天然具备的，也不会在具备后一劳永逸，它们是在社会主义意识形态与社会存在的相互作用、社会主义意识形态与其他社会意识形式的相互作用中不断形成、发展的。

第三，增强研究的问题意识和现实针对性。

长期以来，关于社会主义意识形态中国化，一般性的研究多，针对性的研究少，这就使很多对策建议流于空泛、实际操作性差。一个重要原因就是缺乏对社会主义意识形态的审视，没有充分把握社会主义意识形态的内在张力。要提升社会主义意识形态中国化研究的学术水平，增强学术研究的实践价值，就必须实事求是地分析研究社会主义意识形态在理论生产、话语表达、功能发挥等方面存在的不足、短板，在与其他意识形态活动状态的比较中正视社会主义意识形态面临的困难与问题，坚持问题导向，有针对性地开展研究。

我国人口多、民族多、地域文化差异明显，以往关于社会主义意识形态中国化方法路径措施的讨论过于笼统，对不同社会群体、地域差别、民族差别的观照不够，对具体实践的深入考察不够。而在实践中，社会主义意识形态中国化的任何活动都是具体的，社会主义意识形态只有在具体的思想活动中显示自身的能力和价值。那么，笼统的研究就难以为实践提供方法论指导和学理支撑，会在实践面前成为“空谈”。这种情况不符合新时代新征程对社会主义意识形态中国化的需要。因此，根据当代中国意识形态领域的实际状况和坚持发展中国特色社会主义的根本需要，从实际出发，增强现实性，应该是社会主义意识形态中国化研究努力的方向。

以往关于引领社会思潮的研究，主要集中在讨论思想引领的“应然”，对思想引领的“实然”关注不够；研究引领主体多，研究引领对象少，对引领对象是否接受引领、何以接受引领的讨论非常欠缺。要建设社会主义意识形态的强大引领力，必须深入研究引领力的生成机制、实现条件和具体表现，深入讨论正确处理意识形态领域若干重大关系的原则，讨论如何将这些原则体现到思想引领的具体实践中，并按照社会主义意识形态中国化的目标要求评估引领力的实现。

当前，社会主义意识形态中国化所面临的关键问题就是如何有效建设、以什么为重点开展建设的问题。党的十九大报告在提出加强社会主义意识形态中国化的同时，用“强大的凝聚力、引领力”来描述社会主义意识形态的理想状态，正是针对社会主义意识形态的现实状态而言的。这一观点本身显示了强烈的问题意识和现实关怀。

因此，在理论研究中，必须关注两个重要方面：一是党的十八大以来社会主义意识形态中国化取得哪些成就和经验；二是如何建设社会主义意识形态的凝聚力、引领力。因为，党的十八大以来社会主义意识形态中国化在总体思路、具体方法和路径上都有重大创新，推动我国意识形态领域发生明显变化，反映了当代中国在全球化、信息化、多元化和分众化的社会条件下，建设社会主义意识形态的基本要求，开创了我国社会主义意识形态中国化的新局面；社会主义意识形态凝聚力引领力是社会主义意识形态能力的主要表现，是十九大报告明确提出的社会主义意识形态中国化努力的方向，同时也是今后社会主义意识形态中国化要重点突破的方面。

在新时代新征程中如何建设社会主义意识形态，具体而言是社会主义意识形态内容创新、话语创新、传播创新和社会意识形态领域科学治理如何实现有机结合。这既涉及社会主义意识形态“本体”，也涉及社会主义意识形态的“载体”，与社会主义意识形态生成、发展、创新和运行的社会环境密切关联这一问题涉及社会主义意识形态中国化的现实路径，涉及在社会主义意识形态中国化中要处理好的多种关系。研究好这一问题，才能解决社会主义意识形态中国化从理论向实践的转化、从宏观战略、政策向微观措施的转化。

第四，努力实现研究视角的拓展。

研究当代中国社会主义意识形态中国化，需要从理论视角、实践视角、大众视角和国际视角的结合上，综合运用系统分析、规范研究、文献研究、实证研究、比较研究等方法。概括而言，就是以把握新时代新征程对社会主义意识形态中国化的新要求、分析认识我国社会主义意识形态中国化的优点与短板为前提，以总结十八大以来社会主义意识形态中国化的新鲜经验为基础，通过研究社会主义意识形态凝聚力、引领力的内涵、生成机制和实现条件，说明社会主义意识形态中国化如何围绕增强凝聚力、引领力，明确主要任务、坚守基本原则、探索多样路径，在社会主义意识形态内部的完善创新与外部环境的治理提升的紧密结合中实现整体推进。

在研究的视角中，应该加强对以下视角的运用：

①实践视角。社会主义意识形态是社会主义建设实践的产物，也指导社会主义建设实践的展开。坚持实践视角，一要重视考察中国特色社会主义在新时代的不断推进，全面把握中国共产党进行的“四个伟大”，从而把握社会主义意识形态中国化实践中已经反映出来的问题，及其提出的理论要求；二要注重总结十八大以来社会主义意识形态中国化的实践经验，从鲜活的实践中总结并提升经验，逐步深化对社会主义意识形态发展规律的认识。

②大众视角。在中国特色社会主义新时代，社会主义意识形态中国化的目的是要在全社会增进政治认同、增强“四个自信”，社会主义意识形态中国化坚持以人民为中心的价值取向，因此理论研究必须观照大众对社会主义意识形态的感受、认知和态度。通过把握社会主义意识形态中国化如何适应大众日常生活，反映人民大众对美好生活的向往，针对大众思想上的困惑和误区，在社会主义意识形态的凝聚力、引领力上实现突破。

③国际视角。当代中国的社会主义意识形态中国化是处于开放、互联网迅速发展的条件下，处于中国与世界的关系发生深刻变革、西方对我长期进行意识形态渗透的环境下，由于我国意识形态安全风险大量来自西方大国意识形态的诱发催生，由于新时代社会主义意识形态中国化将面临其他意识形态的竞争，所以需要以国际视角深化对西方大国意识形态建构、意识形态传播手段和策略的认识，发现我国在意识形态建设方面存在的短板、漏洞，提出具有针对性的政策建议，推动我国社会主义意识形态中国化超越西方意识形态渗透的制约。

目录

第一章

社会主义意识形态理论之源

一、马克思、恩格斯的意识形态思想

（一）马克思、恩格斯意识形态理论的形成和发展

任何科学的理论都是借鉴前人研究成果、考察自己生活的社会环境以及投身社会实践活动的结果。马克思、恩格斯对意识形态问题的全新认识，是他们在扬弃前人理论成果，批判地继承前人意识形态理论的基础上，在资本主义飞速发展和世界急剧变革的时代，积极进行革命实践与理论斗争活动的过程中发展出来的。在进行革命实践和理论斗争的过程中，马克思、恩格斯实现了由唯心主义者向唯物主义者的转变，从民主主义者向共产主义者的转变，创立了科学的唯物史观，使他们的意识形态理论完全超越了之前思想家的理论成果。

1. 马克思、恩格斯意识形态理论形成的时代背景

恩格斯曾讲过，“每一个时代的理论思维，包括我们这个时代的理论思维，都是一种历史的产物”。[①] 马克思、恩格斯的意识形态理论不是他们主观臆造的，而是他们所生活的时代内容在理论上的反映，是历史发展的必然产物。自 18 世纪 60 年代开始，西方主要资本主义国家进行着轰轰烈烈的工业革命，文化取得了极大的繁荣，资本主义的生产方式在欧洲逐渐确立了统治地位，伴随着社会化大生产的深入，资本主义的基本矛盾加深，无产阶级和资产阶级的矛盾激化，工人运动高涨，这些都为马克思进行意识形态研究提供了时代背景和现实需要。

（1）西方资本主义社会发生了历史性变化

西方资本主义世界的历史性变化，得益于工业革命对生产力强大促进作用。

① 马克思恩格斯全集（第 26 卷）[M]. 北京：人民出版社，2014：499.

18 世纪中后期，以英、法、美、德等西欧国家为代表的资本主义国家，相继进行了以机器大生产代替工场手工业的工业革命，到 19 世纪 40 年代，英国基本完成工业革命，法国、美国的工业革命飞速发展，德国起步较晚，于 19 世纪 30 年代才开始。这场对世界产生重大影响的革命，是以 18 世纪 60 年代纺纱机的发明和应用拉开序幕的；18 世纪 80 年代，蒸汽机的发明与使用，促使棉纺织业从工场手工业过渡到机器大工业，这种生产方式的变革，带动了轻工业、重工业、交通运输业等部门的发展，也促进了采煤业和冶铁业的技术革新。19 世纪初期，机器制造业的出现，改变了整个工业生产的面貌，使生产的社会化程度得到提高，摧毁了以农业和手工业为基础的生产方式，生产资料得到集中，也促进了分工和专业化，各企业和生产部门之间的联系日趋密切，原本的个体生产活动转变为社会活动，这不仅使各工业革命国家形成国内市场，也为开辟世界市场奠定了基础。

①资本主义经济取得了突飞猛进的发展。大机器的使用和新的生产方式的产生，促进了科学技术的进步以及在生产中的运用，促使西方国家的物质生产水平达到了前所未有的高度，使其资本主义经济取得了突飞猛进的发展。率先完成工业革命的英国，在工业的技术水平、工厂的规模以及商业运输船队等方面都占据优势地位，其生产能力也达到了前所未有的高度；法国、美国的工业革命也促进了本国经济的飞速发展。“资产阶级在它的不到一百年的阶级统治中所创造的生产力，比过去一切世代创造的全部生产力还要多，还要大。”①

②资本主义生产方式和资本主义制度占据了统治地位。工业革命的深入推进，不仅催生了生产技术和社会生产的革命，也促进了生产关系的变革，原本封建主义的生产关系及上层建筑被摧毁，以机器生产和雇佣劳动为特征的工厂制度，把资本主义的生产方式和资本主义制度推上统治地位。这表现在大机器代替手工劳动，工厂制度在西欧国家主要生产部门得到确立，雇佣制度得到巩固。这

① 马克思恩格斯选集(第 1 卷)[M]. 北京：人民出版社，2012：405.

些国家的生产关系随之产生全面变革，资本主义的生产方式开始排挤个体劳动者，使大批劳动者丢失生产工具和土地而沦为无产阶级。因此，无产阶级的数量在人口中的比重明显增大，原本复杂的阶级关系日益简单化为资产阶级和无产阶级的关系。资本主义的生产方式依靠它强大的进步性，迅速取代了落后的封建主义的生产方式而获得真正的统治地位。资本主义的国家政治制度也在进一步巩固着资本主义的经济基础和生产方式，整个社会面貌发生了根本性的变化。

③资本主义社会矛盾日益激化，经济危机频发。通过工业革命所确立的资本主义的生产方式和制度，虽然促进了生产力的极大提高与发展，但无法摆脱资本主义所固有的矛盾，资本世界的周期性经济危机接连不断、愈演愈烈。正如马克思和恩格斯在《共产党宣言》中所言："这个曾经仿佛用法术创造了如此庞大的生产资料和交换手段的现代资产阶级社会，现在像一个魔法师一样不能再支配自己用法术呼唤出来的魔鬼了。"①1825 年英国爆发第一次全国性的经济危机开始，几乎每隔十年就要爆发一次大型经济危机。1836 年英国经济危机波及美国，1847 年的经济危机则使整个欧洲以及美国受到巨大冲击。每次相对生产过剩的经济危机，都会导致产品滞销、商业停顿、银行倒闭、工厂关门、大批工人失业，社会一片萧条。经济危机的周期性爆发表明，资本主义的生产关系已经成为生产力发展的障碍，生产关系与生产力之间激化的矛盾成为无法回避的事实。

④西方社会资产阶级和无产阶级的分化对立越来越明显。工业革命的深入开展，不仅摧毁了封建制度，创造了工业资本家阶级，而且也创造了人数庞大的工业无产阶级。这种分化异常明显表现在，社会财富集中在少数资本家手中，而占人口大多数的广大的农民和手工业者则越来越贫困，只能被迫沦为出卖自身廉价劳动力的无产阶级。工业无产阶级与历史上的奴隶和农民阶级虽然都属于被剥削的阶级，但是却又存在显著的个性特征。首先，无产阶级既没有奴隶主给予奴隶的最低生活保障，也没有农民阶级的土地和生产工具，只能没日没夜地出卖自身

---

① 马克思恩格斯选集(第 1 卷)[M]. 北京：人民出版社，2012：406.

的廉价劳动力，并忍受无时无刻不在发生着的激烈竞争。其次，无产阶级又冲破了自然经济的束缚，与先进的科学技术和社会化大生产直接联系，并被现代化的大生产像军人一样组织起来，且参加过资产阶级反对封建主义的斗争，深受资产阶级革命的洗礼以及近代民主自由观念的熏陶。因此，不仅视野广阔，而且纪律性强，具有奴隶和农民阶级所不具有的先进性、组织性和战斗性。

(2)无产阶级作为独立的政治力量登上历史舞台

工业革命的深入，促使欧洲主要国家的阶级构成发生巨大变化，资产阶级的力量得到壮大，无产阶级作为资产阶级的掘墓人也被创造出来。在资产阶级与封建统治阶级进行统治权争夺的时候，无产阶级与资产阶级是处于同一战线的。但是资产阶级作为新兴阶级逐渐丧失革命性，开始与封建地主阶级和解，转而对付无产阶级时，这两个阶级的矛盾变得尖锐，这在 1830 年“七月革命”后的法国表现得最为明显。19 世纪三四十年代发生在英、法、德的工人运动与工人起义，无疑是无产阶级登上历史舞台的重要标志。

18 世纪末到 19 世纪初，席卷欧洲的“卢德运动”是工人阶级自发地反对资产阶级的斗争，这时的工人们由于认识的局限性，把攻击生产工具作为自己的主要任务。随着资产阶级对工人阶级剥削的日益严重，个别工人与个别资本家之间的斗争越来越具有阶级冲突的性质，工人阶级在斗争中受到锻炼，逐渐成熟起来，开始认识到自身、组织和联合的巨大力量。1831 年 11 月，法国里昂爆发了工人阶级的第一次武装起义，战斗口号是“工作不能生活，毋宁战斗而死”，一度占领里昂市，但终因寡不敌众而失败；1834 年 4 月，里昂再次爆发工人起义，提出了“建立民主共和国”的要求，得到了法国工人阶级和欧洲工人阶级的支持与声援，但最终被镇压。英国从 1837 年开始，爆发了持续十年之久的宪章运动，其间，有数百万的工人阶级和劳动群众投身到争取普选和其他政治权力的伟大运动，虽然运动最终失败，但也极大地锻炼了英国工人阶级，催生了第一个群众性的、具有政党形式的工人阶级政治组织——全国宪章派协会。1844 年 6 月，德国爆发了西里西亚纺织工人起义。工人阶级把矛头直指资本主义的剥削制度，提出了“反对私有制社会”“反对资本主义剥削”的口号。这次起义已经有了无产阶级本质的意识，体现出高度的自觉性、理论性和先进性。

在英、法、德发生的三大工人运动表明，无产阶级已经将斗争的矛头对准了整个资产阶级及资本主义制度；同时，无产阶级也逐步抛弃了破坏机器的原始斗争手段，开始利用罢工、游行和武装斗争等形式去反对资产阶级的压迫了。尽管斗争的过程挫折不断，但在失败中摸索前进的历练，也促使无产阶级逐渐成为一个自为的阶级，逐渐成为推动历史发展的强大动力而登上了历史舞台。

(3)近代欧洲自然科学与社会科学的繁荣

欧洲近代科学的发展呈现出两个阶段，分别是15世纪后半期到18世纪末的第一阶段和19世纪以后的第二阶段。在第一阶段，涌现出哥白尼、开普勒、伽利略、笛卡儿、牛顿等促进自然科学发生革命性变革的科学家，他们让数学成为解释自然现象的根据，并使实验方法得到确立，近代自然科学的基础被建立起来，迎来了独立且蓬勃发展的崭新时代。科学领域的革命反馈到社会生产领域，便推动了近代社会生产与生活的变革；当它进入思想领域，便推翻了落后的自然观念，冲击着蒙昧主义和神学世界观。尽管它还存在较多的历史局限性，但其无疑推动了近代自然科学向第二阶段的历史性跨越。在第二阶段，近代自然科学由“搜集材料的科学”发展为“整理材料的科学”——揭示自然界物质形态之间联系和发展的新学科建立与发展起来，由此19世纪的三大科学发现即细胞学说、能量守恒定律以及生物进化论得以创立。自然科学的新成就沉重打击了形而上学的自然观，推动着唯物主义形态的变革，为马克思、恩格斯意识形态理论的产生提供了自然科学前提。

起源于启蒙运动的近代社会科学，跟随自然科学发展和资本主义兴起的脚步，逐渐摆脱了中世纪神学观念的束缚，将关注的焦点转移到发现人类社会本身的规律上，由此获得了发展并走向繁荣。当19世纪上半叶的资本主义经历巨大变化的时刻，面对资本主义的发展困境，近代社会科学将资本主义社会的经济、政治、文化等社会现象及其规律作为研究对象，形成了德国古典哲学、英国古典政治经济学和英法两国的空想社会主义的三大思潮，这些思潮作为先进思想家求索时代问题的尝试，提出了许多启发性的思想。黑格尔肯定事物是普遍运动和发展的，把事物的矛盾看作运动和发展的内在动力的辩证法思想，对于考察和研究资本主义社会的问题具有很强的启迪作用。费尔巴哈提出了世界是物质的、自然界独立于人的意志而存在的唯物主义命题，强调现实的人在社会中的主体意义，启发了人们围绕现实的人来探讨社会问题。以威廉·配第、亚当·斯密和大卫·李嘉图等为代表的古典经济学家第一次研究和分析了资本主义生产关系的内部联系，初步探讨了资本主义经济的运动规律；奠定了劳动价值论的基础，促使政治经济学成为一门科学；在地租、利润和利息等具体形式上研究和探讨剩余价值问题，在一定程度上揭示了剩余价值的起源。以圣西门、傅立叶和欧文为代表的空想社会主义者，对资本主义制度进行了猛烈的抨击，揭示了它的种种矛盾和罪恶，指出它的非永恒性、非正义性，提出建立公平、合理的理想社会即社会主义社会的方案，主张消灭私有财产制度、雇佣劳动制度、城乡对立和工农差别等思想，无疑包含很多的合理的成分。这三大社会思潮代表了当时人类先进思想的发展水平，代表了欧洲近代社会科学所取得的重大理论成果，从不同角度、不同程度反映了资本主义发展带来的社会变化过程，彰显了时代精神，它们所蕴含的积极因素对马克思、恩格斯的意识形态思想的产生发挥了关键作用。

总之，近代自然科学的兴起与发展，促进了工业革命的兴起，工业革命在促进社会生产力飞速发展的同时，资本主义制度所造成的资产阶级和无产阶级的对立，使无产阶级迫切需要科学的理论作为自身革命的指导。时代的这种呼唤，促使马克思、恩格斯揭示资产阶级的为维护统治所宣扬的思想观念的“虚假性”，探寻实现无产阶级革命事业由空想到现实的路径，他们的意识形态理论也就是在回应时代问题的过程中应运而生。

2. 马克思、恩格斯意识形态理论形成发展的历史阶段

马克思、恩格斯关于意识形态问题的研究成果散见于他们各个时期的著作

中，贯穿于他们革命生涯的始终。笔者立足于马克思主义经典文本，从纵向的角度对马克思、恩格斯的意识形态理论进行了较为系统的整理，并依据他们各时期在批判侧重点上的差异，将其意识形态思想划分为四个阶段。

(1)马克思、恩格斯意识形态理论的萌芽阶段(第一阶段：1837—1845年)

在《德意志意识形态》中，具有丰富哲学含义的意识形态概念被首次创立，也正因此一些学者便认为马克思、恩格斯的意识形态概念是在这篇文章中首次出现。① 然而，随着学者们研究与考证的深入，越来越多的资料表明初具否定含义的意识形态一词出现的时间要更早。1837年3月2日，马克思的父亲在给马克思的信中指出，“谁研究过拿破仑的历史和他对意识形态这一荒谬之辞的理解，谁就可以心安理得地为拿破仑的垮台和普鲁士的胜利而欢呼”。② 这里的“意识形态”就是指特拉西所首创的，以唯物主义感觉论为原则方法，主张研究人类思想和观念的观念学。马克思的父亲或许不认同特拉西的观念学，但他看到了以实现个人自由为目标的观念学与拿破仑恢复帝制、立天主教为国教的主张相左，因此受到拿破仑的贬斥，使之具有了浓厚的否定性色彩。马克思也表现出反对宗教的无神论精神，指出“我们的生活需要的不是意识形态和空洞的假设，而是我们要能够过恬静的生活”。③ 这里马克思将意识形态与“空洞的假设”并列起来使用，使“意识形态”具有了明显的否定性含义。当莱茵省议会的一名代表以“私人的自由意志受到如此严格的限制”为理由反对护林人的终身任命制的时候，马克思讽刺地说，“我们究竟应如何来了解意识形态的这一突然的造反表现呢？要知道，我们在思想方面所遇到的只是些拿破仑的追随者”。④ 拿破仑及其追随者一直否定特拉西的意识形态学说及其提倡的个人自由的思想，现在却反常的以个人意志自由为理由反对终身任命，在马克思看来其实质不过是反对被资产阶级私人利益

---

① [英]乔治·拉雷恩. 马克思主义与意识形态：马克思主义意识形态论研究[M]. 张季琴，译. 北京：北京师范大学出版社，2013：11.

② 马克思恩格斯全集(第47卷)[M]. 北京：人民出版社，2004：545.

③ 马克思恩格斯全集(第1卷)[M]. 北京：人民出版社，2002：236.

④ 马克思恩格斯全集(第1卷)[M]. 北京：人民出版社，1956：265.

所绑架的“忠顺的自由意志”的限制罢了。与此同时，恩格斯在批判“德意志狂”关于有机国家的诡辩时指出，“他们称为理论、意识形态或者天晓得是什么的那些东西，早已成为人民的血肉，而且有一部分已经进入生活了；因而不是我们，而是他们徘徊于理论的乌托邦之中”。[①] 鼓吹有机国家理论的“德意志狂”，真正秉持着空想和意识形态，他们关于延续中世纪等级制度和专制制度的愿望是脱离现实的。综上，研究马克思、恩格斯早期著作中“意识形态”概念为数不多的出场，可以发现：“意识形态”已经具有了否定性的含义，已经可以充分证明马克思、恩格斯早期使用的“意识形态”概念正符合拿破仑对意识形态的定义。或许我们可以猜测，拿破仑对意识形态家的贬斥和对意识形态（观念科学）的否定在欧洲流行并被人们普遍接受，进而深刻地影响了马克思、恩格斯对“意识形态”概念的认识。

1844—1845 年之前可视为马克思、恩格斯意识形态思想的萌芽时期。在这一时期，马克思、恩格斯通过对宗教和哲学的批判，使他们的意识形态思想逐渐积累起来。马克思早期的实践活动触发了他对现实问题的思考，这使他初步认识到统治阶级的思想和政策的虚伪性和掩蔽性，物质利益对各阶级的态度和行为以及对国家和法的决定作用，这些发现对他世界观的转变和意识形态理论的萌芽有重要意义。马克思大学毕业后积极投身动荡、变革的社会，以《评普鲁士最近的书报检查令》为开端，发表了一系列政论文章。在这些文章中，他辛辣地指出了书报检查令的虚伪和自相矛盾，揭露了它对人们思想控制和约束的反动本质。在担任《莱茵报》主编期间，他撰文批评了第六届莱茵省议会关于出版自由的辩论，相继发表了《关于林木盗窃法的辩论》《摩塞尔记者的辩护》等文章，他自觉地站在维护广大被压迫的劳动者的权利的立场上，对经济等现实问题进行了深入研究，对新闻和出版制度、法令、国家、教会的虚伪性和欺骗性进行了揭示，发现了理性国家的概念和物质利益制约国家和法的现实之间的矛盾。正是这些疑问和

① 马克思恩格斯全集（第 2 卷）[M]. 北京：人民出版社，2005：276.

困惑使他开始反思黑格尔的唯心主义国家观以及整个唯心主义哲学体系。

同时，马克思、恩格斯对黑格尔唯心主义哲学批判的深入，也促使了他们意识形态思想的萌发。他们揭示了黑格尔哲学在思维上的根本问题——主客颠倒。这种思维的颠倒性掩盖了事物的真实属性：在国家观上颠倒了国家和市民社会的关系。在历史观上颠倒了概念与现实的关系，因而不能看到历史发展的动力——人民群众的作用；在对宗教的批判中又陷入纯粹的思维批判。他们在《黑格尔法哲学批判》和《神圣家族》中揭露了黑格尔思辨哲学的秘密，说明了思辨唯心主义的思维方法：先从个别事物中抽象出来的一般，并把它当成独立存在的实体和本质，当成主体；并且反过来把它看成感性对象的来源和基础，即客观事物的直接创造者，而客观事物反倒成了一般这个本质的简单存在形式。黑格尔思辨哲学表现在其法哲学的方法论上就是“颠倒主客关系”。“黑格尔在任何地方都把理念当做主体，而把真正的现实的主体……变成了谓语。而事实上发展却总是在谓语方面完成的。”①马克思指明了黑格尔法哲学的思维和哲学要害，即用唯心主义方法来处理社会政治问题。马克思和恩格斯还批判了以布鲁诺·鲍威尔为代表的青年黑格尔派在历史观上的唯心主义，初步探讨了群众史观的基本原则。布鲁诺继承了黑格尔唯心主义的思维方法，把历史看成抽象逻辑自我演绎的过程，这种颠倒了思维与存在关系的唯心主义主张在思维中解决现实问题，突出表现在他主张通过消灭犹太教来实现犹太人的解放。在批判了青年黑格尔派历史唯心主义的反群众本质之后，马克思、恩格斯第一次正面论述了群众在历史创造中的重要作用。恩格斯指出，“历史不过是追求着自己目的的人的活动而已”，② 历史发展的动力不是批判哲学所说的概念，而是现实的人，“历史上的活动和思想都是‘群众’的思想和活动”。③ 马克思还在宗教批判中，认识到了宗教的颠倒性，并指出宗教的颠倒性是对现实中颠倒性的反映，同时也来自后者。马克思肯定了费尔巴哈揭

① 马克思恩格斯全集(第1卷)[M]. 北京：人民出版社，1956：255.
② 马克思恩格斯文集(第1卷)[M]. 北京：人民出版社，2009：295.
③ 马克思恩格斯全集(第2卷)[M]. 北京：人民出版社，1957：103.

示的宗教是人将自己的类本质对象化、人格化的结果的秘密，同时也批评了他基于“抽象的人”谈论基督教上帝虚幻性的不足，主张从人的社会属性方面来认识人的本质，并从这个社会中去寻找宗教的根源；认为宗教的颠倒性是颠倒的现实世界的反映，宗教的苦难是现实苦难的表现。因此，马克思、恩格斯通过这一时期的理论活动，揭示了唯心主义认识论是造成对现实世界颠倒认识的原因，也就此发现了意识形态特征的“颠倒性”。更重要的是，他们指出对世界的颠倒认识正是源自这个颠倒的世界，因此对于虚假意识的批判要在实践中解决，于是发现了意识形态的实践特性。基于此，马克思、恩格斯的意识形态思想正呼之欲出。

(2)马克思、恩格斯意识形态理论的创立与发展阶段(第二阶段：1845—1883年)

如前所述，在马克思哲学思想的发展进程中，历史唯物主义的创立与意识形态学说的形成乃是同一个过程的两个不同的侧面。从一方面看，正是通过对德国古典哲学、青年黑格尔派和其他意识形式的理论批判和对各种现实问题的思考，马克思发现了思辨唯心主义在思维方式上的根本错误，从而创立了历史唯物主义；从另一方面看，正是历史唯物主义的基本理论的建立，马克思才最终科学地解释了一切意识和意识形态的来源与本质，并创立了意识形态理论。① 可以说，历史唯物主义理论一经形成，马克思、恩格斯的意识形态理论也就同时脱颖而出，“意识形态”一词才被赋予丰富的内涵。

在这一阶段，马克思、恩格斯的研究对象可以归纳为广义的意识形态和狭义的意识形态。广义的意识形态即社会意识或者说观念的上层建筑，它具有和社会意识相同的特征和属性：意识形态是物质生活实践的产物，受物质实践的制约和限制，随着物质实践的发展而发展，并反映着物质生产实践和物质生产关系。广义的意识形态在马克思、恩格斯这一时期的著作中多采用“意识形式”“社会意识形式”等概念，对应的德语词汇为，Bewußtseinsformen、Ideologischen Formen。广

① 俞吾金. 意识形态论[M]. 上海：上海人民出版社，2009：117.

义的意识形态有以下特征和属性：首先，意识形态具有物质性（或曰实践性）。“意识［das Bewußtsein］在任何时候都只能是被意识到了的存在［das bewußte Sein］，而人们的存在就是他们的实际生活过程，如果在全部意识形态中，人们和他们的关系就像在照相机中一样是倒立成像的，那么这种现象也是从人们的生活的历史过程中产生的，正如物体在视网膜上的倒影是直接从人们生活的物理过程中产生的一样。”①马克思、恩格斯认为是生活决定意识，人们在社会生活中形成的各种思想、认识，都是社会现实的反映，都是在社会物质生活实践中产生的。意识形态的物质性表现在意识形态以及它所属的意识和人们的物质生产、物质交往、日常语言交织在一起，这些物质条件是意识存在和发展的首要前提；表现在意识形态没有独立发展的历史，它从根本上说是人们实际活动的“反射和回声”。意识形态是在精神劳动和物质劳动的分工形成后才产生出来的，意识和广义意识形态的发展都是由社会生产决定的；意识形态的物质性要求从物质生活资料的生产以及与之相适应的生产方式出发考察意识和各种意识形式。其次，意识形态反映着物质生产实践和物质生产关系，突出表现为意识形态的阶级性。“统治阶级的思想在每个时代都是占统治地位的思想”，“占统治地位的思想不过是占统治地位的物质关系在观念上的表现，不过是以思想的形式表现出来的占统治地位的物质关系”。② 统治阶级不仅控制着物质的生产者，而且还控制着思想的生产，调节着自己时代的思想的生产和分配，因而统治阶级的思想只是占统治地位的物质关系在观念上的反映。马克思、恩格斯的上述论述是在一般社会意识的层面上作出的，强调的是占统治地位的思想是对占统治地位的物质关系的反映，也就是说，一般社会意识（即广义的意识形态）具有阶级性，是人们生产关系和社会阶级关系的反映。阶级性是一般社会意识的特征，因为没有超阶级的社会意识，意识形态作为社会意识一类自然也符合阶级性这一特征。

狭义的意识形态作为一种否定性概念，突出表现在意识形态总是颠倒或扭曲

① 马克思恩格斯选集（第1卷）［M］. 北京：人民出版社，2012：152.

② 马克思恩格斯选集（第1卷）［M］. 北京：人民出版社，2012：178.

现实关系，包括德意志意识形态和一般意识形态两个部分，虚假性是其本质特征。它在马克思、恩格斯的著作中有着非常清晰的表达：“我们仅仅知道一门唯一的科学，即历史科学。历史可以从两方面来考察，可以把它划分为自然史和人类史。”①“我们所需要研究的是人类史，因为几乎整个意识形态不是把人类史归结为一种歪曲的理解，就是归结为一种完全的抽象。”②德意志意识形态的代表人物是马克思、恩格斯曾批判过的黑格尔、费尔巴哈、鲍威尔、施帝纳、杜林等人，它的虚假性植根于历史唯心主义的方法论。在认识论上，它根本颠倒了存在与意识、现实和观念的关系，认为观念决定着现实，所有的批判也只需要停留在观念的领域，使得德意志意识形态具有了保守性；在历史观上，它不是从生产、生活的实践出发解释意识和观念，而是从幻想的观念出发理解社会现实和历史，从而造成历史上始终是某种思想占统治地位的幻想，是观念统治着世界假象。恩格斯把杜林的哲学体系同黑格尔的《哲学全书》做了比较，证实杜林的哲学体系就是模仿黑格尔的《哲学全书》建立起来的。他认为原则是杜林哲学研究的唯一对象和起点，哲学原则是构成自然界和人类社会的最简单的成分和基本元素，哲学终极成分和原则一旦被发现，就可以用于把握人类已知和未知的事物。杜林哲学是由少数原则和公理在逻辑推演的基础上建立起来的哲学体系，带有明显的先验主义色彩。一般意义上的意识形态则是统治阶级维护统治的思想体系或革命阶级的普遍价值诉求。“事情是这样的，每一个企图代替旧统治阶级的地位的新阶级，为了达到自己的目的就不得不把自己的利益说成是社会全体成员的共同利益，抽象地讲，就是赋予自己的思想以普遍性的形式，把它们描绘成唯一合理的、有普遍意义的思想。”③统治阶级关于自身的幻想是狭义意识形态的一般特征，但是这绝不是说所有统治阶级的思想都是意识形态，更不是认为代表一定阶级利益、表达一定阶级诉求的思想都是意识形态、都是虚假的。如果阶级性就等

① 马克思恩格斯文集(第1卷)[M]. 北京：人民出版社，2009：516.
② 马克思恩格斯文集(第1卷)[M]. 北京：人民出版社，2009：519.
③ 马克思恩格斯文集(第1卷)[M]. 北京：人民出版社，2009：552.

同于虚假性，那么在阶级社会中全部关于社会的理论都只能是谬误。即使是统治阶级，当它处于革命时期时，其思想意识具有一定的“真实性”，即所谓的共同利益的幻想的真实性。因为这时，革命阶级的阶级意识与人民的利益存在着不同程度的一致性。统治阶级的思想之所以是意识形态主要是因为：第一，在阶级社会，这种国家共同利益对于个人所追求的特殊利益是“异己”的，所以始终发生着个人特殊利益与共同利益的实际斗争，“使得通过国家这种虚幻的‘普遍’利益来进行实际的干涉和约束成为必要”；① 第二，统治阶级关于自身的幻想已经成为阻碍社会历史前进的力量。当生产关系不再适应变革中的生产力，阶级统治的矛盾急剧激化，统治阶级可以采取政治的、法律的等意识形态的形式掩盖社会矛盾，遏制社会变革的爆发。

(3)马克思、恩格斯意识形态理论的完善阶段(第三阶段：恩格斯晚年对意识形态理论的贡献)

作为马克思最亲密战友、最伟大朋友的恩格斯，不仅与马克思一同创建和发展了马克思主义的意识形态理论，还在马克思去世以后，继续丰富和发展了这一科学的理论。他不仅撰写了许多具有战斗力的著作和书信，还清算了资产阶级意识形态家的种种谬误，修正了一些马克思追随者、崇拜者的机械唯物论观点，捍卫、丰富和完善了马克思主义的意识形态理论。

第一，恩格斯论述了意识形态的系统性。恩格斯划分了意识形态现象的不同等级层次，认为意识形态的等级越高，就越难以辨认它与物质条件之间的关联性。“我们所研究的领域越是远离经济，越是接近于纯粹抽象的意识形态，我们就越是发现它在自己的发展中表现为偶然现象，它的曲线就越是曲折。”②意识形态等级序列的基础是国家，它表现为不依赖于社会的独立存在，这就掩盖了它与经济的关系，也掩盖了它是统治阶级的工具的事实。一旦国家成为独立的机构，它所制定的意识形态的进一步衍生物的法律就可表现为更强的独立性。而等级序

① 马克思恩格斯选集(第1卷)[M]. 北京：人民出版社，2012：164.
② 马克思恩格斯选集(第4卷)[M]. 北京：人民出版社，2009：650.

列的最高级别的存在也即哲学、宗教等与物质条件之间的关系就变得更加隐蔽了。恩格斯还具体论述了各层次意识形态的具体属性和特征。首先，恩格斯从社会分工的角度指出，国家是为了执行社会的某些共同职能而从社会中分离出来的政治权力部门，它一经产生，便成为一种新的独立的力量，具有相对的独立性，并反作用于经济运动，对生产的条件和进程发生影响。在国家中，政府和反对派的斗争是阶级斗争的反映，可是这种反映同样是“本末倒置”的反映，阶级斗争的本质是经济利益的斗争，只是被政治斗争的表象掩盖起来了，甚至造成了政治决定经济的错误的颠倒的认识。其次，恩格斯对法律的相关问题进行了分析。他揭示了在阶级社会，法律对经济基础的反映为什么总是歪曲的。法律要适应经济状况，反映经济上占统治地位的阶级的意志，把经济关系和压迫条件固定化、合法化。因此，不同的社会物质生活条件，就有不同阶级类型的法律，法律对经济基础的反映也就是缓和地、歪曲地反映出来。他还揭示了本末倒置地反映经济关系的法律是如何产生的。法律作为一个新的独立部门依赖于生产和贸易的发展，根源于物质的生活关系。但因为法律具有独立的外观，表面上看起来一种经济关系只有得到法律的承认才是合法的，才能存在。于是就造成了一种错觉，仿佛是法律决定经济，又由于法学家直接和有关法律的思想材料打交道，使他们错认为是凭先验的法律的原理来进行活动，就使一切都本末倒置了。再次，恩格斯在对旧哲学和宗教的批判中更加深刻地揭示了哲学和宗教是对现实的物质关系颠倒的反映，因为宗教是现实世界在人们头脑中虚幻的颠倒的反映，哲学则是哲学家头脑中臆造的、幻想的联系，把社会历史的发展看作个别理想人物思想的现实。所以，表面上，宗教和哲学与社会的物质生活不相干，其实无论是哲学还是宗教，归根到底都是由一定的经济基础决定的。

第二，恩格斯深刻分析了经济基础、上层建筑与意识形态之间的关系，强调了意识形态的相对独立性。首先，恩格斯指出经济对具体意识形态形式的影响多半是间接的，它往往借助政治、法律、道德等“中间环节”。经济发展对哲学所起的最终的支配作用，主要表现在其决定着现有思想材料的改变和进一步发展的方式；同时，各种具体的意识形态形式之间又相互发生作用，且政治的、法律的、道德的意识形态形式对哲学的影响相较于经济更加直接，所以不能简单地将哲学的发展归于经济原因。其次，恩格斯强调了一切社会因素之间的相互作用。“这里表现出这一切因素间的相互作用，而在这种相互作用中归根到底是经济运动作为必然的东西通过无穷无尽的偶然事件(即这样一些事物和事变，它们的内部的联系是如何疏远或者是如此难以确定，以致我们可以认为这种联系并不存在，忘掉这种联系)向前发展。否则把理论应用于任何历史时期，就会比解一个最简单的一次方程更容易了。”①恩格斯认为，不仅上层建筑和经济基础之间相互影响，而且上层建筑中各种因素也都是相互影响的。在上层建筑诸因素中，政治居于主要地位，政权是上层建筑的主要成分，直接体现了统治阶级的意志，它对各种社会意识的影响最大、最直接。同时，各种社会意识又具有相对独立性和历史继承性，他们会反过来影响全部社会发展，甚至影响经济发展。最后，恩格斯认为上层建筑作为“第二位的作用”反作用于经济基础。第二位的作用有两层含义：一是国家一经产生，便成为一种新的独立的力量，具有相对的独立性，并反作用于经济运动，对生产的条件和进程发生影响。但是恩格斯指出，经济和国家权力这两种相互作用的力是不一样的。经济运动的作用要强有力得多，它是归根结底起决定作用的。二是国家权力以及和它同时产生的反对派的运动对经济的反作用，这些反作用本身是由经济运动造成的，因而是第二位的作用。“总的说来，经济运动会为自己开辟道路，但是它也必定要经受它自己所确立的并且具有相对独立性的政治运动的反作用，即国家权力的以及和它同时产生的反对派的运动的反作用。”②

第三，恩格斯对意识形态产生的过程(或者说条件)进行了概括。“意识形态是由所谓的思想家通过意识、但是通过虚假的意识完成的过程。推动他的真正动力始终是他所不知道的，否则这就不是意识形态的过程了……他只和思想材料打

① 马克思恩格斯文集(第10卷)[M]. 北京：人民出版社，2009：591-592.
② 马克思恩格斯文集(第10卷)[M]. 北京：人民出版社，2009：597.

交道，他毫不迟疑地认为这种材料是由思维产生的，而不去进一步研究这些材料的较远的、不从属于思维的根源。而且他认为这是不言而喻的，因为在他看来，一切行动既然都以思维为中介，最终似乎都以思维为基础。”①

首先，社会分工特别是精神生产和物质生产的分工使得专门的“所谓思想家”产生，国家政权、法律成为独立的部门。其次，“国家制度、法的体系、各个不同领域的意识形态观念的独立历史这种外观，首先迷惑了大多数人”。② 意识形态观念的独立历史的外观是指意识形态观念表面上是思维领域内独立发展的过程，与社会历史没有关系。这种外观迷惑了大多数人，使人们把思维领域的变革看作纯粹的思想胜利，而不是看作改变了的经济事实在思想上的反映。在意识形态独立外观的蒙蔽下，思想家们总是与自己领域内的一些思想材料打交道，这些材料或者产生于自己的头脑或者产生于先辈的头脑，于是思想家误认为思维是在头脑中独立发展的。事实上，思维和意识只是社会存在的反映，本领域和其他领域的外部事实对意识的发展可能共同起决定性的作用，但是思想家们没有去研究这些思维材料的根源、意识发展的动力，于是便始终停留在纯粹思维的范围之内。

（二）马克思、恩格斯意识形态理论的主要内容

马克思、恩格斯立足实践，坚持科学的历史唯物主义原理，在批判继承的基础上创立的意识形态理论，实现了人类意识形态领域的革命性变革，完成了对前人意识形态理论的全面超越。从横向的角度分析他们对意识形态理论的革命性变革，其精髓可概括为对意识形态内涵的科学阐释、对意识形态本质特征的深入阐释、对意识形态功能的深刻说明以及对资产阶级意识形态的深入批判。

1. 对“意识形态”内涵的阐释

意识形态作为是一个复杂的哲学范畴，一直是学术界的研究热点，从特拉西

---

① 马克思恩格斯文集（第 10 卷）[M]. 北京：人民出版社，2009：657-658.

② 马克思恩格斯文集（第 10 卷）[M]. 北京：人民出版社，2009：658.

最早提出“意识形态”概念开始，黑格尔、费尔巴哈等哲学家就对它进行了不同维度的阐释，为后人的研究工作提供了丰富的理论借鉴。马克思、恩格斯对意识形态的相关问题进行了较为全面的研究，赋予了意识形态这一概念科学的价值内涵；尽管他们没有对其进行明确的学理定义，但依据他们在不同历史条件和社会环境中对它的使用情况，可以窥探出他们赋予“意识形态”的多重内涵。

(1)意识形态是虚假的观念体系

马克思、恩格斯最初对意识形态的研究是从否定的意义上展开的，这主要是针对青年黑格尔派为代表的德国哲学的唯心史观。他们在著作中所指出的“幻想、观念、教条和臆想”等虚假观念，往往就是指青年黑格尔派和费尔巴哈的德意志意识形态。在马克思、恩格斯科学的唯物史观创立之前，唯心主义的虚假的意识形态一直占据着思想界的高地，颠倒了观念与现实、意识与存在的真实关系，彻底混淆了思想观念与客观事实的关系，束缚着人们的思想，阻碍着社会的发展。同时，作为意识形态的虚假观念体系，也是扭曲了的现实在人们头脑中的反映，是资产阶级思想家们竭力掩盖现实、掩盖自己利益的工具，具有鲜明的颠覆性。因此，作为虚假观念体系的意识形态在具体内涵上包括两个方面：一方面，它是指把认识世界、说明世界和改造世界的出发点落到虚假的、幻想的观念上的旧哲学的唯心主义历史观。这种哲学观点认为：“思想统治着世界，把思想和概念看作是决定性的原则，把一定的思想看作是只有哲学家们才能揭示的物质世界的秘密”。① 所以，“迄今为止总是为自己造出关于自己本身、关于自己是何物或应当成为何物的种种虚假观念”。② 这种不是从生产、生活的实践出发，而是从幻想的观念出发，以观念代替现实的意识形态，深深植根于历史唯心主义认识论之中，表现出神秘的颠倒性。然而，这种颠倒性的意识形态不过是对颠倒的现实世界的颠倒认识。在资本主义的现实世界中，一切真实的社会关系都掩盖在资本的假象之下，人们对于这个颠倒的世界便产生了颠倒的意识。另一方面，受社会历

① 马克思恩格斯全集(第3卷)[M]. 北京：人民出版社，1960：16.
② 马克思恩格斯文集(第1卷)[M]. 北京：人民出版社，1960：509.

史条件和人的认识水平的限制，一些代表各自集团利益的思想生产者，有意搞乱人们的认识，以普遍利益的面目来维护自身集团的局部利益，标榜自己是颠扑不破的永恒真理，是科学的思想观念体系。例如，资产阶级为了维护自身的物质利益和永久统治，往往把自身的利益描绘成全体社会成员共同的利益，将本阶级的虚假观念包装成唯一正确的、全社会所需要、完美且永恒的思想体系。马克思则看清了资产阶级意识形态的虚假性，指出："资产者的假仁假义虚伪的意识形态用歪曲的形式把自己的特殊利益冒充为普遍的利益。"①德意志意识形态家们曾经以批判者的姿态自居，但他们所保持的与现实的虚假的批判关系，归根结底是反映了德国资产阶级和小资产阶级的软弱性，它表明了青年黑格尔派为资产阶级和小资产阶级服务的本质——企图用意识形态来掩盖自己真实的物质利益和真实的动机。

(2)意识形态是代表阶级利益的思想体系

意识形态往往与阶级或社会集团相伴随而存在，这是由于意识形态不是个别人的思想体系，而是被某个群体所认可和接受的思想观念，是维护本阶级利益的工具。在任何社会中，占主导地位和主流地位的意识形态也总是统治阶级的或控制该国家的阶级或社会集团的意识形态。

在阶级社会中，物质利益的分歧是阶级之间对立甚至进行激烈斗争的根源。革命的阶级为了解决生产力与生产关系之间的矛盾，必然需要推翻旧的统治秩序，因此必须有反映这个阶级利益和诉求的革命口号、理念和思想，以满足舆论宣传的需要，团结和动员广大的群众来达成革命目标。革命阶级的革命意识在旧的社会结构中，往往没有合法的身份，但其预示着历史前进的方向，代表最广大人民的根本利益，具有很强的进步性和历史必然性，它有可能通过战胜堕落意识形态的束缚而上升为统治思想。所以，"每一个企图取代旧统治阶级的新阶级，为了达到自己的目的不得不把自己的利益说成是社会全体成员的共同利益"。②

① 马克思恩格斯全集(第3卷)[M]. 北京：人民出版社，1960：195.
② 马克思恩格斯文集(第1卷)[M]. 北京：人民出版社，2009：552.

这样就在观念的层面使这个阶级的口号、思想既合乎理性，又具有了普遍的意义，让它以人民群众的代表的姿态去反对统治阶级。马克思、恩格斯进一步指出，“它之所以能这样做，是因为它的利益在开始时的确同其余一切非统治阶级的共同利益还有更多的联系，在当时存在的那些关系的压力下还不能够发展为特殊阶级的特殊利益”。① 例如，在世界近代历史中，资产阶级一开始也是作为代表先进生产力的革命阶级去推翻封建专制统治，从而建立了新的政治制度，通过生产关系的变革促进了生产力的发展，它的反封建斗争中的思想口号可以说就是革命意识。无产阶级肩负着全人类解放的历史使命，要通过建立真正平等的共产主义社会来实现人的全面而自由的发展。因此，无产阶级必须以马克思主义的科学理论作为自己思想上的指导，打破固有落后观念的束缚，唤醒本阶级的革命意识，积极进行革命实践，这样才能实现解放全人类的历史使命。

革命胜利，改天换地。随着新政权的建立，与革命阶级变成统治阶级一样，革命意识也就被赋予了合法性，成为维护阶级统治的思想。“统治阶级的思想在每一时代都是占统治地位的思想。”②并且，作为统治思想的意识形态，不过是占统治地位的物质关系在观念上的表现，统治阶级不仅占据着生产资料，还成为思想意识的支配者。由于分工的产生，造成了物质劳动和精神劳动的分离，统治阶级内部也分化出进行物质生产和精神生产的两部分人群，那些从事精神生产的思想家，建构与维持着本阶级的意识形态，进行着整个时代的思想生产与分配，其他成员往往只能消极地接受这些思想。所以，“支配着物质生产资料的阶级，同时也支配着精神生产资料，因此，那些没有精神生产资料的人的思想，一般地是隶属于这个阶级的”。③ 统治阶级借助教育、灌输等途径，实现了本阶级意识形态思想对人民群众的思想控制。它将这种来源于统治阶级的物质实践的意识形态内化为阶级成员的基本信念，内化为人民群众行为实践的基本遵循，为统治阶级

① 马克思恩格斯文集(第1卷)[M]. 北京：人民出版社，2009：552.
② 马克思恩格斯文集(第1卷)[M]. 北京：人民出版社，2009：550.
③ 马克思恩格斯文集(第1卷)[M]. 北京：人民出版社，2009：550.

建立的社会制度进行理论的辩护，既巩固自身的统治地位也维护了社会稳定。

当统治阶级的统治思想丧失历史的进步性，背离历史发展的潮流，阻碍生产力的发展，不再与人民群众的利益存在一致性，纯粹是为了维护自身腐朽统治而辩护之时，它也就蜕变成反动统治阶级的虚假观念。马克思、恩格斯认为，脱离了真实的生产实践、物质生活，仅仅从观念出发去建构思想体系，并将这种颠倒的思想认识、编造的种种谎言当作维护统治的工具，这种意识形态便是虚假意识，它往往具有颠倒性、神秘化、歪曲性、伪批判性等特点。反动统治阶级通过赋予这种虚假的存在以强大的统治力，来达到欺骗和奴役人民群众的目的。例如，资产阶级在历史发展中逐渐丧失了其革命性，逐渐与广大劳动者对立起来，为了维护自身的物质利益和永久统治，往往把自身的利益描绘成全体社会成员共同的利益，将本阶级的虚假观念包装成唯一正确的、全社会所需要、完美且永恒的思想体系。马克思、恩格斯则看清了资产阶级意识形态的虚假性，他们还以科学唯物史观为理论工具，对虚假观念的内在根源和产生机理进行了揭示。正是由于资本主义经济的物役性，将人与人的关系颠倒成物与物的关系，创造了种种掩盖剥削事实的意识形态。

综上所述，作为阶级思想体系的意识形态，由于一开始作为革命意识反映历史趋势、代表人民利益诉求，因此会得到人民的支持；当摧毁旧的统治秩序，革命意识转变成为统治思想，统治阶级与被统治阶级之间在利益上有很大交集，因此作为维护这一秩序的统治思想对社会有益，而不会遭受普通群众的反对；当统治阶级仅仅为了维护自身政治统治和本阶级利益，而不关心人民生死，那么统治思想的蜕变与人民群众对这种意识形态的抵制就不可避免。唯有真正统筹阶级利益与群众利益的意识形态，才能兼有革命意识和统治思想的特质，不至于成为维护腐朽统治的虚假观念，这就是以解放全人类为历史使命的无产阶级的意识形态。

(3)意识形态是观念的上层建筑

马克思、恩格斯通过对德国古典哲学唯心主义幻想的批判，明确指出，考察人类历史必须从满足人类自身生存需要的物质实践出发。他们认为，人类作为客观存在的生命个体，首先需要借助生产活动与自然界发生关系，以得到维持自身存在的物质资料，这就是生产物质生活本身，人类这种改造自然的能力就是生产力；人类在进行生产的过程中，相互之间产生了社会关系，这便构成了生产关系。伴随着人类物质实践活动形式的丰富以及范围的扩展，市民社会这种既受生产力制约又制约生产力的交往方式便得以形成。对现实社会关系的研究，必须从物质生产实践出发，将作为人类所有实践活动舞台的市民社会，确立为人类历史的基础。因为，市民社会"在一切时代都构成国家的基础以及任何其他的观念的上层建筑的基础"。① 在《〈政治经济学批判〉序言》中又进一步指出："每一个历史时期的由法的设施和政治设施以及宗教的、哲学的和其他的观念形式所构成的全部上层建筑，归根到底都应由这个基础来说明。"②意识形态作为社会意识的一种表现形式，其存在和发展必须以物质实践作为根本来源，物质实践的变化发展牵动着意识形态的变化，因此，"意识在任何时候只能是被意识到了的存在"。同时，马克思、恩格斯在这里也对社会上层建筑进行了区分，一方面是作为"法律的和政治的上层建筑"的国家机器，它是国家的实体性存在，是包含政治法律制度和设施的政治上层建筑，作为基本手段和工具保障国家意志的实施；另一方面是作为"观念上层建筑"的意识形态，它作为一种观念性的工具，是统治阶级实施统治的"软"手段，主要是通过作用于被统治者的思想来达到约束和控制的目的。

通过对意识形态进行剖析，马克思、恩格斯还发现了意识形态是由各种具体的意识形态形式所构成的观念上层建筑，它们在维护阶级统治时所发挥的作用存在差异。因此，在对社会变革进行考察时，必须关注各种各样的具体的意识形态形式。在他们那里，构成观念上层建筑的具体意识形态形式主要有政治思想、法律观念、宗教、道德、艺术、哲学等，经济基础对它们的决定程度不同，它们在

---

① 马克思恩格斯选集(第1卷)[M]. 北京：人民出版社，2012：211.
② 马克思恩格斯选集(第3卷)[M]. 北京：人民出版社，2012：401.

社会有机体中发挥的作用就不同。政治思想和法律观念与生产关系联系紧密，经济基础对它们起着最直接的决定作用，它们所具有的价值判断性和政治倾向性，使其成为一定阶级和集团对社会成员产生普遍约束和规范能力的系统思想，也是保障意识形态发挥作用的有效渠道；宗教、道德、艺术较为普遍地影响着人们的日常生活，发挥着教化、约束、引导的作用；哲学则离经济基础更远，受其影响更小，然而它却是阶级斗争所需的必要武器，是无产阶级求得解放的精神武器。

(4)意识形态是人类文化发展的载体

“文化”一词起源于拉丁文 colere，主要是指人们耕作土地、加工作物的成果。哲学范畴的文化有广义和狭义之分，广义的文化是指人类实践活动所创造的物质财富、精神财富以及社会的风土人情、习俗等一切事物；狭义的文化是指人类所创造的精神文化，仅仅是以社会生活为对象的部分。马克思、恩格斯认为，原始社会只存在一般的意识形式，并不存在意识形态，只有到了阶级社会以后，精神生产以及各种意识形式才表现出意识形态的特征。之所以如此，是因为阶级社会的精神生产是社会分工的结果。随着生产力的发展和私有财产的出现，阶级社会中逐渐产生了专门从事精神生产的意识形态阶层，他们的精神生产活动是以私有制为基础的，以一个集团占有其他群体物质劳动为前提的活动，是站在本阶级的立场出发进行的活动。即使是自称进行“自由精神生产活动”的群体所创造的思想文化成果，也必然受其所在社会的生产、阶级状况以及思想文化遗产的影响。可以说，在阶级社会中的所有精神生产都必须在意识形态的环境中进行，必须以意识形态的活动的形式出现，意识形态扮演着人类文化发展的载体的角色。并且，社会结构包含着政治法律思想等具体的意识形态形式，当这些具体形式以文化发展载体的角色出现时，也就转变为政治文化等文化样态，历史上的各种文化无不聚集在意识形态的诸形式之中。

概括来说，意识形态作为文化发展载体主要有三个方面的表现：第一，意识形态作为一种特殊的精神环境，制约着文化创作主体的创作视角。文化创作主体身处复杂的社会环境中，他们的文化创作活动就不可能是毫无目的的漫游，他们必须以社会生活中的某一方面、某个层次为创作的视角，那么这一视角的选择就取决于其生活的意识形态环境。例如，资本主义社会以拜物教观念为主，决定了其文化创造往往以资本为焦点，在资本的范围内展开。第二，意识形态作为特定的思维结构，影响着人们文化创造的方式。文化创造活动是创造者对世界先认识再进行观念性再造的过程，在这一过程中，创造者的思维结构对各种观念信息的吸收、处理和整合都发挥着极其重要的作用，并直接影响着观念信息以何种面貌呈现。文化创造者的思维结构都是在社会实践中逐步建构起来的，所以这种建构是自然受动活动，是意识形态在人心中的内化活动。第三，意识形态作为特定的社会评价体系，制约着文化创造。一个社会主流意识形态的核心旨趣是其价值观，它代表着统治阶级的价值取向，体现着它的是非好恶，充当着整个社会的文化评价体系，对文化创造活动进行着指导和评判。它一方面打击、否定不符合统治阶级价值取向的文化，另一方面又吸收、宣扬符合统治阶级价值取向的文化内容，那么文化的创造活动也就受意识形态制约。

所以，我们在考察作为文化发展载体的意识形态时，不仅要坚持社会实践的决定作用，还要看到意识形态为文化所提供的基本的发展环境和土壤，正如马克思所言："一切已死的先辈们的传统，像梦魇一样纠缠着活人的头脑。"①当人们需要改变自身或者变革周围的事物之时，他们就必须依赖过去的精神文化成果去进行新的实践活动，创造新的世界历史。

2. 对意识形态本质特征的揭示

意识形态的特征为它的内涵所决定，正确认识意识形态的特征也是把握意识形态功能的重要前提。从马克思、恩格斯的角度而言，意识形态具有阶级性、实践性、虚假性和相对独立性等特征。

---

① 马克思恩格斯选集(第1卷)[M]. 北京：人民出版社，2012：669.

(1)意识形态具有明显的阶级性

意识形态作为经济基础在观念上的反映，是阶级社会中某一阶级、集团的物质利益、愿望、要求在观念上的表现，阶级性是它的根本属性。在现实社会中，意识形态往往从整体上论证该群体愿望及利益的合法性、正当性，并借助教育、宣传等途径，将这些理念灌输给本阶级成员以及其他阶级，以此来获取支持与认同，达到维护本阶级利益的目的。并且，任何社会的主流意识形态，都是该社会占统治地位的阶级的思想，马克思、恩格斯通过对统治阶级思想与统治阶级关系的研究，揭示出意识形态的阶级性，“统治阶级的思想在每一时代都是占统治地位的思想”，“占统治地位的思想不过是占统治地位的物质关系在观念上的表现”。① 所以，超越阶级的意识形态是不存在的。资产阶级为了维护自身统治，巩固其剥削地位，满足其攫取资本的利益需要，维护资本主义生产关系的再生产，往往歪曲现实生活、编造各种各样的意识形态谎言来掩盖资本主义社会的矛盾。他们通过各种形式和途径，将反映本阶级意志的政治法律思想、宗教、哲学、艺术等具体意识形态灌输和渗透到被统治阶级的日常生活中，成为他们的价值观念与诉求，“一旦资产阶级把意识形态阶层看作自己的亲骨肉，到处按照自己的本性把他们改造成为自己的伙计”。② 精神的东西，最终还需要物质力量来消灭。意识形态的这种阶级性，只能随着阶级对立的完全消失，它才会消失。在社会主义社会，无产阶级的意识形态无疑是最符合广大人民利益的意识形态。无产阶级是最革命的力量，只有依靠无产阶级使现存世界革命化，消灭剥削，解放全人类，实现共产主义，才能够最终实现对意识形态阶级性的彻底消灭。

(2)意识形态具有强烈的实践性

根据唯物史观的观点，意识形态是由诸多社会学说、思想观点所系统化了的思想观念体系，这决定了它的来源和指向上都具有强烈的实践性特征。它的实践性主要表现在两个方面：首先，意识形态具有明显的意向性，它来源于现实的社

① 马克思恩格斯选集(第1卷)[M]. 北京：人民出版社，2012：178.
② 马克思恩格斯全集(第26卷)[M]. 北京：人民出版社，1972：315.

会生活过程。社会中的意识形态，无论真假，都是对人们现实生活中种种物质生产实践的反映，这也决定了它对社会实践具有很强的依赖性，随着社会实践的改变而变化。尽管在历史发展中，有时意识形态的发展先于社会实践，有时落后于社会实践，但从总体的历史发展过程分析，它的这种对社会实践的偏离只是小幅度的、暂时的，终归不能脱离社会实践的发展程度。所以，唯心主义所主张的那种脱离社会实践而独立发展的精神、意识是不存在的。其次，意识形态又指向现实，以作用于社会实践为目的。意识形态作为一种精神生产的结果，绝不是一产生出来就束之高阁的东西，它总是积极地进入社会，发挥着思想引导和理论教化的作用。因此，根本不存在没有实践内容、政治目标、行动要求和社会理想的意识形态。在阶级社会中，统治阶级往往通过意识形态的宣传与灌输来维护自身的统治，打压妄图动摇、推翻自身的阶级和阶级意识。其他阶级的意识形态作用的发挥亦要通过实践的路径，无产阶级意识形态产生以后，就是依靠无产阶级的革命运动、社会主义的建设实践来逐步达成理论目标的，中国革命、建设与改革的历史经验与成就，也无不体现出意识形态的实践性特征。

(3)意识形态具有普遍的虚假性

马克思、恩格斯以科学的唯物史观为武器，在对唯心主义的批判中，揭示了意识形态的虚假性。他们认为，统治阶级为了维护自身利益所建构的意识形态是一种头足倒置的理论，它将意识、想象、概念等思维的东西独立化作世界产生的基础。根据马克思的观点，意识形态的虚假性主要体现在三个方面：一是虚假的真理性。意识形态作为一定阶级利益和价值取向的代表，使得它不仅不会真正揭示现实的社会生活，反而会以扭曲的方式反映社会现实，并以一种真理的模样来实现其他社会成员对它的认同。这表现在它为了维护本阶级利益，往往只对社会直观的表面现象进行抽象臆造，对社会问题提出一些改善方案，而不愿意去揭露社会的本质和规律；同时，对本阶级及自身采取非批判的态度，将本阶级的实践活动说成对真理的追求，而来自其他思想的质疑和批评皆视为对真理的破坏。二是虚假的普遍性。意识形态往往将特殊的阶级利益塑造成全体成员的共同的、普遍的利益，将阶级意识以普遍意识的面目呈现出来，赋予自己以普遍性的形式。革命的阶级为了获得其他群体的支持、代替统治阶级，总是制造体现普遍性的革命口号，将自身的革命行动说成为其他群体而进行。统治阶级为了巩固自身的统治地位，往往将自身的统治说成代表其他阶级的公正统治。意识形态只是在策略上迎合人民，隐藏在“自由”“公民”“全体”“正义”等普遍性口号之后，不过是某一阶级的特殊利益和意愿。三是虚假的永恒性。意识形态的虚假真理性、虚假普遍性最终是为了支撑意识形态的虚假永恒性，是为了强调本阶级统治利益的永恒性。唯物史观认为，无论何种意识形态、无论何种社会形态，都不过是人类历史长河中的一个环节。而意识形态的虚假永恒性，就是对自身的这种历史的、暂时的东西给予永恒性的肯定，将自身塑造成终极的永恒真理。这既表现在中国封建社会意识形态的天道、天理，“天不变，道亦不变”，还表现在西方资产阶级将自身的纲领、原则当成人类的最高思想成就、不可超越的规律等。同时，意识形态家们还把现存的社会秩序塑造成永恒的秩序，认为人类不必再去探索其他的社会模式，这在资产阶级经济学家对资本主义生产关系和资产阶级的政治学家对其政治制度的态度上，表现得异常明显。总之，意识形态的虚假性无非是颠倒的阶级社会的观念表现，唯有借助革命的实践才能摧毁其物质基础，才能扬弃这种虚假的意识形态。

(4)意识形态具有相对独立性

依据唯物史观的观点，意识形态作为社会意识的一种表现形式，受社会存在所决定，马克思、恩格斯也多次强调“不是意识决定生活，而是生活决定意识”,① 但不能就此完全否认意识形态存在相对的独立性。因为，意识形态在一定程度上确实能够摆脱社会存在的限制，表现出自身特有的发展形式和规律。首先，意识形态表现出历史继承与现实借鉴的统一。任何意识形态都不可能是完全的开创性成果，它必须立足以往思想素材的基础，才能实现自我的创造和发展。

① 马克思恩格斯文集(第 1 卷)[M]. 北京：人民出版社，2009：525.

所以，“人们自己创造自己的历史，但是他们并不是随心所欲地创造，并不是在他们自己选定的条件下创造，而是在直接碰到的、既定的、从过去承继下来的条件下创造”。① 并且，这种继承的内容有精华也有糟粕，只有进步的意识形态才能以批判的态度继承以往思想的合理内核，实现新的发展。同时，同时代不同国家、不同民族的意识形态以及意识形态的各具体形式之间，都是相互影响、相互借鉴的，这也是意识形态相对独立性的体现。其次，意识形态发展与社会存在不完全同步。尽管意识形态为经济基础所决定，反映社会存在，但由于其本身所具有的相对独立性，在现实生活过程诸多因素影响下，它表现出或落后社会存在、或先于社会存在的情况。社会实践不断进行，社会存在也随之变化，但是社会意识的保守性，会导致意识形态发展的滞后，而这种滞后性往往成为社会发展的障碍。在社会急剧变革的时代，社会意识可能脱离社会存在而急剧变化，一些意识形态就引领历史发展与社会变革，对社会发展起到积极的促进作用。所以，无论是滞后还是先于社会存在，都是意识形态能动作用的体现。最后，意识形态对社会存在具有反作用。尽管马克思强调社会存在的决定性作用，但是这并不是机械决定论、宿命论，这只是他为了更好地论证历史唯物主义的经济基础的决定性作用而已。面对一些学者对马克思观点的歪曲，恩格斯说，“物质存在方式虽然是始因，但是这并不排斥思想领域也反过来对物质存在方式起作用，然而是第二性的作用”。② 意识形态对社会存在产生反作用的过程中，不同性质的意识形态的作用效果不同，进步的意识形态往往产生积极的作用，反动的意识形态则产生消极影响。所以，意识形态并不是社会存在的消极反映物，而是具有能动性的精神存在。

3. 对意识形态社会功能的说明

社会生活中的意识形态犹如空气一般，人们生活于其中而不察觉，但其对整个社会的良好运转却发挥着不可或缺的作用。马克思、恩格斯着眼于现实的社会

① 马克思恩格斯文集(第 2 卷)[M]. 北京：人民出版社，2009：470-471.
② 马克思恩格斯文集(第 10 卷)[M]. 北京：人民出版社，2009：586.

结构，对意识形态在人类社会中的功能进行了相关论述，将其概括为维护功能、教化功能和整合功能。

(1)意识形态具有维护功能

意识形态作为统治阶级的阶级利益与诉求在观念上的反映，必然为维护统治阶级在社会生活中的统治地位服务。在阶级社会中，统治阶级为了维护自身统治，不仅需要军队、警察、监狱等实体性的国家暴力机构来维护秩序，还需要意识形态在思想控制被统治阶级，以达到笼络人心、消解其反抗意志、支持统治阶级统治的目的。意识形态维护功能的发挥，主要是通过三种方式：论证统治阶级的合法性、批判自我和异己思想以及进行教育灌输。首先，意识形态论证统治阶级的合法性。阶级的合法性问题，是决定这个阶级能否实现长久统治的关键问题，统治阶级往往会因为被统治阶级对自身合法性的质疑，导致其统治根基的动摇，进而演化为政治上的动乱。所以，为了维护统治，统治阶级一开始就会建构阶级的意识形态来论证自身的合法性。争夺统治地位的阶级，为了获取推翻旧秩序的力量，也会建构契合其他被统治阶级愿望的意识形态，以此获得斗争上的合法性。所以，以这种社会代表的形象出现的新阶级在获得斗争胜利之时，也就获得了成为新的统治阶级的合法性。当新阶级的统治地位确立以后，它又要通过建构符合自身要求的政治法律思想、宗教、艺术等各种具体的意识形态形式，对被统治阶级进行思想上的“改造”，掩盖阶级之间利益上的对立关系，使自身的合法性得到进一步巩固。其次，意识形态在自我批判和批判异己中维护阶级统治。在现实中，统治阶级为了维护自身的在经济、政治等方面的根本利益，会对自身所存在的思想、行为上的问题进行适当的批判，这种批判具有明确的目的性，所以不会彻底、根本性地变革自己，更不会推翻自身，只是为了使自己更具合法性、更好地维护统治。同时，统治阶级还借助意识形态，对以往统治阶级的意识形态进行批判，降低社会成员对它的认同，使之丧失存在的合理性。对于进步阶级的意识形态，统治阶级也是持指责和抹黑的态度，正如马克思所言，资产阶级“从宗教的、哲学的和一切意识形态的观点对共产主义提出的种种责难，都不值得详细讨论了"。[1] 最后，统治阶级的意识形态还需要教育、灌输等途径来实现社会认同。被统治阶级与统治阶级利益的不一致，导致其意识不会主动地认同统治阶级的意识形态，所以统治阶级必然要利用掌握的国家机器，通过教育、宣传等方式影响人们的思想，使被统治阶级认同统治阶级的意识形态，进而认同统治阶级的合法性。所以，"通过传统和教育承受了这些情感和观点的个人，会以为这些情感和观点就是他的行为的真实动机和出发点"。[2] 资产阶级借助教育不仅使被统治阶级认可了它的意识形态，成为甘愿剥削的对象，还抹黑了共产主义的形象。面对这种现实情况，马克思、恩格斯强调："共产党一分钟也不忽略教育工人尽可能明确地意识到资产阶级和无产阶级的敌对的对立。"[3]

(2)意识形态具有教化功能

意识形态通过教化为社会制度的合法性提供辩护系统。任何社会制度必须具有一定的辩护体系，如果缺乏有力的辩护体系，它是很难维持下去的。因此，作为观念上层建筑的意识形态的辩护功能本身是中性的，这种功能的性质取决于使一个阶级的统治地位得以确立的生产关系和交往条件与走在前面的生产力之间相符合的程度，如果当前的经济关系和政治条件与生产之间基本适应或矛盾较小。那么，统治阶级内部或统治阶级与被统治阶级之间的分裂和矛盾就愈小，与这种经济关系相适应的意识形态中真实的成分就愈多，它需要掩饰的内容就愈少，它的辩护功能就愈具有进步的意义；否则，与当前的经济关系不适应的意识越具有幻想性和虚伪性，这种幻想性和虚伪性被揭穿得越多，它们对意识本身的作用就越小，对自身的捍卫就越坚决，那么意识的语言也就愈加虚伪、道德化和神圣化，其功能就愈具有消极意义，但并不能就此说它的功能是弱小的，甚至某些时候是非常深刻而持久的。马克思在著作中，着重考察了阶级社会中意识形态的辩护功能，因此更侧重于从统治阶级利用意识形态对人民所进行的精神统治方面来

① 马克思恩格斯选集(第1卷)[M]. 北京：人民出版社，2012：419.
② 马克思恩格斯选集(第1卷)[M]. 北京：人民出版社，2012：695.
③ 马克思恩格斯选集(第1卷)[M]. 北京：人民出版社，2012：434.

论述。

那么，意识形态如何实现其作为上层建筑的维护功能呢？黑格尔在《精神现象学》中提出了教化、异化的理论，并将其与意识形态概念结合起来，马克思批判地吸收了黑格尔的这一思想，形成了自己关于意识形态教化的思想。马克思认为教化是通过两种渠道实现的，一方面从纵向的角度看，是由意识形态阶层通过自上而下地自觉宣传、灌输和教育来实现；另一方面从横向角度看，是通过人们在社会交往中潜移默化地把意识形态作为交往的内容，把意识形态作为社会交往得以进行的精神平台而实现。在《德意志意识形态》中，马克思曾涉及阶级社会中“意识形态阶层”问题，认为意识形态阶层是统治阶级内部精神劳动和物质劳动分工出现后从统治阶级内部分化出来的，他当时把它称为“该阶级(统治阶级)的思想家”，揭示了意识形态阶层的阶级实质。在《剩余价值学说史》中，马克思又对意识形态阶层在资本主义社会精神生产中的作用进行了深入分析，认为物质生产中的对立使一个意识形态阶层的存在成为必要，他们的使命就是从观念上维护资产阶级的根本利益，从而最终把自己变成资产阶级的用人。当然，在资本主义社会中，这种教化作用是非人化的训练，是将绝大多数人训练成机器。但毕竟通过教化承受了这些意识形态的人们，会以为这些观点和情感就是他们的思维的本己方式与行为的真实动机，就连意识形态阶层本身也“不能摆脱意识形态的羁绊”，成为“意识形态的俘虏”。可见，在这种教育或教化中，意识形态消解了社会成员的真实利益和意愿，掩盖了真实的现实关系，使人们难以发现统治阶级意识形态的虚假性。

在意识形态虚幻的阳光的照耀下，人们会认为统治阶级进行的统治是合理的、自然的、公正的，他们不但不会去质疑、反抗这种制度，而且认为只有这种体制才能给他们以安定和幸福生活，才能使他们实现自己的价值，于是人们就会共同遵从统治阶级的价值取向，从而有利于增强社会认同。

(3)意识形态具有整合功能

意识形态作为“软国家机器”，在社会中发挥着实体性国家机器所难以达到的整合功能，能够协调和规范各种社会关系，营造良好的经济和文化环境，保障政治和社会建设等工作的开展。在阶级社会，意识形态的社会整合作用的发挥主要通过两种途径：一是借助政治力量进行思想上的引导来实现社会整合。阶级社会中，意识形态这种观念的思想体系，是以思想的形式表现出来的占统治地位的物质关系，本质上是阶级利益的观念反映。统治阶级的意识形态代表着它的特殊利益，这也必然促使其将自身的思想观念设定为全体社会成员的价值目标，自认为现实的实践以及历史的必然趋势都奔向这一符合特殊利益的目标。在政治力量的强制作用下，这种观念性的存在便会决定人们所关注的世界，使他们的关注点从现实生活转入抽象的观念世界，并让他们产生这些观念的瓦解会导致社会崩溃的假象。所以，统治阶级的意识形态引导着社会的价值趋向，使社会成员具有统一的意志、目标和行动。二是借助意识形态的教育来实现社会的整合。观念的东西，能够通过教育的方式进入人的头脑，从而达到说服、影响的效果。在马克思看来，环境需要通过人来改变，教育者一定是先受教育的，教育是普遍存在于人类社会的。并且，作为自然存在的人，要想进入并适应社会，必须通过教化的方式来扬弃自己的自然存在来实现社会存在。所以，教育是进入社会的人所必须经历的过程。那么，教育的普遍性、必然性，在社会生活中就表现为统治阶级的自觉灌输、宣传以及人们将意识形态作为交往的精神基准。马克思在《路易·波拿巴的雾月十八日》中强调，意识形态通过教育、教化的途径被社会成员所接受，并成为人们心中具有实践倾向的精神力量。人们会把自己所接受的意识形态的观点和情感，错误地当成思维的本身方式和行为的真实动机，形成与社会相一致的思维方式、行为方式和信念。所以，古今中外的统治阶级都非常重视用自己的意识形态对社会成员进行教化，在资本主义社会中，资产阶级充分发挥了这种教化作用，“资产者唯恐其灭亡的那种教育，对绝大数人来说不过是把人变成为机器的附属品罢了”，① 他们将人异化为“机器的附属品”实现了对社会的整合。

① 马克思恩格斯全集(第4卷)[M]. 北京：人民出版社，1958：485.

4. 对资产阶级意识形态的批判

马克思、恩格斯阐明了资产阶级意识形态之所以是“虚假的观念”的原因是其对现实生活关系的倒置性反映，这是资产阶级意识形态无法克服的矛盾本性，也是无产阶级意识形态和资产阶级意识形态得以对立的理论依据之一。作为资本主义生产方式和交换方式长期发展的产物，资产阶级自身具有双重性：它一方面反对封建专制统治，具有革命性；另一方面又惧怕无产阶级和人民的力量在革命中壮大，具有妥协性。资产阶级的双重属性决定了资产阶级革命也是矛盾的：它需要广泛动员群众，组织他们进行革命斗争，实现历史发展所需要的反封建的变革，因而具有广泛的群众性；但它是以一种私有制去代替另一种私有制，为了维护自己赖以生存的生产关系，在革命中又极力压制人民自觉意识的觉醒，因而又具有反人民性。在此基础上形成的意识形态，也必然具有内在矛盾性。

第一，从传统观念中汲取现实斗争的力量。在革命过程中，资产阶级为了隐瞒自己的真正目的和动机，模糊现实斗争的阶级实质和真实内容，往往从传统中去寻找精神支柱。因此，常常出现这样的历史现象，“当人们好像刚好在忙于改造自己和周围的事物并创造前所未有的事物时，恰好在这种革命危机时代，他们战战兢兢地请出亡灵来为自己效劳，借用它们的名字、战斗口号和衣服，以便穿着这种久受崇敬的服装，用这种借来的语言，演出世界历史的新的一幕”。① 例如，1848 年革命因为对以往革命的拙劣模仿而成为历史的闹剧；法国“二月革命”将 1789 年法国革命中“自由、平等、博爱”的口号重新提出，“六月起义”中资产阶级又打出“拿破仑观念”的招牌，让拿破仑的侄子路易·波拿巴担任总统，借助拿破仑亡灵的余威进行统治。资产阶级这样做的真正目的，是为了从旧的意识形态中寻找斗争的旗帜，使其在现实中发挥凝聚人心的作用。正如马克思所指出：“在这些革命中，使死人复生是为了赞美新的斗争，而不是为了拙劣地模仿

① 马克思恩格斯选集(第 1 卷)[M]. 北京：人民出版社，2012：669.

旧的斗争；是为了在想象中夸大某一任务，而不是为了回避在现实中解决这个任务；是为了再度找到革命的精神，而不是为了让革命的幽灵重行游荡。”①当然，他们每次召唤亡灵时，都对传统意识形态的内容进行了符合时代需要的改造，这体现了资产阶级革命的矛盾性：为了消灭封建势力，它需要面对现实创造未来；但为了掩盖其阶级利益，又需要逃避现实和面向过去。

第二，以虚幻的形式反映客观现实。马克思、恩格斯早在《德意志意识形态》中就曾提出，企图取代旧统治阶级的新阶级为了达到自己的目的，常常把自己的利益说成社会全体成员的共同利益，也即赋予自己的思想以普遍性的形式。资产阶级在论证反封建的社会变革的客观必然性时，把自己狭隘自私的阶级利益表达为人民的普遍利益，使资产阶级革命理想化，把资产阶级的胜利宣布为全人类的胜利，把资产阶级社会宣布为“理性的千年王国”，把抽象的理性原则作为社会生活的本质，把伟大的发现、热烈的想象、思想的启蒙看作历史的根本动力，把英雄和天才看作社会的真正主宰。马克思把资产阶级在意识形态上表现出来的这一特征精辟地概括为“辞藻胜于内容”，认为近代资产阶级思想家之所以需要这样做，“为的是向自己隐瞒自己的内容”，② “辞藻胜于内容”的情形表现在思想家的言辞与幻想、与思想的本质是不一致的。

第三，以普世价值观遮掩极端的利己主义思想。马克思认为，以资本主义私有制为基础的资产阶级最基本的道德原则是利己主义，资本主义生产把人与人之间的关系变成了赤裸裸的金钱关系，“资产阶级抹去了一切向来受人尊崇和令人敬畏的职业的神圣光环。它把医生、律师、教士、诗人和学者变成了它出钱招雇的雇佣劳动者”。在这种关系中，人没有任何尊严，追求利益的获得和满足成为最高目标和最大动力，即使家庭关系也不例外，“资产阶级撕下了罩在家庭关系上的温情脉脉的面纱，把这种关系变成了纯粹的金钱关系”。③ “你们的利己观念

① 马克思恩格斯选集(第1卷)[M]. 北京：人民出版社，2012：670.
② 马克思恩格斯选集(第1卷)[M]. 北京：人民出版社，2012：671.
③ 马克思恩格斯选集(第1卷)[M]. 北京：人民出版社，2012：403.

使你们把自己的生产关系和所有制关系从历史的、在生产过程中是暂时的关系变成永恒的自然规律和理性规律，这种利己观念是你们和一切灭亡了的统治阶级所共有的。谈到古代所有制的时候你们所能理解的，谈到封建所有制的时候你们所能理解的，一谈到资产阶级所有制你们就再也不能理解了。”①马克思主张应该从历史过程的视角去分析道德观念，剖析其背后的经济关系和阶级利益，所谓永恒的普世价值观是不存在的。

综上所述，资产阶级意识形态的内在矛盾性根源于资产阶级以及资产阶级革命的双重性，这种矛盾性是客观存在的。但是，当资本主义生产关系还能够推动生产力的发展，当资产阶级和无产阶级之间的矛盾尚未激化，当资产阶级还作为一个革命阶级存在时，这种矛盾则暂时被遮掩着，随着阶级关系和阶级实践的变化，资产阶级意识形态的内在矛盾性不可避免地趋于尖锐化。

(三)马克思、恩格斯意识形态理论的特点和意义

马克思、恩格斯所创立的科学的意识形态理论具有鲜明的特点，它在思想史以及社会主义建设事业的实践中都具有不容忽视的重要意义。对这一理论特点与意义的探讨和挖掘，能够促使我们更加全面地把握这一理论，更好地理解它的时代价值。

1. 马克思、恩格斯意识形态理论的特点

马克思、恩格斯的意识形态理论的诞生，标志着科学意识形态理论的诞生，由此实现了意识形态发展史上的伟大变革。他们立足无产阶级的立场，对阶级社会的旧意识形态以及资产阶级的意识形态进行了深刻的分析与批判，坚持科学的实践观，从现实出发、从对错误理论的批判中进行理论的发展创新，形成了具有自身鲜明特点的意识形态理论。

---

① 马克思恩格斯选集(第1卷)[M]. 北京：人民出版社，2012：671.

（1）科学性与阶级性的统一

马克思、恩格斯的意识形态理论作为科学的意识形态，是在批判继承人类以往意识形态的优秀成果的理论基础上，对社会发展规律进行的科学概括和对社会发展必然性把握的理性结论。它深深植根于唯物史观之中，伴随着科学的唯物史观的创立而确立，揭示了意识形态的虚假性、阶级性、实践性、相对独立性等本质特征。首先，马克思、恩格斯的意识形态理论以唯物史观为指导，对前人的意识形态思想进行了积极的扬弃，继承和发展了其中的合理内核。其次，马克思、恩格斯的意识形态理论以科学的实践观为基础，对当时的社会现实进行了科学的分析，认识到资本主义条件下社会关系的颠倒，揭露了资产阶级用种种颠倒的思想认识、编造的种种谎言来愚弄人民群众，维护其反动统治的事实。最后，马克思、恩格斯揭示了资产阶级剥削无产阶级的事实，在其无法克服自身固有的基本矛盾的现实情况下，得到教育的广大无产阶级只有通过革命才能实现自身的解放。同时，马克思、恩格斯的意识形态理论也是无产阶级的意识形态。因为，意识形态具有鲜明的阶级属性，在阶级社会里，任何意识形态理论都是代表一定阶级利益的、为一定阶级服务的。那种宣称能够代表各阶级利益的意识形态是不存在的。正如恩格斯所言："一切历史上的斗争，无论是在政治、宗教、哲学的领域中进行的，还是在其他意识形态领域中进行的，实际上只是或多或少明显地表现了各阶级的斗争。"①马克思、恩格斯站在广大无产阶级的立场上，深刻揭露了资本主义意识形态的虚伪性，并探寻了这种虚伪性产生的原因，使广大无产阶级认清了资产阶级的丑恶嘴脸，从资产阶级的虚假宣传中清醒过来；也使无产阶级认识到维护自身的利益、实现自身的解放，必须靠实际的行动。因此，马克思、恩格斯的意识形态理论作为代表无产阶级利益的意识形态理论，不仅具有优于之前的旧意识形态理论的科学性，还具有揭露资本主义意识虚假性的能力，为无产阶级的解放运动指明道路，成为无产阶级的革命理论的阶级性，是科学性和阶级

① 马克思恩格斯文集（第2卷）[M]. 北京，人民出版社，2009：469.

性的统一。

（2）批判性与开放性的统一

马克思、恩格斯的意识形态理论是在批判的过程中不断向前发展的，批判性渗透于这一理论产生与发展过程的始终。马克思曾说，“我不主张我们树起任何教条主义的旗帜”，① 所以，他和恩格斯一直在批判旧世界的过程中去发现建立新世界的规律。首先，对旧的意识形态思想进行深刻的批判。马克思、恩格斯对黑格尔的思辨唯心主义体系进行了批判，指出黑格尔哲学将观念变成了主体，用颠倒现实关系的体系来掩盖事实的本质。他们还批判了费尔巴哈忽视实践活动，特别是生产劳动的意义，强调只有成功地对世俗世界进行批判，才能够完成对宗教世界的根本批判。总之，马克思、恩格斯对旧的意识形态的批判，科学解释了意识形态的来源和本质，为以后意识形态批判指明了通过世俗批判来达成精神批判的正确路径。其次，马克思、恩格斯对资产阶级意识形态进行了批判。通过形象生动的眼网膜成像的原理来说明资产阶级意识形态的虚假性，并对这种虚假性做了彻底的批判。在资本主义社会，生产资料归私人占有，为了维护资产阶级利益的资本主义制度所反映出的资产阶级的意识形态就带有其鲜明的阶级性。马克思、恩格斯通过批判资本主义的社会制度，指出追逐剩余价值的资产阶级为了维护其经济上的统治地位，编造种种美好的谎言来达到维护自身统治的目的。最后，马克思、恩格斯对自身的意识形态理论也进行了批判。他们的理论脱胎于旧时代和旧社会，随着社会存在的不断发展，需要对理论赖以建立的社会基础进行考察，相应地对于他们的意识形态理论也需要进行不断的自我批判，“如果我们的任务不是构想未来并使它适合于任何时候，我们便会更明确地知道，我们现在应该做些什么，我指的就是要对现存的一切进行无情的批判，所谓无情，就是说，这种批判既不怕自己所作的结论，也不怕同现有各种势力发生冲突”。② 马克思、恩格斯正是在这种自我肯定、自我否定再到自我的否定之否定的辩证统一

① 马克思恩格斯文集（第10卷）［M］．北京：人民出版社，2009：7.
② 马克思恩格斯文集（第10卷）［M］．北京：人民出版社，2009：7.

中，实现了自己学说的飞跃。

与此同时，马克思、恩格斯的意识形态理论也是开放的理论。这种开放性不仅表现在它对前人优秀思想的借鉴吸收，还表现在他们将这一理论看作根据变化着的实际不断发展和完善的过程。一方面，马克思、恩格斯继承了德国古典哲学的批判主义传统，吸收黑格尔哲学中的辩证法思想，又把费尔巴哈的唯物主义贯彻到历史领域，结合实际的社会物质生活实践提出了科学全面的意识形态理论。这种思想承继上的开放性赋予了马克思、恩格斯意识形态理论开放的视野和充分的理论养分。另一方面，它的开放性还表现在始终在实践的变化发展中进行自我完善。马克思主义向来不是教条。所以，马克思、恩格斯的意识形态理论也并不是稳固的，像恒定规律那样严苛不变，而是根据社会物质生活的变化而发生变化。马克思、恩格斯意识形态理论自产生之日起，就受到许多研究者的争论，即使是在当代，马克思、恩格斯意识形态的内涵都没有达成一致见解。我们相信，正是这些争议促使着更多的人来研究马克思、恩格斯的这一思想，促使着这一理论变得更加开放并不断走向完善。所以，马克思、恩格斯意识形理论的批判性使之得以形成，也是它所蕴含的开放性使之不断发展完善。

(3)理论性与实践性的统一

马克思、恩格斯的意识形态理论作为科学的理论，相对于以往旧意识形态理论的理论与实践相背离的情况而言，实现了理论性与实践性的统一。从没有人敢于质疑以德国古典哲学为旧意识形态的理论性，然而要说它们具有强烈的实践性却又很少有人表示赞同。之所以如此，是因为以往的理论家没有看到实践在人类社会发展中所发挥的巨大作用，往往把上帝、神、决定精神等观念的东西当作历史的前提和理论的出发点。例如，奥古斯丁就认为上帝是完美的、无所不能的，上帝创造了现实的一地；黑格尔则认为自然、人类社会是绝对理念自我发展的表现。因此，他们的这些理论不是来自对社会实践规律的概括与升华，而是在精神领域纯粹的概念游戏，不可能对现实的人与实践产生积极的影响。马克思、恩格斯则把“现实的人”作为变革社会的物质，强调是人通过实践的活动，改变着自身的生活环境，创造着历史。所以，“人们的想象、思维、精神交往在这里还是人们物质行动的直接产物”。① 马克思、恩格斯意识形态理论的理论性与实践性相统一包含着以下几层含义：首先，它作为一种理论成果，来源于实践、形成于实践、发展于实践，是以社会实践为基础为依托的。这与以往的意识形态家凭空捏造、思维冥想的意识形态理论具有根本上的不同。这就如同马克思恩格斯在《共产党宣言》中对共产党的理论原理的描述，“这些原理不过是现存的阶级斗争、我们眼前的历史运动的真实关系的一般表述”。② 生动的生活实际和丰富的社会实践，既是马克思主义孕育和形成的基础，更是推动马克思主义这一科学的意识形态能够与时俱进、叱咤风云的关键因素。其次，马克思、恩格斯的意识形态理论具有指导社会实践的实践指向性。也就是说，这一理论在不同的社会实践中，具有巨大指导作用。“哲学家们只是用不同的方式来解释世界，而问题在于改变世界。”③马克思、恩格斯在研究人类历史进程中，揭示了历史发展运动的一般规律，创造了唯物史观和剩余价值学说，也同时揭露了资本主义意识形态的虚伪性，指出共产主义社会代替资本主义社会的必然趋势。所以，它不是一经掌握就可以束之高阁的东西，而是作为无产阶级革命战争的理论武器，指导着无产阶级的革命实践。同时，这一理论与社会实践是紧密结合的，在指导实践的具体历史过程中，不断地接受实践的检验，并且依照实践这个客观存在标准不断修正，根据实践的要求不断更新、发展，这也保证了它不会像以往的意识形态一样僵化落后。

2. 马克思、恩格斯意识形态理论的思想史意义

马克思、恩格斯意识形态理论的诞生，是人类思想史上的重大事件。它开启了意识形态研究的科学之路，把历史上一直颠倒的观念世界和现实世界的关系转

---

① 马克思恩格斯选集(第1卷)[M]. 北京：人民出版社，2012：151.
② 马克思恩格斯文集(第2卷)[M]. 北京：人民出版社，2009：45.
③ 马克思恩格斯文集(第1卷)[M]. 北京：人民出版社，2009：506.

变了过来，思维和精神的谜题被彻底破解。人们的意识是由他们的社会存在决定的，意识与意识形态在历史唯物主义中回到了它真实的地位。

(1)创建历史唯物主义的重要前提

以往的哲学家在社会历史领域中是坚持错误的唯心主义的观点，而马克思、恩格斯则实现了唯物主义在社会历史领域的革命性变革，创建了历史唯物主义。在创建的过程中，他们的意识形态理论无疑发挥了重要作用，是唯物史观形成的重要前提。青年时代的马克思，其思想还处于黑格尔哲学思想、鲍威尔自我意识理论以及费尔巴哈人本主义思想的影响之下。恩格斯也曾在文章中谈及费尔巴哈对马克思的强烈影响。若不是之后马克思、恩格斯对黑格尔和青年黑格尔派哲学思想的批判，他们就完全不可能成为马克思主义者。马克思、恩格斯之所以创建历史唯物主义，是因为他们在批判德意志意识形态的过程中，深切地感受到历史领域在理论上最混乱、最黑暗，究其原因就是它被意识形态掩盖得最深。那么，探寻人类本身以及精神活动、物质活动规律的马克思、恩格斯，就必须回到历史领域去寻找解答规律的钥匙。他们通过对德意志意识形态的批判，不断地揭示着历史活动的基本前提，初步发现了历史唯物主义的基本原理。在唯物史观之后的发展过程中，无不伴随着他们对以往意识形态和资产阶级意识形态的批判。他们的历史唯物主义所倡导的根本方法是合理形态的辩证法，是“不崇拜任何东西，按其本质来说，它是批判的和革命的”。① 这种批判性特征，深刻且鲜明地体现在他们的意识形态理论中，正是这种意识形态批判理论成就了历史唯物主义。

(2)构成历史唯物主义的基本要素

历史唯物主义的基本原理形成于马克思、恩格斯的意识形态批判过程中，他们的意识形态理论又是唯物史观的理论体系的基本组成部分。社会是由有目的地活动着的人构成的，社会生活在本质是实践的，人进行实践活动的目的和动机来自头脑中的价值观、人生观以及理想信念等要素的影响，而这些要素无疑是通过

① 马克思恩格斯选集(第2卷)[M]. 北京：人民出版社，2012：94.

意识形态的教化进入人的头脑的。所以，从这个层面上看，人的社会存在也就表现为意识形态存在。那么，全部的社会生活是由实践的人来承担的，而这些实践的人又都是受意识形态左右的存在物，它在全部社会生活中的重要性也就不言而喻了。当然，从实践的角度去强调意识形态的在现实生活中的作用，强调人是意识形态的存在物，并不是将意识形态当作最基本、最关键的因素。依据唯物史观，生产劳动无疑是社会生活中实践活动最基础的形式，它所包含的目的与意识形态都是在这基本生活过程中产生并发展起来的。

鉴于德意志意识形态家在历史观领域坚持观念统治世界的唯心主义立场，马克思、恩格斯着重强调了物质生产对意识的产生、形成和发展的决定作用。但是，这并不是在否定意识形态对经济基础的反作用。人们在生产实践过程中，意识受到物质的决定性影响，又对物质产生反作用，它们是同一个实践过程的两个相互联系的方面，不可能人为地分开它们。一些庸俗的马克思主义者曾错误地认为历史唯物主义就是物质决定意识，使它被赋予机械决定论的帽子，他们忽视了历史唯物主义以现实的人的实践活动为基础中，包含着对人的意识、目的一以及意识形态的重要性的认可；恩格斯晚年也对意识形态的作用进行了着重的强调，这无疑阐明了他们的意识形态学说在历史唯物主义中的重要地位。

(3)开创了意识形态研究的科学境界

从意识形态研究的历史上看，理论家往往把精神作为历史的基础，将观念领域的批判活动作为推动历史发展的动力，而对实践在人类全部历史活动中的基础性作用视而不见，造成了他们在意识形态研究上的根本性缺陷，使得他们的研究存在很大的伪科学性。马克思、恩格斯在正确认识实践基础性作用的前提下，运用实践的观点去研究意识形态问题，才真正开创了科学的意识形态理论。首先，他们发现了任何意识形态都具有阶级性，而这种阶级性取决于现实的阶级利益。在阶级社会中，意识形态与一定的阶级紧密地联系在一起，代表着那个阶级的阶级利益；封建统治阶级的意识形态是为了维护封建地主阶级的利益，资产阶级的意识形态是为了维护资产阶级的利益，而无产阶级的意识形态是维护无产者的利益。因此，不存在不反映阶级利益的意识形态。其次，正是由于意识形态的阶级性，决定了它往往具有维护阶级利益的虚假性。这种虚假性一方面来自唯心主义的意识形态家们的无意识的理论创造，正由于他们缺乏科学的理论指导，不知道推动他们理论创作的真正动力，导致其意识形态是通过他们的虚假的抽象意识完成。另一方面，统治阶级为了维护自身的阶级利益，往往把自己的特殊利益包装成普遍的利益，并进行虚化宣传。再次，马克思、恩格斯还指明了意识形态的实践性。他们认为，意识形态向人们传达的不仅仅是一些思想，它还要求人们把这些思想内化为自己的理想信念、行为准则，并用这些思想指导实践。资产阶级一直非常重视意识形态教育，希望借此把无产阶级改造成维护资产阶级利益，为资产阶级创造剩余价值的机器。最后，揭示了意识形态的相对独立性。意识形态作为社会意识的组成部分，不仅决定于社会存在，还具有自己的独立性，表现出特殊的发展形式和发展规律。一方面，它能够对经济基础产生反作用。“政治、法、哲学、宗教、文学、艺术等等的发展是以经济发展为基础的。但是，它们又都互相作用并对经济基础发生作用。”①另一方面，由于社会存在与社会意识的不完全同步性，决定了意识形态有时滞后于经济的发展水平，有时又优先于经济的发展状况。可见，马克思、恩格斯对意识形态的研究，开创了意识形态研究的新境界，实现了意识形态发展史上的巨大变革。

3. 马克思、恩格斯意识形态理论的实践价值

马克思意识形态思想的科学性就在于照应社会现实的实践性，这一思想不仅将物质实践作为逻辑的起点，还指向于现实世界的变革，使原来纯粹的观念性批判进入实践领域。在当前世界意识形态冲突加剧的时代，我国在思想文化领域也面临着多重考验，马克思、恩格斯的意识形态理论在推进党的自身建设、凝聚广大人民群众的精神力量、繁荣社会主义文化等方面起到了指引方向的根本性

① 马克思恩格斯选集(第4卷)[M]. 北京：人民出版社，2012：649.

作用。

（1）有利于实现意识形态领域的全面从严治党，恪守党的本质属性

从严治党是中国共产党保持自身先进性、领导人民在社会主义道路上取得不断胜利的基本经验和重要保障。面对全新的国内外形势，习近平总书记将全面从严治党纳入“四个全面”战略布局，提升到治国理政总方略的高度，其对于党和国家的重要意义不言而喻。实现全面从严治党，不仅要强调惩治，还要在思想建设上下功夫，注重发挥意识形态的辨别、凝聚、引领等功能。从本质上来看，思想建党就是意识形态建党，就是通过意识形态领域的建设来增强党员干部的意识形态能力，提升党的战斗性和纯洁性。十八大以来，党中央对意识形态领域的斗争有清醒的认识，高度重视意识形态与全面从严治党的关系，明确了实现意识形态领域全面从严治党对整个从严治党战略布局的引领作用，更是在 2017 年 5 月 26 日召开的中共中央政治局会议上强调要推动意识形态领域的全面从严治党。

“理想信念动摇是最危险的动摇，理想信念滑坡是最危险的滑坡。”①一些党员干部之所以会出现很严重的思想问题，就是因为理想信念出现了动摇，即面对当前意识形态领域复杂状况没有稳住阵脚。从全球化的大背景来看，西方资本主义国家借助于全球化浪潮，为了达到“西化”“分化”社会主义国家的目的，利用自身在话语权和主导权上的优势地位，通过传媒、影视作品、消费理念等不断对我国进行意识形态渗透，宪政民主、“普世价值”论等各种各样的错误思潮蔓延开来，“西强东弱”的意识形态格局逐渐形成；在改革开放的背景下，市场化导致利益的分化，形成了新的利益格局，这也导致我国的意识形态领域就衍生出拜金主义、享乐主义等不良思潮，反映在党员干部身上就是官商勾结、权钱交易、以权谋私等问题；在网络信息技术飞速发展的时代，信息传播更具虚拟性、瞬时性、广泛性，网络主体的互动性、网络内容的多样性也加剧了意识形态领域的复杂状况；敌对势力借助各种网络平台，里应外合，传播西方价值观，攻击我国社

① 关于新形势下党内政治生活的若干准则[M]．北京：人民出版社，2016：5.

会主义意识形态，造成很大的思想混乱，一些群众、党员、干部被迷惑、欺骗和误导，不知不觉中成了西方意识形态的吹鼓手，成了反党反社会主义的急先锋。习近平强调："过不了互联网这一关，就过不了长期执政这一关。"①我们的党员、干部之所以会在理想信念动摇，在资本主义意识形态面前败下阵来，就是因为他们缺乏扎实的理论功底、缺乏意识形态辨识和斗争的能力。

以什么样的思想为指导，关系到党的性质。党成立之初，就将马克思主义镌刻在革命旗帜上，得到了认识和改造世界的强大思想武器，成为最先进的革命力量，在近代政治舞台上脱颖而出。也正是因为高举马克思主义旗帜，立足变化着的实际，与时俱进地发展马克思主义，中国共产党才能始终走在时代的前列，做到历经坎坷却依旧朝气蓬勃。对马克思主义的坚定信仰，是共产党人最鲜明的身份标志，也是决定党的方向、性质和宗旨的关键因素。历史也清楚地表明，正是马克思主义的指引和召唤，才使党能够牢记自己的初心和使命，时刻保持先进性、纯洁性。在新时代的全新历史方位下，实现意识形态领域的全面从严治党，坚持思想建党、理论强党，坚定党的初心和信仰，必须让党员努力学习理论知识。因为，只有在理论上保持清醒，才能在政治上保持坚定；只有实现理论上的彻底，才能在理想信念上保持牢固。要培养党员的意识形态辨别力，就需要其认真阅读、体会、理解马克思主义的经典著作以及马克思主义中国化的最新成果，体悟精神、掌握原理，用马克思主义的意识形态理论来审视当前社会上的各种思潮，并指导现实中的意识形态工作。正如列宁所言："只有以先进理论为指南的党，才能实现先进战士的作用。"②同时，意识形态工作归根到底是做人的工作的，实现意识形态领域的全面从严治党必须具有强大的共识凝聚力，这样才能统一思想、凝聚人心。这要求在当前复杂的意识形态环境面前，要落实好意识形态工作责任制，不忘初心，始终站在人民的立场上，贯彻以人民作为中心的发展思想，敢于并善于进行意识形态斗争，使党始终是民族的脊梁、时代的先锋。

---

① 习近平. 习近平谈治国理政(第3卷)[M]. 北京：外文出版社，2020：317.

② 列宁专题文集·论无产阶级政党[M]. 北京：人民出版社，2009：71.

（2）有利于筑牢共同思想基础，凝聚广大人民群众的精神力量

新中国70多年的奋斗历程，特别是改革开放40多年的伟大实践，深刻证明了社会主义道路才是实现国家独立与富强的必然之路。我国革命、建设和改革的历史进程也表明，正是因为坚持了马克思主义这一共同思想基础，才能凝聚起全国各族人民的精神力量，克服各种艰难险阻，使社会主义事业不断取得胜利。进入新时代，我国社会主义事业正处于实现中华民族伟大复兴的关键时期，更处于百年未有之变局的重要历史节点。从“站起来”到“富起来”再到“强起来”，全国各族人民肩负的历史使命更加光荣、承担的任务也更加艰巨、面临的挑战也更加严峻。因此，只有让人民群众的价值理念、理想信念、道德观念紧紧地团结在一起，才能凝聚民心、凝聚社会各阶层的力量，使大家心往一块想，劲往一块使，保障中华民族伟大复兴的历史事业继续前行。当前，尽管我国面临着重大的历史机遇，但意识形态领域关系错综复杂、斗争形势依然严峻，各种错误思潮此起彼伏，诸多敌对势力妄图以意识形态为突破口，搞乱人们的思想共识，希望通过摧毁人们对社会主义的信仰，在我国制造社会动乱，颠覆社会主义政权。所以，人民群众真心认同社会主义意识形态，才能将大家的思想统一起来，把进行社会主义现代化的力量凝聚起来，创造良好的思想文化环境、和谐的社会环境，才能筑牢战胜敌对势力的思想防线。社会主义意识形态的大众认同就是指广大人民群众对于无产阶级政党的指导思想、纲领、奋斗目标以及在时代发展中所创立的路线、方针、政策等内容产生的心理倾向和价值取向，是对反映我国统治阶级根本利益的思想体系的感情和意识上的归属感。这种认同不仅表现为广大人民群众将社会主义的意识形态内化为自身的价值导向和思维方式，还表现为将社会主义意识形态外化为自身的行为习惯。

马克思、恩格斯的意识形态理论揭示了意识形态的本质，指明了它在社会发展中的重要作用，是我国社会主义意识形态的旗帜，在提升群众对主流意识形态的认同中发挥了重要的指导性作用。首先，社会主义意识形态在对社会现实问题的解释中塑造自身的权威。社会主义意识形态能够获得大众的认同取决

于这一理论的科学性，即取决于对社会现实问题的解释情况。作为实现无产阶级和全人类彻底解放的学说，马克思、恩格斯意识形态理论的科学性和真理性，是在历史实践的长河中被不断证明了的。毛泽东曾指出："马克思主义一定要向前发展，要随着实践的发展而发展，不能停滞不前。停止了，老是那么一套，它就没有生命了。"①我国社会主义意识形态在继承马克思科学的意识形态思想的基础上，把握国际发展大势，结合中国具体的实际和时代特征，坚持历史唯物主义的立场，以我国现实社会中的重大问题为导向，以四项基本原则为底线，进行着意识形态理论创新和发展，这一理论以科学伟力对广大群众关心的现实问题给予了令人满意、信服的解释，以强大的解释力获得了人民群众的认可。其次，社会主义意识形态必须是党性与人民性的统一。党性反映着一个政党的阶级属性和政治特征，是区分政党的根本标志。作为无产阶级政党思想体系的社会主义意识形态，在阶级利益上与人民群众的根本利益一致。人民性则是指一个政党、一种理论为了谁、服务谁和代表谁。"无产阶级的运动是绝大多数人的，为绝大多数人谋利益的独立的运动"，② 社会主义意识形态继承了马克思、恩格斯意识形态理论的本质规定性，具有鲜明的无产阶级指向。社会主义意识形态实现了党性和人民性的统一，它既保证党的无产阶级立场和政治方向，也保证其不忘为人民谋幸福的初心，有效提升了人们对它的认同感。最后，社会主义意识形态在回应人民群众利益需要中实现认同。社会主义意识形态不仅表现在揭露和抵御剥削阶级意识形态，更体现在达成群众利益诉求的方式。唯物史观表明，决定意识形态现状和发展演变的是社会存在，利益需要是人民群众进行意识形态活动的动力源。社会大众选择认同何种意识形态是以其是否符合他的利益为准则，对主流意识形态的认同实质上是一种利益认同，能否满足社会大众的利益诉求以及满足的程度是决定认同效果的关键因素。所以，"'思想'一旦离开'利益'，就一定

① 毛泽东文集(第7卷)[M]. 北京：人民出版社，1999：281.
② 马克思恩格斯选集(第1卷)[M]. 北京：人民出版社，2012：411.

会使自己出丑”。[1] 进行意识形态工作，必须把维护意识形态安全与捍卫人民利益统一起来，坚持以人民群众为中心的发展理念，着眼于人民群众最关心的物质利益需要问题，同时，维护好、协调好和发展好人民群众的各方面利益与权益。只有这样才能彰显社会主义意识形态的正义性以及社会主义制度的优越性，团结全体社会成员，凝聚社会主义建设力量。

(3)有利于推动我国社会主义文化的繁荣兴盛

习近平总书记在党的十九大报告中指出：“文化是一个国家、一个民族的灵魂。文化兴国运兴，文化强民族强。”[2]在决胜全面建成小康社会的新时代，必须在保持高度文化自信的基础上，开展我国的社会主义文化建设工作，逐步实现我国社会主义文化的繁荣兴盛，满足我国在新的历史方位下全面发展的需要。首先，实现中华民族伟大复兴的需要。中外历史证明，无论哪个民族还是哪个国家，欲实现自身的伟大复兴，不仅需要强大的物质基础提供实践保障，还需要先进的文化来凝聚精神力量。中华民族悠久历史中所积淀的优秀传统文化，以及党领导人民所创造的革命文化和社会主义先进文化，烙印着中华民族独特的精神标识，彰显着中华民族的文化自信。在此基础上所创造出的新文化，更是通过凝聚全国各族人民的共同理想，激励着大家奋勇前行，助推着中国梦的实现。其次，实现人民群众对美好生活向往的需要。伴随着改革开放的成功步伐，我国经济总量跃居世界第二，综合国力显著提升，人们的生活水平得到了极大改善。社会主要矛盾也转变为“人民日益增长的美好生活需要和不平衡不充分的发展之间的矛盾”。[3] 这意味着我们的发展不仅要注重质量和效益，更要注重提供丰富且高质量的精神食粮，通过大力发展文化事业和文化产业，创造更好的文化产品来满足人们精神生活需要。最后，提升文化软实力的需要。全球化背景下的国际竞争不仅讲求政治、经济、科技、军事等硬实力的对抗，更讲求在国际和平大环境下的

① 马克思恩格斯文集(第1卷)[M]. 北京：人民出版社，2009：286.
② 中国共产党第十九次全国代表大会文件汇编[M]. 北京：人民出版社，2017：33.
③ 中国共产党第十九次全国代表大会文件汇编[M]. 北京：人民出版社，2017：9.

价值观念、制度、教育、外交政策等文化软实力的影响力和吸引力。在国际舞台上，我国被西方国家所塑造的负面形象居多，“失语就要挨骂”。① 为此，改善中国的国际形象，掌握国际舞台的主动权和话语权，必须通过加强我国的文化建设来提升文化软实力，向国际社会展示我国优秀文化的中国风格、中国气派，提升中华文化的国际吸引力。

正如马克思、恩格斯所强调的那样，意识形态与文化都是社会存在的反映，二者存在天然的联系。意识形态作为精神文化的一部分，具有文化性；文化作为观念上层建筑的组成部分，又具有明显的意识形态性。正因为“意识形态决定着文化前进的方向和发展道路”，② 我国只有坚持马克思主义的指导地位，才能使中国特色社会主义文化不忘本来、开创未来。在我国文化领域发生广泛而深刻变革的现实背景下，发挥马克思主义意识形态思想在文化建设中的指导作用，才能在先进与落后、积极与消极、民族与外来的复杂文化环境中，牢牢把握我国社会主义文化的前进方向，促进我国文化的繁荣兴盛。首先，马克思、恩格斯的意识形态理论是我们正确对待传统文化的思想武器。文化具有历史的继承性，我们进行文化建设不能脱离前人的文化成果，但也必须在批判继承的基础上进行文化建设。只继承不批判就必然会继承糟粕，不仅不能发展文化，反而会导致文化的倒退；只批判不继承，又必然会割断民族的辉煌历史，造成文化发展的虚无。马克思、恩格斯的诸多意识形态观点让我们能够对文化的性质进行正确的区分，继承积极成分、抛弃消极因素。其次，马克思、恩格斯的意识形态思想明晰了文化建设目的。马克思主义意识形态具有明显的阶级性，总是将无产阶级人民群众的利益放在首位。所以，社会主义的文化具有强烈的人民性，是服务于人民群众的，是为了给人民群众提供精神食粮和价值观指引，满足人民群众愈加丰富的精神文化需求的。最后，马克思、恩格斯的意识形态思想明确了文化建设的领导力量。中国共产党作为无产阶级、中国人民和中华民族的先锋队，是社会主义建设事业

① 习近平. 在全国党校工作会议上的讲话[M]. 北京：人民出版社，2016：20.
② 中国共产党第十九次全国代表大会文件汇编[M]. 北京：人民出版社，2017：33.

的领导核心，代表着最广大人民的根本利益，在文化建设中也必然代表着先进文化的发展方向，满足着广大人民群众的精神文化需要。

二、列宁的意识形态思想

（一）关于无产阶级的意识形态

列宁的无产阶级意识形态思想是在帝国主义阶段，在俄国社会矛盾尖锐的环境下产生的，它回应了无产阶级革命实践的需要和批判各种错误思潮的需要，是对马克思主义科学方法的正确运用，是对马克思主义意识形态思想的新发展，丰富和发展了马克思主义的理论宝库。

1. 列宁无产阶级意识形态思想产生的条件

（1）社会历史环境：在帝国主义阶段，俄国社会内部矛盾激化

19 世纪与 20 世纪之交，资本主义的少数垄断组织控制资本主义国家大量的工业部门和银行，借此对内进行剥削，对外疯狂扩张，以垄断为特征的帝国主义时期到来。在这一时期，生产社会化程度加强而生产资料大多由资本家私人占有，这导致国际社会各种矛盾和冲突加剧：帝国主义内部的无产阶级与资产阶级矛盾激化；帝国主义国家间矛盾不断，新兴国家要求瓜分殖民地；帝国主义国家瓜分殖民地，与殖民地国家的矛盾产生并恶化。受帝国主义的影响，俄国于 20 世纪初走进帝国主义的大潮中，但是仍然存在着农奴制残余，农奴主和资本家共同掌握国家命脉，农民和工人被迫服从统治。在这种特殊国情下，俄国的资本主义发展较落后，各种矛盾错综复杂：封建农奴主和农民之间的矛盾由于农奴制残余而继续存在；无产阶级和资产阶级之间的矛盾因落后的资本主义制度而逐渐激化；俄国国内民族之间的矛盾因民族压迫政策而日益严重；俄国与其他国家之间

的矛盾因殖民扩张而不断加深，等等。因此，20 世纪初的俄国是帝国主义链条中的薄弱一环，是各种矛盾的聚集地。

(2)现实需要：既是无产阶级运动的需要，又是批判各种错误社会思潮的需要

俄国无产阶级的队伍在资本主义的背景下，在工业化的现实条件下逐步发展壮大，到20 世纪初成长为一支独立的革命力量。随着无产阶级力量的壮大，俄国的阶级矛盾加剧并成为社会主要矛盾，加重了俄国无产阶级的历史任务。为反抗资产阶级的压迫，维护自身利益，俄国的无产阶级运动不断发展，迫切需要革命理论的指导。虽然普列汉诺夫等俄国早期马克思主义者对马克思主义的发展和创新推动了马克思主义理论在俄国的传播，但是从俄国本土生长出来的民粹主义在 19 世纪末逐渐发展为自由主义民粹主义，用民主主义掩盖其小资产阶级的阶级本质，背离其早期的革命性，主张改良主义，是马克思主义在俄国传播和被工人阶级接受的最大障碍。此外，“合法马克思主义者”虽然称自己是马克思主义者，但却是用马克思主义的某些话语为资产阶级作辩护；马赫主义本质是将“生活、实践的观点，应该是认识论的首要的和基本的观点”①的唯心主义，等等。这些在俄国出现的非马克思主义和反马克思主义不仅在马克思主义组织内部引起争论，影响其团结稳定，而且严重腐蚀人民群众的革命思想和斗争意识。因此，基于革命运动和思想斗争的双重需要，无产阶级意识形态思想应运而生。

(3)理论基础：马克思主义及其在俄国的初步发展

“我们完全以马克思的理论为依据，因为它第一次把社会主义从空想变成科学，给这个科学奠定了巩固的基础，指出了继续发展和详细研究这个科学所应遵循的道路。”②首先，马克思主义为列宁无产阶级意识形态思想提供方法论指导。唯物史观不仅是马克思主义的所遵循的方法论，更是列宁批判资产阶级意识形态，形成无产阶级意识形态思想的方法论。列宁始终坚持社会存在是社会意识的根源，用阶级分析法剖析资产阶级意识形态的阶级本质，坚决维护无产阶级的利

① 列宁全集(第 18 卷)[M]. 北京：人民出版社，2017：144.
② 列宁全集(第 4 卷)[M]. 北京：人民出版社，2013：160.

益。其次，马克思、恩格斯的意识形态思想是列宁无产阶级意识形态思想的理论基础。马克思、恩格斯在其著作中阐述了意识形态的根源、功能、特征和表现形式等，批判了在当时德国具有影响力的社会思潮，如蒲鲁东主义、巴枯宁主义等。列宁以马克思、恩格斯的意识形态思想为基础并发展了这一思想，将意识形态看作一切社会阶层的思想观点，对无产阶级意识形态进行一同阐述，坚持对错误思潮的批判。最后，普列汉诺夫的思想也对列宁无产阶级意识形态思想产生了影响。普列汉诺夫最早对马克思主义进行传播和发展，他从中性立场上阐述马克思主义意识形态思想，在批判民粹主义的基础上对唯物辩证法和历史唯物主义进行阐述，肯定了俄国资本主义经济发展的事实。列宁坚持了这一中性立场，将意识形态与科学结合起来，阐述了“科学的意识形态”概念；在继续批判民粹主义的基础上完善了历史唯物主义的逻辑框架，等等。

2. 列宁无产阶级意识形态思想的内涵

（1）逻辑前提

①重申并发展了唯物史观。列宁在批判波格丹诺夫将社会存在等同于社会意识观点的基础上重申了社会存在决定社会意识，社会意识根源于社会存在的唯物史观基本理论。他指出：“一般唯物主义认为客观真实的存在（物质）不依赖于人类的意识、感觉、经验等等。历史唯物主义认为社会存在不依赖于人类的社会意识。在这两种场合下，意识都不过是存在的反映，至多也只是存在的近似正确的（恰当的、十分确切的）反映。”①在对马克思、恩格斯经典著作和基本原理准确理解和掌握的基础上，列宁在《什么是“人民之友”以及他们如何攻击社会民主党人？》中提出，“思想的社会关系不过是物质的社会关系的上层建筑”。② 他指出“物质的社会关系”和“意识形态的社会关系”是社会关系两大组成，后者是前者在人的意识中的反映，其中作为上层建筑的意识形态则是社会占主导地位物质社

① 列宁全集（第18卷）[M]. 北京：人民出版社，2017：341.
② 列宁全集（第1卷）[M]. 北京：人民出版社，2013：123.

会关系。在这里，“思想的社会关系”就是“意识形态的社会关系”，它集政治、宗教、文化和艺术等多种意识形式于一身，在“物质的社会关系”的根基上建立起来。列宁在解释意识形态问题时从它的根源处着手，寻找其所反映的物质关系，从而发展了唯物史观。

②从中性立场解读意识形态。列宁运用唯物史观，在马克思、恩格斯和普列汉诺夫等人思想的基础上，基于俄国工人阶级革命活动的需要，将意识形态理论向前推进。列宁没有继续用马克思关于意识形态“虚假性”等话语，而是延续了普列汉诺夫的一般性话语，不再概括性地谈论意识形态的“虚假性”，而是在意识形态与统治阶级相联系的基础上，将意识形态细化为不同社会地位的阶级都具有的思想观点体系，从而将马克思主义与无产阶级联系起来。在此基础上，列宁认为，意识形态因其所反映的阶级不同而分为资产阶级意识形态和无产阶级意识形态，并对资产阶级意识形态的虚假性进行揭露和批判。他在批判马赫主义等思潮中揭示资产阶级意识形态代表资产阶级利益的阶级本质，指出了资产阶级意识形态唯心主义的认识论和方法论错误，他提出：“在认识论上和在科学的其他一切领域中一样，我们应该辩证地思考，也就是说，不要以为我们的认识是一成不变的，而要去分析怎样从不知到知，怎样从不完全的不确切的知到比较完全比较确切的知。”①

(2)基本内容

①无产阶级意识形态是“科学的意识形态”。列宁在《唯物主义和经验批判主义》中提出“科学的意识形态”概念，论述了意识形态的科学性，即“任何意识形态都是受历史条件制约的，可是，任何科学的意识形态(例如不同于宗教的意识形态)都和客观真理、绝对自然相符合，这是无条件的”。② 在此，列宁将意识形态与科学相对接，在肯定性立场上保证了两者的内在联系。在《马克思主义和修正主义》中，列宁又提出“马克思主义已经绝对地战胜了工人运动中的其他一切思想体系”。③ 在之后

① 列宁全集(第18卷)[M]. 北京：人民出版社，2017：101.
② 列宁全集(第18卷)[M]. 北京：人民出版社，2017：137.
③ 列宁专题文集·论马克思主义[M]. 北京：人民出版社，2009：149.

的一系列文章中，如《论马克思主义历史发展的几个特点》《马克思学说的历史命运》，列宁不断完善了这一概念。可以说，马克思主义既是指导工人运动的“科学的意识形态”，是无产阶级的意识形态。列宁指出科学的意识形态既符合自然、人类社会和思维发展的客观规律，又符合历史发展的客观需求；且随着历史的发展而发展，反对用教条化和形式化的方式对待无产阶级意识形态。因此，列宁提出“科学的意识形态”概念，一方面展现了无产阶级意识形态根植于社会存在、符合历史规律、与时俱进的科学性，是马克思主义与意识形态联系起来的关键界定，从理论上推动了马克思主义意识形态理论的发展创新；另一方面又从实践上凸显出无产阶级意识形态对指导俄国当时工人运动的关键作用。

②无产阶级意识形态同时也是社会主义意识形态，代表无产阶级的利益。列宁在《怎么办?》中对社会主义意识形态进行界定，他指出：“或者是资产阶级的意识形态，或者是社会主义的意识形态。这里中间的东西是没有的(因为人类没有创造过任何‘第三种’意识形态，而且在为阶级矛盾所分裂的社会中，任何时候也不可能有非阶级的或超阶级的意识形态)。”①这里的“社会主义意识形态”就是无产阶级的意识形态，也就是马克思主义意识形态。列宁在对俄国社会主要阶级矛盾掌握的情况下，从阶级立场出发，把意识形态分为无产阶级性质和资产阶性质两大类，描述出无产阶级意识形态与资产阶级意识形态相对立的性质。社会中只要还有不同阶级存在，所形成的意识形态就是阶级意识，反映的是不同社会阶级的基本利益。只要阶级存在，就没有超越阶级的普世性意识形态。他进一步指出：“对社会主义意识形态的任何轻视和任何脱离，都意味着资产阶级意识形态的加强。”②因为无产阶级意识形态真正反映的是无产阶级最根本的利益，表达的是无产阶级的呼声，无产阶级只有把所有的劳动者从一切压迫和剥削中解放出来才能最终实现自身解放。所以，社会主义意识形态概念的提出一方面使革命群众进一步认识到无产阶级意识形态的阶级本性，另一方面也强调了维护和加强无

① 列宁全集(第6卷)[M]. 北京：人民出版社，2013：38.
② 列宁全集(第6卷)[M]. 北京：人民出版社，2013：38.

产阶级意识形态的重要性。

③无产阶级意识形态是无产阶级革命运动的指导思想。无产阶级意识形态因其代表无产阶级利益的阶级性和反映历史发展规律的科学性而在社会主义革命和发展中表现出鲜明的党性，是无产阶级革命运动的指导思想。列宁认为"党性是高度发展的阶级对立的结果和政治表现"。① 他在俄国革命形势极其严峻的情况下，看到了俄国无产阶级及其革命组织比较分散，通过秘密小组的方式进行活动，而且彼此之间缺乏交流，这就导致当时俄国无产阶级政党的视野狭隘，不能深入认识党的纲领章程，革命活动受到极大限制，迫切需要无产阶级意识形态思想来指导无产阶级革命运动。在列宁看来，无产阶级意识形态所体现的党性一方面"以服务于无产阶级的整个革命事业为宗旨，通过自己的作品表现无产阶级的生活、斗争和利益，使自己的创作事业更加符合革命的需要和人民的利益"；② 另一方面"能使一切社会党人团结起来，他们从革命理论中能取得一切信念，他们能运用革命理论来确定斗争方法和活动方式"，③ 在组织上实现统一。

(二)关于意识形态的形成路径

列宁认为意识形态不会自己产生，更不会是由工人运动自发形成，即便无产阶级意识形态理论形成，无产阶级也不可能真正接受和理解。由此，列宁在《怎么办?》以及之后的文章中系统地阐述了灌输论，强调意识形态只有通过外部灌输才能为无产阶级所掌握，才能变成无产阶级革命运动的理论武器。

1. 灌输论形成的原因

(1)"工人阶级单靠自己本身的力量，只能形成工联主义的意识"④

在列宁看来，工人自身在要求改变生活和工作条件的斗争中得到满足不可能

① 列宁全集(第13卷)[M]. 北京：人民出版社，2017：273.
② 包毅. 意识形态是革命的武器——列宁意识形态观探微[J]. 社会主义研究，2008(5)：5-6.
③ 列宁全集(第4卷)[M]. 北京：人民出版社，2013：161.
④ 列宁全集(第6卷)[M]. 北京：人民出版社，2013：29.

真正改变被压迫和剥削的地位，不可能自觉意识到自己的历史使命和自身利益与俄国资本主义制度的针锋相对。“工人阶级单靠自己本身的力量，只能形成工联主义的意识”，不可能创造出一种独立的思想体系。再加上俄国社会民主党内的经济派无视无产阶级的革命任务，满足现状，推崇分散和自发的工人运动等，导致俄国无产阶级革命形势陷入困境。列宁在批判经济派的基础上，指出工人的阶级意识在其还不能用阶级分析法分析和评价各阶级在社会关系中的地位和作用时是不可能出现的，“阶级政治意识只能从外面灌输给工人，即只能从经济斗争外面，从工人同厂主的关系范围外面灌输给工人”。①

(2)“社会主义学说则是从有产阶级的有教养的人即知识分子创造的哲学理论、历史理论和经济理论中发展起来的”②

列宁认为，构建一个反映和体现无产阶级利益和要求，表达其历史使命的社会主义意识形态理论是无产阶级革命胜利的保障，但是这个任务需要由革命的知识分子和无产阶级政党共同完成。首先，由革命的知识分子构建理论。无产阶级由于其在革命中处于被剥削的地位而不可能接受良好的教育，所掌握的知识较为匮乏，而且他们对自身的历史使命缺乏认识，所以不可能产生革命运动所需要的思想。无产阶级意识形态理论的“产生是革命的社会主义知识分子的思想发展的自然和必然的结果”。③ 其次，由无产阶级政党组织领导无产阶级。“社会民主党的任务就是要反对自发性，就是要使工人运动脱离这种投到资产阶级羽翼下去的工联主义的自发趋势，而把它吸引到革命的社会民主党的羽翼下来。”④工人阶级在政党的组织领导下由分散走向统一，由自发到自觉，革命运动才能朝着正确的方向前进。

(3)“社会主义理论比其他一切理论都更深刻更正确地指明了工人阶级受苦的原因”⑤

---

① 列宁全集(第6卷)[M]. 北京：人民出版社，2013：76.
② 列宁全集(第6卷)[M]. 北京：人民出版社，2013：29.
③ 列宁全集(第6卷)[M]. 北京：人民出版社，2013：29.
④ 列宁全集(第6卷)[M]. 北京：人民出版社，2013：38.
⑤ 列宁选集(第1卷)[M]. 北京：人民出版社，1995：328.

因为社会主义意识形态是无产阶级的指导思想，它用辩证唯物主义和历史唯物主义批判资本主义意识形态阐释无产阶级的生存状况和被压迫的本质，提出了无产阶级的历史任务和最终目标，并用政治经济学的知识证明其正确性，得出了资本主义必然灭亡、社会主义必然胜利的结论。所以，只要社会主义理论不仅不被工人的自发性所支配，而且支配工人的自发性，工人阶级就会领悟这个理论。可以说，无产阶级在其革命活动中能够自觉地理解和接受社会主义理论，仿佛两者存在着自然的内在联系。

(4)“对社会主义思想体系的任何轻视和任何脱离，都意味着资产阶级思想体系的加强”①

因为意识形态除了是无产阶级的思想体系，就是对资产阶级利益的反映，没有超越阶级的意识形态，所以列宁指出，“对社会主义意识形态的任何轻视和任何脱离，都意味着资产阶级意识形态的加强”。在现实中，资产阶级意识形态因为发展时间较长、理论较为系统和成熟、传播方式更加多样等特点，对人民群众的影响较大，严重阻碍社会主义革命的发展。相比之下，无产阶级的意识形态还不成熟，在俄国的传播和发展还不到位，受众人群较少等，因此，列宁要通过外部灌输的方式进行意识形态的传播。

2. 灌输论的内涵

(1)灌输的内容：马克思主义

列宁对马克思主义的阐述和发展主要包括以下几个方面：第一，发展了唯物史观，即“从社会生活的各种领域中划分出经济领域，从一切社会关系中划分出生产关系，即决定其余一切关系的基本的原始的关系”。② 第二，阐述了马克思主义的整体性。列宁提出马克思主义哲学、政治经济学和科学社会主义的三大组成部分，指出马克思主义的基本理论既要同其他理论，又要与实践进行具体的历

① 列宁全集(第6卷)[M]. 北京：人民出版社，2013：38.
② 列宁全集(第1卷)[M]. 北京：人民出版社，2013：38.

史的联系。第三，指出马克思主义是在继承前人经典的基础上发展起来的，具体来说，马克思主义是在继承德国古典哲学、英国古典政治经济学和法国空想科学社会主义的基础上建立起来的。除此之外，列宁还论述了马克思主义的阶级性、党性、科学性和革命性等特点以及引导、批判、协调等功能，反对把马克思主义看作僵硬的教条或一成不变的形式。

(2)灌输的方式：外部灌输

列宁在《怎么办?》中指出，"阶级政治意识只能从外面灌输给工人，即只能从经济斗争外面，从工人同厂主的关系范围外面灌输给工人。只有从一切阶级和阶层同国家和政府的关系方面，只有从一切阶级的相互关系方面，才能汲取到这种知识"。① 列宁在这里强调的这种灌输是要脱离无产阶级的经济斗争，从无产阶级群体外部进行灌输。因为在无产阶级斗争之初，工人与资本家之间的斗争仅限于某个行业或部门内部的经济斗争，不涉及两个阶级之间的政治权力斗争。工人阶级在没有跳脱出这个经济斗争范围的条件下，工人阶级的阶级意识觉醒的长期性与当时俄国革命形势的紧迫性之间的矛盾，这就需要革命的知识分子和无产阶级政党从外部对无产阶级进行意识形态的灌输。不过，这种灌输不是强制性的灌输，而是用教育的方式启发和引导工人阶级。

(3)灌输的任务：反对无产阶级自发性

列宁是在强调斗争中反对无产阶级的自发性以实现其自觉性的。一方面，列宁重视理论斗争，指出"哲学上的党派斗争，这种斗争归根到底表现着现代社会中敌对阶级的倾向和意识形态"；② 认为社会主义意识形态具有党性，而资产阶级意识形态具有非党性。在实践中，他坚决与各种非社会主义和反社会主义意识形态作斗争。另一方面，他在对工人进行政治教育中展开政治批判。为了尽快使无产阶级接受社会主义意识形态，列宁对社会民主党人提出理论工作与实践工作相结合的要求，在"到居民的一切阶级中去"的口号下传播社会主义意识形态；

① 列宁全集(第6卷)[M]. 北京：人民出版社，2013：76.

② 列宁全集(第18卷)[M]. 北京：人民出版社，2017：375.

同时又对剥削阶级的阶级本质进行揭露，“不进行这样的揭露，就不能培养群众的政治意识和革命积极性”。①

(4)灌输的载体：报纸、课本等

列宁尤其重视传播载体在意识形态灌输工作中的重要性。他提出，宣传灌输的载体就是无产阶级意识形态斗争的阵地，如果没有阵地必将遭遇其他思想的侵袭。因此，他把出版社、报社以及包括书店在内的所有宣传机构都看作无产阶级政党引导舆论，建设其意识形态的重要场所，把课本、报纸以及其他书籍都看作重要的载体。其中，列宁非常重视报刊在传播无产阶级思想中的作用。在《从何着手?》一文中，他较系统地论证了报纸在思想传播、政治教育和政治联盟、组织和培养人才等方面的重要作用。列宁认为，通过创办全国性的政治报纸，一方面便于进行集中性和稳定性的宣传鼓动工作，克服工人运动在思想、实践和组织方面的分散性，团结一切可以团结的政治力量，壮大无产阶级的革命运动；另一方面对于建立党的组织来说，“报纸不仅是集体的宣传员和集体的鼓动员，而且是集体的组织者”，② 它能够组织协调工人运动，积极促成党的组织建设，培养有才干的宣传员和组织员，甚至造就有才能的无产阶级政党的政治领袖。

(三)关于意识形态的制度建设

1. 确立政权：十月革命胜利后无产阶级掌握政权

确立政权是人心所向。十月革命前俄国出现两个政权并存的局面：一个是1917 年 3 月 2 日成立的以资产阶级和大地主为代表的资产阶级临时政府。这一政府“是主要的、真正的、实际的、掌握全部政权机关的资产阶级政府”，③ 虽然提出允许言论、出版、集会等自由，废除等级、宗教等限制，召开立宪会议等，但

① 列宁全集(第 6 卷)[M]. 北京：人民出版社，2013：66.
② 列宁全集(第 5 卷)[M]. 北京：人民出版社，2013：8.
③ 列宁全集(第 29 卷)[M]. 北京：人民出版社，2017：153.

是却是极少将思想付诸实践，不允许真正的人民代表参与国家政权的实施，并且热衷于战争；另一个是由工人和士兵组成的工兵代表苏维埃。这一政府“没有掌握国家政权机关”，它首先是彼得格勒的工人与士兵根据1905年的革命经验建立而成，到“1917年3月，全俄产生了600个工人、农民、士兵和水兵代表苏维埃，在90个城市建立了统一的工兵代表苏维埃”。① 在这种背景下，列宁回到俄国，于1917年劳动节当天在群众大会上发表讲话，“打倒战争！”“和平与争取社会主义共和国的斗争万岁！”等口号受到全场人民的支持与响应。然而，资产阶级临时政府在1917年同一天提出遵循沙皇时期签订的条约，继续战争。这一消息遭到了厌恶战争、渴望和平的广大群众的强烈反对。7月初，俄国50余万群众走向街头，高呼“全部政权归苏维埃”的口号，提出要苏维埃执行委员会逮捕资本家部长等，最终临时政府动用部队进行强烈镇压，迫害布尔什维克，使俄国国内形势一度恶化。

列宁根据俄国革命现实提出“全部政权归苏维埃”，为苏维埃政权的确立奠定理论基础。1917年4月4日(俄历4月17日)，列宁在布尔什维克党代表会议上作了《论无产阶级在这次革命中的任务》的报告，提出俄国当时的革命形势是处于“从革命的第一阶段向革命的第二阶段过渡”②中，要想顺利实现这一过渡，就要坚持“不给临时政府任何支持”“全部政权归苏维埃”的方针。因此，布尔什维克党要揭露临时政府及其所进行战争的帝国主义性质；要纠正自身错误，宣传并教育群众；要扩大和提升布尔什维克党在苏维埃中的影响和作用，等等。7月中旬，受七月危机的影响，列宁在芬兰拉兹里夫湖畔的某个草棚中避难时写成著作《国家与革命》，提出“资产阶级国家由无产阶级国家(无产阶级专政)代替，不能通过‘自行消亡’，根据一般规律，只能通过暴力革命”，③ 指出了通过武装斗争打碎国家机器，建立无产阶级专政的必要性。列宁的这些思想既符合俄国无产

① 张建华. 俄国史[M]. 北京：人民出版社，2004：150.
② 列宁全集(第29卷)[M]. 北京：人民出版社，2017：67.
③ 列宁全集(第31卷)[M]. 北京：人民出版社，2017：19-20.

阶级革命实际，与群众呼声相呼应，又对接下来的无产阶级革命具有指导作用。

十月革命的胜利使苏维埃关于政权得以在全国确立。1917 年 10 月 24 日，聚集起来的革命士兵首先向彼得格勒发起攻势，中央电话局、电报通讯社、塔夫利达宫、波罗的海车站等多个重要据点被占领。10 月 25 日下午，起义士兵向临时政府最后的据点——冬宫聚集。随着巡洋舰“阿芙乐尔”号的一声炮响，起义士兵向冬宫发起总攻；随着起义队伍高呼的“乌拉”，冬宫在凌晨 2 点被占领。在攻打冬宫的同时，千百名工人、农民、士兵的代表在斯莫尔尼宫召开了第二次全俄工兵苏维埃代表大会，颁布了人民渴望的《和平法令》和《土地法令》等，成立了以列宁为可行的工农临时政府——人民委员会，选举了大会的中央执行委员会。26 日彼得格勒工兵代表苏维埃军事委员会下达布告：“临时政府已被推翻。国家政权业已转到彼得格勒工兵代表苏维埃的机关……”①至此，资产阶级的统治及其附属机构已被摧毁，无产阶级掌握国家政权。

2. 维护政权：确立苏维埃体制、实行战时共产主义政策

苏维埃是 1905 年革命过程中在工人中自发形成的政治机构，雏形是乌拉尔地区阿拉帕耶夫斯克工厂的工人代表苏维埃，随后彼得堡等地也相继建立工人、农民或者是士兵代表的苏维埃。在 1918 年 1 月 13 日召开的全俄工人士兵代表苏维埃第 3 次代表大会和全俄农民代表苏维埃第 3 次代表大会实现合并召开，并通过了《关于俄罗斯共和国联邦制度》等法令，工农兵代表苏维埃共和国宣告成立。1918 年 7 月在全俄工农兵和哥萨克代表苏维埃第 5 次代表大会上通过的《俄罗斯苏维埃联邦社会主义共和国宪法》，用法律形式确立了苏维埃体制，通过中央和地方各级建立的苏维埃来维护其政权。

十月革命后，苏维埃政权经受多重考验：国外以美国、英国和法国为代表的协约国对俄国进行军事封锁；国内以邓尼金、高尔察克为首的旧俄反苏反共势力

---

① 列宁全集(第 33 卷)[M]. 北京：人民出版社，2017：1.

进行武装干预；由于俄国久经战乱，国内经济困难，资金紧缺，资源匮乏，工业生产严重不足，交通枢纽瘫痪，全国粮食危机等问题急需解决。在这种艰难的背景下，以列宁为代表的苏维埃及时调整国家政策，针对国家粮食危机，在1919年1月22日颁布《向生产者征集国家分配所需粮食和饲料法令》，实行“余粮征集制”；针对工业生产不足，及时实行全国范围的工业国有化，在国有化企业的管理中提出实行垂直领导的一长制；针对资源匮乏，在分配领域实行平均主义的分配原则，禁止商业贸易等。所有这一系列政策和措施统称为战时共产主义，它既是列宁和苏维埃政权在俄国十月革命后的困难时期帮助国家渡过难关的特殊政策，又是俄国的无产阶级革命者把俄国直接过渡到共产主义的一种尝试。这一政策在困难时期集中起巨大的力量帮助俄国渡过难关，保证了俄国国内外形势的相对稳定，维护了苏维埃政权，但是由于它不仅忽视价值和商品规律，与俄国当时相对落后的经济水平不相符合，而且在向共产主义直接过渡问题上具有空想性和冒进性，随着这一政策的实施而产生了许多负面的影响，危及苏维埃政权。

3. 巩固政权：过渡到新经济政策，形成“苏维埃社会主义共和国”

十月革命后，俄国经济逐步恢复和发展，但是战时共产主义的持续实施使俄国出现了粮食短缺、饥荒、生活困难等问题，农民暴动、工人大罢工、水军暴乱，甚至提出“全部政权归苏维埃，不归布尔什维克”，“要苏维埃，但是不要布尔什维克参加的苏维埃”的口号。基于俄国社会的现实情况，列宁开始认识到如果再继续实施战时共产主义政策的危害性，他指出：“我们上层制定的经济政策同下层脱节，它没有促成生产力的提高，而提高生产力本是我们党纲规定的紧迫的基本任务。”①1921年3月，列宁开始对俄国的经济政策进行改革，从《关于以实物税代替粮食和原料收集制》法令颁布起，俄国开启了向新经济政策过渡的历史阶段。新经济政策用粮食税代替余粮收集制，农民上交粮食税之后其余粮食可

① 列宁全集(第42卷)[M]. 北京：人民出版社，2013：195.

以自由支配；允许在市场上自由买卖余粮和工业品；工业方面实行国家资本主义政策，即对于一些国家不适宜管理的企业实行租赁制，国内的可以出租给国外资本经营，等等。新经济政策实施之后群众的粮食问题不断缓解，生活得以改善，生产积极性日益提高，俄国生产水平不断提升。“新经济政策的实质是无产阶级同农民的联盟，是先锋队无产阶级同广大农民群众的结合”；① 列宁充分认识了战时共产主义的弊端，根据俄国现实情况，通过运用市场、外资等手段来巩固苏维埃政权的积极政策。

俄国国情复杂，特别是十月革命后，原俄罗斯帝国被分为将近 70 个民族国家，民族分裂和分离的情况严重。在布尔什维克党内对民族问题意见分歧较大的情况下，列宁坚决主张“各民族完全平等”“各民族有自决权”等主张，并通过帮助部分民族建立民族国家、建立各民族互帮互助的经济、政治和军事往来等措施维护俄国国内各民族的团结。1922 年，在对帝国主义军事封锁的过程中，列宁意识到俄国党内的大俄罗斯主义和大国沙文主义日趋严重，他口述了《关于民族或“自治化”问题》的文章并严厉批评了斯大林的各民族“自治化”方案；在给加米涅夫的信中提出未来联盟国家应该是“欧亚苏维埃共和国联盟”，即“苏维埃社会主义共和国联盟”，并在 1922 年 12 月 30 日苏维埃第一次代表大会上和各国代表共同签署《苏维埃社会主义共和国联盟成立条约》，宣告苏维埃社会主义共和国联盟(苏联)的正式成立。1924 年，苏维埃第二次代表大会上通过了苏联宪法。苏联的成立标志着俄国政治制度的发展和完善，它从政治方面巩固了苏维埃政权。

(四)列宁关于非无产阶级意识形态

1. 批判自由主义民粹主义

自由主义民粹派及其代表人物认为唯物史观是没有经过检验，是历史宿命论

① 列宁全集(第 42 卷)[M]. 北京：人民出版社，2017：358.

等以否认马克思主义的科学性；通过强调俄国村社的特殊性、无视俄国资本主义工业的发展、否认俄国社会分工和国内市场的事实来否认俄国已经进入资本主义的事实；坚持个人恐怖主义，主张通过密谋的方式夺取掌权，无视工人阶级在革命中的作用和阶级斗争在阶级社会中的重要性，等等。列宁抓住自由民粹主义者小资产阶级的阶级本性，对其错误思想进行详细且合理的批判。

（1）批判了自由主义民粹派的主观社会学基本观点，重申和发展了唯物史观

首先，批判自由主义民粹派把“人的本质”或者说是否合乎人的心愿作为研究的出发点和归宿。米海诺夫斯基认为社会学的目的和任务是为了说明满足人的本质需要的社会条件。对此，列宁在《什么是“人民之友”以及他们如何攻击社会民主党人?》这篇文章中通过说明唯物史观克服了唯心主义只看到社会思想动机表面的不彻底性，揭示了社会发展客观规律的科学性以及把社会关系归结为生产关系，把生产关系归结为生产力水平的首创性等来对唯物史观进行系统详细的论述。

其次，批判自由主义民粹派强调个人在创造历史中的作用，从而把个人的作用和历史必然性对立起来。“人的本质”的思想决定了自由主义民粹派在对待历史发展的问题时必然更加看重个人的作用，主张英雄史观。列宁指出，唯物史观从不会把个人的作用夸大，而是强调把个人活动归结为阶级活动，把阶级活动归结为历史发展的决定性力量；主张历史必然性排除了人的自由意志，决定了人的行为的必然性，但绝不损害个人在历史发展中的主体性，人仍然是历史的主人。

再次，批判民粹派把唯物史观只重视社会经济生活，忽视社会生活的其他方面，也没有被论证过等相互矛盾的观点作为借口来否定这一理论。对于民粹派的这一观点，列宁指出，唯物史观并不是只注重经济方面而忽视其他，而是必须且首先考虑社会经济根源，然后要全面分析社会生活的各个方面。唯物史观也并不是没有被科学论证，它被检验为科学的理论是以《资本论》的问世并时刻注重生产力与生产关系相适应、现实的生产关系和上层建筑相适应等为依据，以各国革命实践为现实证明。

最后，批判民粹派继承伯恩施坦对马克思主义的歪曲，否认唯物史观的创新性。自由主义民粹派完全继承了伯恩施坦攻击马克思主义的方法，断章取义、本末倒置地修正马克思主义。对此，列宁指出，马克思对群众受压迫的分析没有停留在谴责现代制度和夸赞社会主义制度的优势，而是明确把资本主义制度作为这一现实的根本原因，并深入分析这一制度的剥削本质，指出这一制度必然灭亡的历史命运，证明社会主义制度替代这一制度的可能性和必然性，所以说唯物史观是马克思主义的创新，这是不能否定的。

(2)批判了自由主义民粹派关于俄国社会发展的理论，肯定并论证了俄国资本主义的发展

其一，批判自由主义民粹派提出俄国社会主义可以直接由农村公社过渡而来的思想，肯定俄国农村资本主义发展的现实。基于自由主义民粹派把俄国村社与资本主义发展分离对立起来，否认俄国资本主义发展的现实，列宁指出村社的主要组成部分——农民整体中也存在等级分化，虽然不同村社中农民等级分化的程度不同，但是村社普遍存在高利贷资本以及其他资本剥削形式；农村中的地主也改变了其在封建制度下压迫农民的方式，而是采用新的形式——工役制，让农民使用自己的工具耕种地主的土地，支付地主的地租。19 世纪末俄国大多数地主的本质是收取地租的资本家；随着资本主义的生产方式在村社中，特别是在农民和地主中产生，村社原本存在的旧制度，如封建土地制度、氏族制度等都会随着资本主义的发展而逐渐变成与其相适应的经济组织形式，资本主义生产方式与村庄的旧制度本身并不矛盾。

其二，批判自由主义民粹派把小手工业的“人民工业”与资本主义工业对立起来的思想，指出俄国资本主义工业发展的状况。在对俄国手工业的认识中，民粹派仍然否认其资本主义性质，他们认为手工业是“人民工业”，这与资本主义工业是完全不同且相互对立的。列宁充分分析了各地对于手工业发展调查材料，阐明了俄国手工业的发展过程和发展形势。他指出手工业的原料来自农业，与农业有着千丝万缕的联系；随着需求的增加，最初由少数富足的农民着手创建手工

业作坊，雇佣贫苦农民作为工人；随着手工作坊规模的扩大，作坊主一方面通过把自己原本的土地、房屋、牲畜等转让或交与他人经营，从而彻底改变农民的身份，成为市民；另一方面不断扩大作坊规模，通过大作坊吞并小作坊实现资本的集中，由此手工业和农业得以彻底分离，资本主义生产方式得以确立，手工业与资本主义工业逐步取得联系和补充。

其三，批判自由主义民粹派否认俄国处在社会分工和国内市场的现实，指出俄国商业发展状况。民粹派认为俄国农民贫困且逐渐破产，使得俄国国内市场购买力下降，俄国没有国外市场，使得资本增值缺少空间，国内市场会逐渐缩小，因此他们否认俄国国内市场的发展以及资本主义的存在。对此，列宁指出，“由于社会分工，这些商品的市场日益扩大；生产劳动的分工，使它们各自的产品互相变成商品，互相成为等价物，使它们互相成为市场”。[①] 因此，社会分工是随着俄国商品经济发展和国内市场建立而出现的，它的出现是一个自然历史发展的过程，是不容否认的事实；生产者为了扩大生产就要运用货币购买劳动力，而随着封建自然经济破产而贫困的农民为了生存就不得不将自己的劳动力放到市场上去，在市场上出卖劳动力，又在市场上购买所需的生活必需品。因此，随着俄国资本主义和商品经济的发展，俄国的国内市场只会逐渐扩大。

(3)批判了自由主义民粹派的个人恐怖主义的斗争方式，强调了工人阶级及其阶级斗争在俄国革命中的重要性

自由主义民粹派没有看到无产阶级在革命中的作用，提出“杰出人物”才是改变俄国命运和历史发展方向的主力，主张用恐怖主义的手段与无产阶级进行阶级斗争；认为现实社会力量才是杰出人物推动社会历史进步的主要支柱，但他们仅把知识分子看作现实社会力量；他们还在理论上批判马克思主义的阶级斗争思想等。列宁对此进行了一一反驳。列宁继承了马克思关于无产阶级产生及其在革命中作用的思想，认为无产阶级是资本主义的掘墓人，是在资本主义充分发展的

---

① 列宁全集(第3卷)[M]. 北京：人民出版社，2013：18.

过程中产生出来的，这一诞生条件也决定了无产阶级的彻底性、革命性，以及在革命中的历史使命，进而促使其接受马克思主义，成为革命的领导力量；而农民虽然在革命斗争中也可以发挥政治作用，但它至多算是城市无产阶级的一个助手。列宁在《俄国社会民主党人的任务》一书中进一步提出无产阶级是俄国革命的领导阶级，要想取得革命的成功必须在革命政党的组织下进行革命斗争。列宁还指出“俄国社会民主党人……始终认为，这种斗争不应当由密谋家而应当由依靠工人运动的革命党来进行。他们认为反专制制度的斗争不应当是组织密谋，而应当是教育无产阶级，使无产阶级遵守纪律，组织无产阶级，在工人中间进行政治鼓动……”①同时，列宁还指出：“社会主义学说正是在它抛弃了关于合乎人的本性的社会条件的议论，而着手唯物主义地分析现代社会关系并说明现在剥削制度的必然性的时候取得成就的。”②即是说，科学社会主义要在阶级社会中批判资本主义，在总结阶级斗争经验中发展自身，在指导工人运动中实现全人类的解放。

2. 批判“合法马克思主义”

列宁主要在本质层面、理论层面和方法论层面对“合法马克思主义”进行批判。

列宁指出“合法马克思主义”的实质是马克思主义在资产阶级著作中的反映，虽然在表面上“合法马克思主义”与马克思主义有相似之处，其本质相差甚远。“合法马克思主义”反对阶级斗争和无产阶级革命，主张通过沙皇和资产阶级共存的方式发展社会主义事业；反对无产阶级专政，主张政治自由和民主制度；主张在资本主义的合法条件下进行政治经济改革活动等。因此，“合法马克思主义”不是真正的马克思主义者。

在理论上，“合法马克思主义”把历史唯物主义修正为“客观主义”，把资本主义看作历史发展的必然趋势和永恒形态。列宁将客观主义与马克思主义进行了

① 列宁全集(第2卷)[M]. 北京：人民出版社，2013：442-443.
② 列宁全集(第1卷)[M]. 北京：人民出版社，2013：157.

对比，进而严厉地批判了“合法马克思主义”：“客观主义者谈论现有历史过程的必然性；唯物主义者则是确切地肯定现有社会经济形态和它所产生的对抗关系。客观主义者证明现有一系列事实的必然性时，总是有站到为这些事实辩护的立场上去的危险；唯物主义者则是揭露阶级矛盾，从而确定自己的立场，客观主义者谈论‘不可克服的历史趋势’；唯物主义者则是谈论那个‘支配’当前经济制度、促使其他阶级进行种种反抗的阶级。可见一方面，唯物主义者贯彻自己的客观主义，比客观主义者更彻底、更深刻、更全面”。①

在方法论上，“合法马克思主义”主要采取抽象的方法看待问题：他们把马克思主义经济学抽象为阶级的先验逻辑体系，把资本主义看成这个先验体系中的永恒代表；把社会发展的客观规律抽象为自然规律，把资本主义的产生和发展看成自然规律的结果；否认人在社会历史发展中的作用，认为工人阶级的斗争只不过是徒劳，反对无产阶级在阶级解放中的作用等。列宁对此指出“合法马克思主义”的抽象方法具有随意性和片面性，他们随意抽取社会现象中的某些具体的和历史的片段，把马克思主义强制性地与这些片段联系起来，其实质是一种代表资产阶级利益的主观主义。

3. 批判经济主义

经济主义是伯恩施坦主义在俄国的延续，这一思潮提出要“让工人自己去‘同厂主和政府作经济斗争’……而让知识分子靠自己的力量去进行政治斗争”，②主张无产阶级通过在实践方面的经济斗争、反抗资本家、组成工会或工联等方式进行经济斗争。在他们看来，经济斗争比政治斗争在革命实践中具有更重要的意义。列宁认为经济主义是庸俗决定论的代表，他指出从经济在社会发展中起到基础性和决定性作用而否定政治斗争的必要性，因为在阶级社会各个阶级只有通过政治斗争掌握国家机器，才能最终真正实现自身的经济利益；无产阶级只有通过

① 列宁全集(第1卷)[M]. 北京：人民出版社，2013：368-369.
② 列宁全集(第6卷)[M]. 北京：人民出版社，2013：72.

政治革命，用无产阶级专政代替资产阶级政权，才能实现自身利益。因此，不能将经济斗争和政治斗争进行比较或者将其对立，两者都是无产阶级争取政治权利和政治自由的重要手段；经济斗争可以解决局部性和暂时性的利益冲突，而政治斗争才能最终改变无产阶级被压迫和被剥削的命运；要建立无产阶级专政，维护无产阶级的根本利益，就要把经济斗争提高到政治斗争同等重要的位置，通过政治斗争才能实现。

经济主义不了解革命斗争自发性和自觉性的辩证关系，一味地崇拜斗争的自发性；轻视革命理论，认为无产阶级的意识是由工人自发活动产生，等等。对此，列宁提出，马克思主义不是在工人自发运动中产生，而是无产阶级知识分子，如马克思、恩格斯等在充分学习和认识各个领域的理论，积极参与革命实践，总结革命经验的基础上产生的，它代表着无产阶级的根本利益，并为无产阶级所接受。因此，列宁提出“没有革命的理论，就不会有革命的运动”，[①] 革命理论指引革命运动；革命运动只有在革命理论的指导下才能取得成效；反对教条主义地对待马克思主义理论，认为马克思主义是科学的理论，需要各国因地制宜地运用它，“因为它所提供的只是总的指导原理，而这些原理的应用具体地说，在英国不同于法国，在法国不同于德国，在德国又不同于俄国”。[②]

4. 批判马赫主义

马赫主义是从 20 世纪初期在俄国出现，以波格丹诺夫为代表。这一派别打着马克思主义的旗号对马克思主义哲学进行修正，得到了第二国际修正主义的支持，严重破坏了马克思主义的纯洁性，因此列宁在 1908 年著成《唯物主义和经验批判主义》一书对其进行批判。列宁主要从实质、认识论以及唯心史观等方面对马赫主义进行批判：

马赫主义在自然科学唯物主义的理论基础上夸大经验的重要性，主张以经验

① 列宁全集(第 2 卷)[M]. 北京：人民出版社，2013：445.
② 列宁全集(第 4 卷)[M]. 北京：人民出版社，2013：161.

为理论出发点，彻底修正经验唯物论，从而超越传统的唯物主义和唯心主义，其实质是“中立哲学”；理论上的中立性导致其思想的无党性，得到部分群众的支持；资产阶级利用其无党性和自然科学的新成果反抗马克思主义，特别是辩证唯物主义，等等。因此，列宁认为：“这时候资产阶级哲学已经专门从事认识论的研究了，并且片面地歪曲地接受了辩证法的若干组成部分(例如，相对主义)，把主要的注意力集中于保护或恢复下半截的唯心主义，而不是集中于保护或恢复上半截的唯心主义。至少，一般实证论特别是马赫主义是在更多地从事对认识论的巧妙的伪造，冒充唯物主义，用似乎是唯物主义的术语来掩盖唯心主义，而对历史哲学却注意得比较少。”①除此之外，波格丹诺夫借反对普列汉诺夫之名，以把恩格斯关于物质和精神关系的原理称为“神圣的公式”作为掩护，否认其反对马克思主义哲学的实情。因此，列宁指出：“波格丹诺夫在这里把我们所熟知的恩格斯的原理叫做‘神圣的’公式来加以讥笑，但又巧妙地避开了恩格斯！”②

在认识论上，波格丹诺夫用“要素”及其组成构筑世界图景，认为人们的心理以及实践都是从经验中产生。这与马克思主义的认识论截然不同，马克思主义构筑的是与自然和社会相符合的世界图景：“(1)物理世界是不依赖于人的意识而存在的，它在人出现以前、在任何‘人们的经验’产生以前早就存在；(2)心理的东西、意识等等是物质(即物理的东西)的最高产物，是叫做人脑的这样一块特别复杂的物质的机能。”③而对于波格丹诺夫构筑的图景，列宁批判道：“实质上，我们在这里看到的并不是大家所熟悉的、通常的人的感觉，而是某种臆造的、不属于任何人的感觉，一般感觉，神的感觉，正如在黑格尔那里通常的人的观念一旦与人和人脑分开就成了神的观念一样。”④因此，波格丹诺夫的认识论是彻底的唯心主义认识论。

在历史观上，波格丹诺夫认为社会形态或者社会制度之间并无本质性区别，

---

① 列宁全集(第18卷)[M]. 北京：人民出版社，2017：345.
② 列宁全集(第18卷)[M]. 北京：人民出版社，2017：236.
③ 列宁全集(第18卷)[M]. 北京：人民出版社，2017：238.
④ 列宁全集(第18卷)[M]. 北京：人民出版社，2017：237.

但是现实社会主义和资本主义的区分主要原因不在于两者本质上的区别，而在于人们的经验或者说经验性认识。因此，他认为马克思主义者划定社会主义标准、组织工人运动、进行无产阶级革命等形式其实都是多余的。这也是马赫主义背离马克思主义、放弃社会主义道路和方向的理论关键。列宁对此进行严厉批判："如果这样解释社会主义，那么耶稣会士也是'认识上的社会主义'的热忱信徒了，因为他们的认识论的出发点，就是神这个'社会地组织起来的经验'。无疑地，天主教也是社会地组织起来的经验，不过它反映的不是客观真理（为波格丹诺夫所否定而为自然科学所反映的客观真理）而是一定的社会阶级利用人民的愚昧无知。"①

5. 批判"无产阶级文化派"

十月革命后，波格丹诺夫等创立了"无产阶级文化派"，这一派别在"无产阶级文化"外衣的掩护下兜售着资产阶级反动的思想。"无产阶级文化派"以马赫主义为理论指导；否认并脱离党在文化建设中的领导作用；主张一种文化的历史虚无主义，试图摧毁一切旧文化，反对非无产阶级的知识分子加入无产阶级文化建设队伍；无视文化产生和发展规律，主张通过科学实验的方式创造文化，等等。20 世纪 20 年代以来，由于党和人民的激烈反对，"无产阶级文化派"逐渐瓦解。列宁在《政论家的短评》《论无产阶级文化》《唯物主义与经验批判主义》等文章中对"无产阶级文化派"的唯心主义世界观、否认无产阶级的文化领导权以及文化虚无主义等错误进行批判。

基于波格丹诺夫试图用马赫主义代替马克思主义，用经验批判主义修正辩证唯物主义，列宁尖锐地指出这一派别的实质，即"所谓'无产阶级的哲学'其实指的就是马赫主义"，② "关于'无产阶级的文化'的词句，正是统统用来掩饰同马克

① 列宁全集（第 18 卷）[M]. 北京：人民出版社，2017：240.
② 列宁全集（第 19 卷）[M]. 北京：人民出版社，2017：247.

思主义的斗争的”。[①] 而马克思主义是严格科学的、以无产阶级为阶级基础的世界观。所以，“马克思主义这一革命无产阶级的意识形态赢得了世界历史性的意义，是因为它并没有抛弃资产阶级时代最宝贵的成就，相反却吸收和改造了两千多年来人类思想和文化发展中一切有价值的东西”,[②] 苏维埃共和国才能发展真正的无产阶级文化。

“无产阶级文化派”声称他们才是无产阶级文化的创造者和独立领导无产阶级文化的领导者，同时他们提出无产阶级文化协会不受党和国家监管，“完全自治”，与共产党“平行”或“并列”。“无产阶级文化派”这一思想的实质是一种无政府主义的表现。列宁一直以来注重强调无产阶级的领导权，在苏维埃政权确立后，列宁就提出“从前我们是把重心放在而且也应该放在政治斗争、革命、夺取政权等等方面，而现在重心改变了，转到和平的‘文化’组织工作上面去了”。[③] 他在《论无产阶级文化》中明确表明无产阶级政党是社会主义文化建设的领导者，他提出：“无产阶级文化协会的一切组织必须无条件地把自己完全看做教育人民委员部机关系统中的辅助机构，并且在苏维埃政权(特别是教育人民委员部)和俄国共产党的总的领导下，把自己的任务当做无产阶级专政任务的一部分来完成。”[④]

“无产阶级文化派”认为无产阶级文化只能有“真正的”无产阶级或者说只有它们才能创造，文化的发展并不遵循社会历史发展规律，文化的纯洁性要经过“实验室式”的方式才能得以检验，等等。“无产阶级文化派”这一思想的实质是一种狭隘的宗派主义。列宁对此给予严厉批评，并指出了“无产阶级文化派”的狭隘性：看不到大多数农民和知识分子在文化建设中的重要作用；没有认识到无产阶级在建设社会主义的过程中除了资本主义的知识分子外，没有其他资源

① 列宁全集(第19卷)[M]. 北京：人民出版社，2017：247.
② 列宁全集(第39卷)[M]. 北京：人民出版社，2017：374.
③ 列宁全集(第43卷)[M]. 北京：人民出版社，2017：371.
④ 列宁全集(第39卷)[M]. 北京：人民出版社，2017：374.

可以利用，因为只有他们“深深知道，俄国文化不发达是什么意思，它对苏维埃政权有什么影响”。① 但是，列宁也提出了要用资产阶级的知识分子建设社会主义，首先要“改造他们，重新陶冶和重新教育他们，——正像应当在长期斗争中，在无产阶级专政的基础上也重新教育无产者自己一样”。② 除此之外，列宁非常重视教育和文化事业，为社会主义文化建设营造良好的社会环境，培养人才。

针对“无产阶级文化派”否认人类文化遗产，主张文化虚无主义，列宁对其进行了尖锐批判：“应当明确地认识到，只有确切地了解人类全部发展过程所创造的文化，只有对这种文化加以改造，才能建设无产阶级的文化，没有这样的认识，我们就不能完成这项任务。无产阶级文化并不是从天上掉下来的，也不是那些自命为无产阶级文化专家的人杜撰出来的。”③他还指出，无产阶级文化既是人类一切文明成果的吸收和借鉴，也是对资产阶级文化的批判性吸纳，因此“必须取得资本主义遗留下来的全部文化，并且用它来建设社会主义。必须取得全部科学、技术、知识和艺术”。④

三、苏联时期的社会主义意识形态理论

（一）关于学习掌握马克思主义

1. 学习掌握马克思主义的必要性

马克思主义的科学性是关键。斯大林在认识马克思主义之后就提出“马克思

① 列宁全集（第36卷）[M]. 北京：人民出版社，2017：150.
② 列宁全集（第39卷）[M]. 北京：人民出版社，2017：92.
③ 列宁全集（第39卷）[M]. 北京：人民出版社，2017：334.
④ 列宁全集（第36卷）[M]. 北京：人民出版社，2017：48.

主义就是科学”，① 因为“马克思主义是关于自然和社会的发展规律的科学”，②是对自然、社会以及人类思维规律的揭示。马克思主义的科学性决定了自它成立以来“就要求人们把它当做科学来对待，就是说，要求人们去研究它”。③ 可以说，科学性注定了马克思主义需要被人们学习、认识并掌握，以便用于指导人类实践活动。

布尔什维克党成为革命先锋的需要。俄国布尔什维克党应该是“用革命理论，用运动规律的知识，用革命规律的知识把自己武装起来”④的革命力量，而马克思主义是对这些规律进行正确和科学揭示的革命武器，因此斯大林提出“有一门科学知识却是一切科学部门中的布尔什维克都必须具备的，这就是马克思列宁主义关于社会、社会发展规律、无产阶级革命发展规律、社会主义建设发展规律以及共产主义胜利的科学”。⑤

2. 学习掌握马克思主义的基本内容

首先，“马克思主义是一切教条主义的敌人”。⑥ 斯大林指出教条主义其实就是把活的马克思主义基本原理变成僵死的公式和结论，把马克思主义经典作家的理论看作适用于一切国家、时代和所有实践的良药等。“如果要求马克思主义的经典作家对每一个别国家在五十至一百年以后可能发生的一切理论问题都给我们作出现成答案，使我们这些马克思主义经典作家的后代可以安然地躺在暖炕上来咀嚼这些现成的答案，那就太可笑了。”⑦因此，斯大林提出学习和掌握马克思主义不只是要掌握马克思主义的某些一般原理，而是要掌握其实质，将其与国情和实践相结合，推动马克思主义一般原理的具体化以及创新发展。

---

① 斯大林选集(上卷)[M]. 北京：人民出版社，1979：570.
② 斯大林选集(下卷)[M]. 北京：人民出版社，1979：538.
③ 列宁全集(第6卷)[M]. 北京：人民出版社，2013：26.
④ 斯大林选集(上卷)[M]. 北京：人民出版社，1979：261.
⑤ 斯大林选集(下卷)[M]. 北京：人民出版社，1979：462.
⑥ 斯大林选集(下卷)[M]. 北京：人民出版社，1979：538.
⑦ 斯大林选集(下卷)[M]. 北京：人民出版社，1979：468.

其次，“抓住马克思主义中主要的、基本的东西”。① 斯大林真正掌握马克思主义绝不是固守马克思主义的某些字句或个别结论，字句和实质具有天壤之别，要善于“区别马克思主义的字句和实质，区别马克思主义的个别原理和方法”。② 斯大林认为列宁的伟大之处就在于他区分了字句和实质，把马克思主义的实质与俄国革命现实相结合，“没有做马克思追字句的俘虏，而善于抓住马克思主义的实质”，③ 而列宁主义的形成就是他在马克思主义实质准确把握的基础上的创新和发展，将马克思主义推向新的时代。

再次，“科学和实际活动的联系、理论和实践的联系、它们的统一，应当成为无产阶级党的指路明星”。④ 斯大林认为俄国十月革命胜利的原因之一就是布尔什维克党及其领袖在学习和掌握马克思主义的基础上把其作为俄国革命的指导思想，在革命中，将马克思主义与俄国无产阶级革命实践相结合从而将马克思主义推向前进。如果没有以马克思主义为指导，没有将理论与实践结合，俄国的革命结果将会是另一种情况。因此，斯大林在《论共青团的任务》中提出俄国共青团积极分子应该摆正态度，“耐心和顽强地学习列宁主义”。⑤

(二)关于加强思想政治工作

1. 思想政治工作的任务

斯大林在 1934 年苏共十七大报告中首次对“政治思想工作”概念作了解释，并提出“我们在政治思想工作方面的任务是：(1)把党的理论水平提到应有的高度；(2)在党的一切环节中加强思想工作；(3)在党的队伍中不倦地宣传列宁主义；(4)以列宁的国际主义精神教育党组织及其周围的非党积极分子；(5)不要

---

① 斯大林全集(第 8 卷)[M]. 北京：人民出版社，1954：272.
② 斯大林全集(第 8 卷)[M]. 北京：人民出版社，1954：273.
③ 斯大林全集(第 8 卷)[M]. 北京：人民出版社，1954：222.
④ 斯大林选集(下卷)[M]. 北京：人民出版社，1979：436.
⑤ 斯大林全集(第 7 卷)[M]. 北京：人民出版社，1958：206.

掩饰而要大胆地批评某些同志离开马克思列宁主义的倾向；(6)不断地揭露敌视列宁主义的派别的思想体系及其残余”。① 在思想政治任务中，斯大林根据苏联的革命实践需要，从马克思主义理论建设、理论教育和理论宣传等方面对思想政治工作进行了全面的安排和布局，不仅推动了马克思主义不断与时俱进、发展创新，而且还提出了进行思想政治教育的方法和原则。

2. 加强思想政治工作的方法

灌输是斯大林加强思想政治工作的主要方法，他继承列宁的灌输论思想，认为先进思想不能由无产阶级自发产生，要“始终走在运动的前头，而不要冷眼旁观，做自发工人运动的尾巴”，② 必须通过灌输的方式使工人学习和掌握马克思主义，这是无产阶级政党的历史责任。在斯大林看来，思想灌输的主要力量不是列宁提出的知识分子，而是无产阶级政党；灌输的内容是马克思列宁主义，因为这一理论不仅具有指导马克思主义政党进行革命和建设的科学世界观和方法论，而且还包含反映客观规律的科学内容；无产阶级政党要及时进行思想灌输，因为无产阶级在不同阶段、不同时期、不同地方进行实践活动所需要的具体思想指导不同，无产阶级政党要及时发现革命形势的变化，敏锐把握革命时机，适时灌输无产阶级需要的符合实际情况的思想理论等。

斯大林还强调了思想灌输的途径：一方面是进行教科书的编写。他在《关于“苏联历史”教科书提纲的意见》中提出了编写苏联教科书的原则：其一，编写教科书“应该斟酌每一个字和每一个提法，而不是登在杂志上的不负责的文章，可以毫无责任感地随便乱讲一通”；③ 其二，“大俄罗斯的历史不脱离苏联其他各族人民的历史……而苏联各族人民的历史不脱离整个欧洲史，并且一般的也不脱离世界史”。④ 另一方面是发挥报刊和文艺工作的作用。由于灌输不仅可以通过理

① 斯大林选集(下卷)[M]. 北京：人民出版社，1979：341-342.
② 斯大林选集(上卷)[M]. 北京：人民出版社，1979：28.
③ 斯大林文集[M]. 北京：人民出版社，1985：29.
④ 斯大林文集[M]. 北京：人民出版社，1985：29.

论的形式，还可以通过潜移默化的方式进行。由于斯大林具有担任报刊编辑等工作的实际经验，所以他提出创办能够反映和回答群众“日常问题的刊物”是十分有必要的；斯大林还十分重视文艺作品的社会作用，提出“能够把读者从注意帝国主义战争的惨祸引导到了解必须打倒组织这种战争的帝国主义政府”。①

3. 斯大林加强思想政治工作出现的问题

由于斯大林没有处理好如何加强党对思想政治工作的领导问题，在实际工作中各种问题和弊端不断产生。首先是思想政治工作的管理体制过于集中。1930年以后，苏共中央文化宣传部在进行改组中不断扩大权力范围，形成对各大部门的高度集中统一领导：由原来的管理和领导宣传工作，到改组后的统揽报刊、学校、文化和教育等各个具体部门的大权。其次是滋生和纵容个人崇拜。斯大林在加强思想政治工作，高度集中工作权利的同时破坏了进行学术研究和学术思考的社会气氛，干扰了群众对社会生活独立思考和发表意见的权利，形成了俄国整个社会对斯大林及其思想理论的崇拜，严重打击和影响了人们创新创造的意识。最后是思想政治工作逐渐变得形式化和教条化。斯大林积极宣传和发展马克思列宁主义的事实是值得肯定的，但是在实际执行中，无产阶级政党的宣传逐渐变成了唯书本、唯马克思主义、唯领袖话语是从，接受者不能提出自己的思想，不能有任何反对，只需领悟和接受，从而导致思想政治工作的方式逐渐僵化和形式化。

(三)关于意识形态领域斗争

斯大林时期苏俄意识形态领域的斗争不仅是斯大林在意识形态领域树立权威和绝对话语权的需要，更是为一切扫除障碍，推行新的经济政治制度做准备。斯大林在意识形态领域的斗争主要表现为以下几个方面：

首先对党内激烈的思想派别进行了“大清洗”。由于托洛茨基在列宁逝世前

① 斯大林选集(下卷)[M]. 北京：人民出版社，1979：236.

后曾发表了关于撤换苏共的主要领导人，特别是斯大林的言论，例如他认为俄国继续执行多数派的政策与党的独立自主的精神相背离，如果继续执行的话将给党带来严重危害的思想。在列宁逝世后，斯大林逐步解除了托洛茨基在党内的一切职务。由于托洛茨基、季诺维也夫和加米涅夫等形成“联合反对派”，曾对斯大林高度集中的经济政策进行猛烈抨击，以斯大林为首的多数派与“联合反对派”进行激烈辩论，并在1927年中央委员会和中央监察委员会联席会议上将反对派的三位领导人开除党籍。由于布哈林在俄国经济发展方针路线问题上坚持列宁的主张，认为列宁给党留下来的是既热情又英明的工作计划，这与斯大林的国家工业化和农业集体化的路线产生分歧，严重影响到意识形态领域的清晰度。因此，斯大林迫切需要对社会主义意识形态进行规定，他在《论反对派》《论列宁主义的几个问题》等几篇文章中回应了关于意识形态领域的问题，之后称布哈林是“机会主义者”，要布哈林“停止自己那条阻碍集体化的路线”，给布哈林以免除《真理报》主编和工会主席的职务、开除出政治局等处分。在进行了反“托派”、反“联合反对派”以及与布哈林的斗争之后，斯大林逐步掌握了苏共党政军大权。

其次，用行政方式处理学术辩论，把学术问题上升为政治问题。最为典型的是斯大林把德波林学派的学术辩论变成政治性批判。由于德波林学派的哲学思想脱离现实情况，在对马克思主义在哲学革命上的作用判断出现欠缺，苏联学界在1931年左右对其进行了思想理论批判。由于德波林反对俄国大多数马克思主义者的哲学思想，即坚持以国家工业化和农业集体化为中心的学术主张，斯大林对这一学派下达政治性的判断，苏共中央据此将德波林的行政职务进行撤销，把这一学派成员撤离各个哲学机构领导岗位，把这一学派的思想阵地——《在马克思主义旗帜下》的编辑部进行改组；之后又批判德波林学派是“托季”“反革命活动的直接的思想掩护”，“人民敌人”或者是“托洛茨基分子”。由此，这一哲学学派在1931年以后解散。

最后，在文、史、哲、经等社会科学的主要领域和文化艺术界展开了意识形态“大批判”。在文艺界，1946年8月在联共(布)中央通过的《关于〈星〉和〈列宁格勒〉两杂志》和《关于话剧剧目及其改进办法》两个决议中批判了一切杂志上丑化社会主义和唯美主义的作品和一些剧院上演“下流低级”的外国剧本，这两个决议其实是把一些学术和艺术问题当作政治问题进行批判。例如《第七交响曲》是苏联卫国战争中创作的为军民鼓舞士气的音乐，在战争后，其作者肖斯塔科维奇因这部曲而被批判，被扣上了“反民主”的帽子。此外，党和国家加紧抓捕学术界和文艺界的“卑躬屈节者”“世界主义者”“蜕化变质分子”等，一大批剧目和歌曲被禁止演出，一些无辜的人深受其害，或被逮捕或被处死。生物医学领域在1948年和1950年全苏列宁农业科学院和医学科学院的会议后遭受史无前例的打击，苏联科学院多名院士受到不公正的迫害，有的因此而自杀，等等。

斯大林用行政手段使社会主义意识形态在苏联站稳脚跟，确保了苏联社会意识形态的统一性，制定了只有马克思列宁主义才是科学的社会主义意识形态的规则，暂时扫除了苏俄在经济建设和政治文化建设上的思想障碍。斯大林在进行意识形态领域的斗争中一方面扩大总书记的职权范围，另一方面将国家权力逐步集中到苏共最高领导人手中，而不受任何法律、制度和组织的限制，逐步形成个人专权和个人崇拜的局面。最终，1936年苏联宪法颁布，以法律形式确立了苏联高度集中的政治体制和斯大林的个人专权。不可否认，在苏俄经济社会条件比较落后的情况下，在社会主义建设需要持续推进的情况下进行意识形态领域的斗争是需要的。但是，在推动社会主义建设实践时，机械化、教条化、碎片化地使用马克思主义既不能很好地解决各种新情况新问题，而且还会导致体制运行的僵化。随着苏联高度集中的政治体制的推进，斯大林意识形态领域斗争所遮蔽的问题会不断显现。

（四）关于资产阶级意识形态

斯大林为警惕思想领域的阵地有被资产阶级意识形态占领的危险，认为要全力扫除党员头脑中的资产阶级意识形态和非马克思主义思想的残余。斯大林提出，“旧社会遗留下来的旧的习气、习惯、传统和偏见是社会主义最危险的敌人，这些传统和习气控制着千百万劳动群众，有时给无产阶级专政的存在造成极大的危险”。① 他认为对先进思想的掌握情况决定了无产阶级在实践中的水平，政治水平和马克思主义觉悟越高的人，工作效率就越高。因此，无产阶级政党必须坚持党性原则，大力开展对资产阶级意识形态的批判，在各个方面同资产阶级遗留的这些旧习气、习惯、传统和偏见作斗争。

在社会主义建设时期，苏联处于帝国主义重重包围之中，在意识形态方面进行反对资产阶级意识形态的斗争是必要的。苏联社会主义政权自建立起就不断受到资本主义国家的攻击。1941 年德国集中兵力分三路对新生的苏联进行全面攻击，苏德战争爆发。之后又出现了美苏冷战、苏南冷战。战争让斯大林意识到了争端背后的意识形态对立，加紧了对资本主义意识形态的批判。

其一是对资产阶级意识形态的批判，主要表现为对资产阶级意识形态欺骗性、腐蚀性和动摇性的批判。斯大林继承了马克思、恩格斯和列宁批判资本主义意识形态的思想，分析了苏联社会中各个阶级在建设实践中的作用及其本质，对资产阶级意识形态的欺骗性、腐蚀性和动摇性进行批判。

其二是与非马克思主义思想进行斗争。斯大林提出要大胆地同某些离开马克思主义的统治进行批判。他在《无政府主义还是社会主义》中指出无政府主义曲解了马克思主义的理论，甚至没有与真正的马克思主义作斗争，而是“和他们自己的幻想作斗争”。

① 斯大林全集(第 6 卷)[M]. 北京：人民出版社，1956：217.

第二章

马克思主义意识形态理论中国化的历史演进

中国共产党自成立以来，就以实现共产主义为远大目标和社会理想，以实现人的自由全面发展为终极价值追求。在领导中国革命、建设和改革的过程中，积极探索把远大理想与中国现实的实际相结合，明确了不同历史阶段的具体的实践目标，也不断深化对意识形态的认识，明确了在不同历史阶段具体的价值追求，并努力将这些价值追求贯穿于路线、方针、政策和制度的设计、制定之中。党的一以贯之的最高纲领、宗旨等，决定了党培育和践行的意识形态具有内在的一致性、连续性。但在不同的历史阶段，党的改造中国的实践所处的时代环境不同，党承担的历史使命、中心工作不同，对核心意识形态的概括表述也差别，培育和践行社会主义意识形态的方式和路径具有历史性的特点特色。

一、中华人民共和国成立前中国共产党对社会主义意识形态的提炼和宣传

从 1921 年到 1949 年，中国共产党始终坚持以马克思列宁主义为指导，以实现民族独立、人民解放为己任，团结广大人民群众为建设一个美好社会而奋斗。在 28 年的探索和奋斗中，中国共产党逐步确立把马克思主义与中国实际相结合的理念，找到一条适合中国国情的革命道路，以建设一个人民当家作主的、具有中国特点的社会主义国家为新民主主义革命的目标，并在毛泽东思想中基于中国现实境遇，对马克思主义的价值追求、对未来社会的憧憬设想进行了提炼和表达。同时，在领导中国革命中，中国共产党立足于“让科学的理论掌握群众”，不断开展马克思主义宣传教育，从而使马克思主义的意识形态、关于新社会的构想逐步渗入中国人民的思想观念，为社会主义意识形态在中国的传播和确立打下基础。

(一)初步提炼社会主义意识形态的重要内容

中国共产党从建党开始，就把马克思主义写在自己的旗帜上，这就意味中国

共产党认同马克思主义的社会理想和价值追求，把建立“自由人的联合体”作为党奋斗的最高目标。1921年7月发布的《中国共产党第一个纲领》指出中国共产党的奋斗目标是：“(1)以无产阶级革命大军推翻资产阶级，由劳工阶级重建国家，直至阶级差别消灭。(2)采取无产阶级专政以完成阶级斗争的目的——消灭阶级。(3)推翻资本私有制，没收一切生产资料，如机器、土地、建筑物、半制成品等，将其归社会公有。”①1922年7月，党的二大指出党的目的是要组织无产阶级，用阶级斗争的手段，建立劳农专政的政治，铲除私有财产制度，渐次达到共产主义的社会，即明确了党的最高纲领。为了实现党的最高纲领，大会提出在目前历史条件下的最低纲领，这就是：消除内乱，打倒军阀，建设国内和平；推翻国际帝国主义的压迫，达到中华民族完全独立；统一中国为真正的民主共和国。最高纲领和最低纲领既反映了无产阶级政党的基本性质，体现在中国特定国情条件下中国共产党人的历史使命，显示出中国共产党人坚持马克思主义的价值追求是与党的具体的历史任务结合在一起的，是把对共产主义的追求与争取民族独立、人民解放结合起来，将“实现人的自由全面发展”转化为现实中完成党的任务、执行党的政策、保护人民群众的生命财产、带领人民群众反抗“三座大山”的实践。

在领导中国革命的过程中，中国共产党人不仅创造性地运用马克思主义的立场、观点和方法来回答、解决中国现实的问题，而且要建设新民主主义的文化。而所谓新民主主义文化……只能由无产阶级的文化思想即共产主义思想来领导”。② 中国共产党结合中国革命和新的文化建设的需要，创造性地将马克思主义(共产主义)的意识形态进行了必要的转化和提炼，并以中国话语加以表述。这主要表现在以下三个方面：

其一，提出“为人民服务”。马克思主义认为，无产阶级政党没有特殊的利益要求，是无产阶级和广大劳动群众根本利益的忠实代表。中国共产党根据这一

① 中国共产党章程汇编：从一大——十六大[M]. 北京：中共中央党校出版社，2006：3.
② 毛泽东选集(第2卷)[M]. 北京：人民出版社，1991：698.

理论，自觉承担起代表、实现广大人民群众根本利益的历史责任，形成了党的群众路线和为人民服务的思想。早在中共“一大”就已经“依靠群众”的观念，明确提出“要把工人、农民和士兵组织起来”；中共“二大”《组织章程决议案》提出，“党的一切运动都必须深入到广大的群众里面去”。1928 年 11 月，李立三根据“六大”精神，同浙江地区负责人的一次谈话中使用了“群众路线”一词，1929 年 9 月，由陈毅起草经周恩来审定的《中央给红四军前委的指示信》中三次提到“群众路线”。毛泽东清楚地看到，在中国，“谁要是想撇开中国的无产阶级、农民阶级和其他小资产阶级，就一定不能解决中华民族的命运，一定不能解决中国的任何问题”。① 他结合中国革命的实际，把唯物史观的基本原理系统地转化为中国共产党人的群众观点，指出“有无群众观点是我们同国民党的根本区别，群众观点是共产党员革命的出发点与归宿。从群众中来，到群众中去，想问题从群众出发就好办”。② “全心全意地为人民服务，一刻也不脱离群众；一切从人民的利益出发，而不是从个人或小集团的利益出发；向人民负责和向党的领导机关负责的一致性；这些就是我们的出发点。”③后来，毛泽东在《为人民服务》《纪念白求恩》等文章中，对“为人民服务”作了更加丰富的阐述。1945 年中共“七大”第一次明确了党的群众路线的基本内容和基本要求，即一切为了人民群众的观点，一切向人民群众负责的观点，相信群众自己解放自己的观点，向人民群众学习的观点，这标志着中国共产党把马克思主义的价值追求凝练为中国共产党的核心意识形态——全心全意为人民服务，并转化为党的工作路线，从而解决了革命“为什么人的问题”。“为人民服务”集中体现了中国共产党的阶级性质、宗旨及历史使命，是所有意识形态中最核心、最稳定的部分。

其二，提出“人民民主”。马克思主义认为，人民群众是历史的创造者，社会的发展最终要体现在人的发展上；在未来社会，无产阶级将“上升为统治阶级，

---

① 毛泽东选集(第 2 卷)[M]. 北京：人民出版社，1991：649.
② 毛泽东文集(第 3 卷)[M]. 北京：人民出版社，1996：71.
③ 毛泽东选集(第 3 卷)[M]. 北京：人民出版社，1991：1094-1095.

并争得民主”，每一个人将实现“自由而全面的发展”。对此，中国共产党在革命中不断深入认识“人民民主”，并探索“人民民主”的实现形式和实现途径。在第一次国内革命时期，中国共产党帮助工人农民组织工会、农会，在各个根据地创建苏维埃政权，实行工农兵代表大会制度；在抗战期间，中国共产党批评国民党的“一党专政”，团结民主党派和人民团体要求民主建国。在陕甘宁边区和各抗日根据地实行普选址和竞选制，按照普遍、平等、直接、无记名投票的原则选出各级参议会参议员，然后由各级参议会选出政府组成人员，建立三三制政权。各根据地创造了票选法、圈选法和投豆法等多种方法，以确保参与的广泛性。1945年毛泽东在与黄炎培关于跳出“历史周期率”谈话中，明确指出依靠人民民主才不会人亡政息；在解放战争时期在各解放区建立民主联合政府，实行人民代表会议制度。在军队建设方面，从“三湾改编”开始，就把“三大民主”(政治民主、军事民主和经济民主)作为人民军队建设的基本内容，军队内部实现了民主生活的制度化。1949年毛泽东在《论人民民主专政》中论述了新中国政权的性质、各阶级在国家中的地位及其相互关系，规定了人民民主专政的基本职能及其最近与将来的任务，对“人民民主”的价值追求和制度设计作了完整的论述。这些理论探索和实践探索显示出中国共产党对实现无产阶级和劳动人民掌握政权、共同管理和建设新的国家的坚定追求。

其三，赋予爱国主义新内涵。中华民族自古以来就有爱国主义传统。在封建社会，爱国与忠君结合在一起。近代以来，爱国主义以救亡为主要指向。中国共产党担负起救亡的使命，在领导中国革命中，把马克思主义作为解放我们民族的最好的武器，“用无产阶级的宇宙观作为观察国家命运的工具，重新考虑自己的问题”，赋予中国传统爱国主义以“马克思列宁主义的伟大力量”。①中国共产党强调爱国，但明确“爱的是无产阶级的国家，不是资本的国家；是以国家为过渡到世界主义的工具，不是把它看做终极的偶像；是为了要反抗帝

① 毛泽东选集(第2卷)[M]. 北京：人民出版社，1991：1471、534.

国主义压迫中国的无产阶级才爱国；不是想抱‘大中华’的传统观念，步帝国主义的后尘”。① 中国共产党把爱国主义作为组织、团结和动员广大人民群众的精神旗帜，在不同时期，结合阶段性任务，提出了不同要求。在党的初创至大革命时期，中国共产党把爱国救亡与共产主义相结合，号召民众走苏俄道路，以马克思主义救中国；在土地革命时期，面对国民党的白色恐怖和党长期处于农村环境，强调把爱国主义与集体主义相结合，在实践中形成并坚持党的集体领导，加强对农民的阶级性教育，以加强农民的集体意识和主人翁意识，同时还强调军队的纪律建设，形成了“三大纪律八项注意”。抗日战争时期，中国共产党把爱国主义与建立最广泛的抗日民族统一战线结合起来，强调“爱国主义就是国际主义在民族解放战争中的实施”,② 这既能调动一切积极力量，团结一切可以团结的力量共同抗日，又将中华民族自身的彻底解放同世界人民反法西斯斗争紧密联系起来。可以说，经过新民主主义革命实践的砥砺，中国共产党赋予爱国主义新的内涵，即：其一，爱国主义的内涵是具体的、历史的，爱国主义的具体内容、表现形式、范围、规模等，随着历史条件和历史阶段的变化而变化；其二，爱国主义不仅仅是一种道德情感，而且是具有约束力的政治准则，是处理个人利益与祖国利益、民族利益之间关系的行为规范，昭示着每个党员对国家、民族和人民承担的义不容辞的责任；其三，中国共产党倡导的爱国主义是以马克思主义为指导的，与共产主义、集体主义、国际主义结合在一起的。

(二)创造性地开展对党内和党外的意识形态教育

由于中国社会半殖民地半封建性质和日本帝国主义的侵华战争，决定了中国社会阶级斗争的复杂性；加上中国共产党领导的新民主主义革命长期在农村环境中以农民为主体展开，中国革命实际上是农民革命，这些决定了党员队伍和人民

① 砍石. 讨论国家主义并质曾琦[C]//中国青年运动历史资料(2). 北京：中国新民主主义青年团中央委员会办公厅，1957：221.

② 毛泽东选集(第2卷)[M]. 北京：人民出版社，1991：521.

军队队伍中存在大量非无产阶级的意识形态念，如小农意识、单纯军事观点、非组织观点、个人主义等。能否消除党内和人民军队中的各种非无产阶级思想，在全党全军确立无产阶级的意识形态，使党能够担当起领导中国革命走向胜利的重任，把人民军队打造成能够坚定执行党的任务、践行党的宗旨的队伍，农民、小资产阶级转变为无产阶级的先锋队成员，关系到党的生存和发展，关系到中国革命的走向。因此，加强对全党和人民军队的思想教育，用马克思主义武装全党，用马克思主义价值追求引领、改造党员和人民群众的意识形态，是中国共产党在革命时期必须致力解决的重要问题。

中国共产党积极探索把意识形态教育寓于党和军队的思想政治工作、纪律建设和作风建设之中，积极探索针对党内和党外群众多种教育对象的意识形态教育方法和形式，从而使意识形态教育具有鲜活的现实性和针对性。早在井冈山根据地，毛泽东撰写了《党内教育问题》和《红军宣传工作问题》，倡导多种宣传教育的方式和形式。主要包括：在党内教育方面，要把教育活动贯穿于党的全部组织活动中，其主要方法是编辑、发行党报、政治简报和各种学习手册；举办训练班；有组织地分配看书；组织个别谈话，开展批评和自我批评；召开小组会、支部大会、支部委、组联席会议及党员大会、政治讨论会等，针对部分党员文化水平低，要对其读书读报。在党外教育方面，教育的对象包括农民群众、城市贫民、妇女群众、青年学生和流氓无产阶级，还有敌人队伍中的士兵等。在宣传方式上，主要采用发传单、布告和宣言，办壁报、画报和政治简报，编唱革命歌谣和文艺演出，办俱乐部，等等，同时红军战士要以严明的纪律和良好的作风影响教育群众。毛泽东倡导的这些教育形式和方法在新民主主义革命中得到了实际应用和推广，主要采用了以下几种方式：

第一，举办各类学校以加强教育。在中国革命中，需要全体党员和人民军队对党的任务有清醒的认识，对党的各项政策有正确的理解，对各项纪律能够自觉遵循，这就要求加强对全体党员干部和人民军队的思想教育，把党的核心意识形态转化为每个个体的意识观念和自觉行为。为此，中国共产党探索出办学开展教育的基本形式。在建党初期，党开办了湖南自修大学、湘江学校、上海大学、安源党校等学校，为党的发展培养人才、造就干部。大革命时期，中国共产党创办了一些党校，如北京党校、上海区委党校、广东区委党校、湘区、鄂区委党校等，推动、参与国民党创办了农民运动讲习所等，对党员干部和农民运动积极分子进行理论教育；20 世纪 30 年代，中国共产党在中央苏区瑞金创办了各个领域的干部学校，如培养红军干部的中国工农红军学校、中国工农红军大学、红军第一步兵学校、红军特科学校、卫生学校、通讯学校、地方武装干部学校等；还开办了培养党员干部的马克思主义大学、培养苏维埃干部的苏维埃大学、培养教育干部的中央列宁师范学校、培养农业建设干部的中央农业学校、培养文艺干部的高尔基戏剧学校。此外，中华苏维埃政府还开办了多种形式的训练班。如在井冈山革命根据地，“湘赣边界特委和各县举办了党团训练班，红四军军委举办了政治训练班”等。在抗战时期创办延安大学、抗日军政大学、鲁迅艺术学院、陕北女子公学等，解放战争期间在各地创办人民革命大学，如 1949 年 2 月，在北京成立的华北人民革命大学。1949 年 5 月，在江苏镇江新丰镇创立的华东人民革命大学。1949 年 6 月，在湖北武昌成立的湖北人民革命大学，等等。在党校、各类学校和训练班开设政治课程或者理论课程，讲授马克思主义基本理论，帮助学员“提高阶级斗争觉悟”“认识共产党的责任”，树立正确的意识形态和对共产主义的理想信念。

第二，开展批评和自我批评。在革命年代，中国共产党为了保持党的先进性和纯洁性，探索形成了批评与自我批评的优良作风。批评是指对别人的缺点或错误提出意见，自我批评是指政党或个人对自己的缺点或错误进行的自我揭露和剖析。采用批评和自我批评，就意味着对个人和组织思想、行为中偏离马克思主义意识形态的问题作经常性的审查和清理。党内批评能够加强党内监督，解决党内矛盾，使党在马克思主义原则基础上巩固和加强党的团结，充满生机和活力。对于党内同志的缺点和错误，从团结的愿望出发，采取正确的原则和方法，帮助其认识和改正，达到惩前毖后、治病救人的目的。通过批评与自我批评，才能把党内各种不同的意见统一到共同的政治基础和思想基础之上。正如毛泽东所说："经常地检讨工作，在检讨中推广民主作风，不惧怕批评和自我批评，实行'知无不言，言无不尽'，'言者无罪，闻者足戒'，'有则改之，无则加勉'这些中国人民的有益的格言，正是抵抗各种政治灰尘和政治微生物侵蚀我们同志的思想和我们党的肌体的唯一有效的方法。"①

从实践来看，在古田会议后，红四军各部队对照古田会议决议全面检查，许多干部自觉剖析自己的不足，纠正错误；在延安整风运动中，积极采取批评教育与自我批评教育相结合的形式，以大辩论、大讨论的方式将每一个党员纳入批评教育运动，调动每个人的批评积极性；在 1947 年 11 月开始的人民解放军普遍开展新式整军运动中，批评与自我批评在帮助广大党员干部和人民军队官兵正确认识自身不足，在排除错误思想、改造不良行为等方面起了极大的推动作用。这些都是有效抵御各种错误思想影响、解决内部矛盾、保证党内和军队内部统一认识的主要方式。

第三，树立典型示范。在新民主主义革命过程中，中国共产党为使马克思主义的意识形态能够为人正确理解、接受，积极探索多种鲜活、可供效仿的意识形态表现形态，典型示范就是其中重要的一种。选择的典型往往是那些具有鲜明的共产主义意识形态和自觉行为、为完成党在一定历史阶段任务而努力的人或者群体，他们就在人民中间，大多数从事普通的生产劳动和工作，如，"为人民利益而死"的张思德、无私奉献的白求恩、面对死亡坚守秘密的刘胡兰、在工作中刻苦钻研技术的赵占魁、不畏艰难开垦南泥湾的三五九旅等。同时，充分挖掘模范典型的思想行为所体现的意识形态、价值追求，并在理论上给予说明和提升。毛泽东在张思德同志的追悼会上作了"为人民服务"的演讲，高度称赞张思德毫不利己专门利人的平凡和伟大，号召广大党员向张思德同志学习；他对白求恩给予高度评价，倡导"我们大家要学习他毫无自私自利之心的精神"。他专门为刘胡

① 毛泽东选集(第 3 卷)[M]. 北京：人民出版社，1991：1096.

兰题词“生的伟大，死的光荣”，等等。这样用先进人物的事迹教育广大党员干部、军队和人民群众，使人们在学习模范榜样的过程中，进行自我检查、自我反省，明确努力的方向，深化了对共产主义意识形态的理解，从而提升了自身的思想道德境界。

此外，中国共产党采用发传单、布告和宣言，办壁报、画报和政治简报，编唱革命歌谣和文艺演出，办俱乐部等，积极向广大群众宣传党的宗旨和价值追求，赢得群众的理解和支持，推进马克思主义意识形态的大众化。

总之，在新民主主义革命时期，中国共产党的主要任务是领导人民争取民族独立、人民解放。在极端恶劣的战争环境下，中国共产党在重视军事斗争和政治斗争的同时，注重结合中国实际和中国传统文化，提炼、宣传马克思主义意识形态；还在文化上开展反对帝国主义、封建专制主义的斗争。这不仅构成了新民主主义文化建设的重要组成部分，为中国革命文化增添了丰富的内容，而且为新中国成立后社会主义意识形态中国化准备了基础，也积累了经验。

二、中华人民共和国成立初期中国共产党建设社会主义意识形态的努力

1949 年 1 月中华人民共和国成立，我国进入新民主主义社会时期。这一时期，建立了工人阶级为领导、工农联盟为基础的人民民主专政的国家，中国共产党从过去的革命党转变为执政党。虽然“统治阶级的思想在每一时代都是占统治地位的思想”，① 但统治阶级的思想不会自动地获得思想的统治地位，也不可能完全靠思想自身的力量来维系统治地位。在新民主主义社会时期，由于经济上存在着国营经济、合作社经济、个体经济、私人资本主义和国家资本主义五种经济成分，社会主义所有制经济尚未在多样化的经济结构中占据优势，社会成员由工

① 马克思恩格斯文集(第 1 卷)[M]. 北京：人民出版社，2009：550.

人、农民、城市小资产阶级和民族资产阶级构成，这决定了当时社会意识形态具有多样性和复杂性，社会的意识形态处于多元多样并存的状态，反映旧制度的思想残余在人们的头脑中占有相当大的空间。正如毛泽东所说，一种崭新的社会制度要从旧制度的基地上建立起来，它就必须清除这个基地。反映旧制度的旧思想残余，总是长期留在人们的头脑里，不愿意轻易地退走的。由于社会主义意识形态与以往一切以私有制为基础的意识形态根本对立，不可能从旧的意识形态中生长出来，这就意味着社会主义意识形态要成为社会的主流意识形态、核心意识形态，不仅有赖于建立社会主义的经济基础和政治上层建筑，而且要确立马克思主义的指导地位，需要大力宣传、培育社会主义意识形态，以多种方式对社会进行教化和引导，对各种非社会主义的意识形态进行批判和整合。因此，社会主义意识形态的培育必然是一个长期的、需要付出极大努力的过程。

在新民主主义社会时期，为了在“观念的”上层建筑完成整个社会意识形态的深刻变革，中国共产党领导人民开展了一系列工作。

(一)明确社会主义意识形态的指导地位

1949 年 9 月，中国人民政治协商会议通过《中国人民政治协商会议共同纲领》(简称《共同纲领》)，代行宪法。《共同纲领》对新中国的经济、政治、文化、军事等多方面作了明确规定，包括为中国的独立、民主、和平、统一和富强而奋斗，“中华人民共和国境内各民族，均有平等的权利和义务”，妇女在政治、经济各方面“均有与男子平等的权利”等，这其中包含“民主”“富强”“自由”“平等”等价值取向。《共同纲领》规定中华人民共和国的公民有遵守法律、遵守劳动纪律、爱护公共财产的义务，“中华人民共和国的文化教育为新民主主义的，即民族的、科学的、大众的文化教育。人民政府的文化教育工作，应以提高人民文化水平、培养国家建设人才、肃清封建的、买办的、法西斯主义的思想、发展为人民服务的思想为主要任务”。这里虽然是从任务的角度对人民政府的工作作出规定，实际上包含人民政府应坚持的价值追求。同时，《共同纲领》还“提倡爱祖国、爱人民、爱劳动、爱科学、爱护公共财物为中华人民共和国全体国民的公德”，这实际上明确了新中国的教育方针。

应该说，无论是对国家政府价值取向的说明，还是从国家层面对社会道德规范进行概括，都是在当时条件下对社会主义意识形态的表达。因为新民主主义社会是一个过渡性质的社会，必然向社会主义方向发展，需要在经济、政治、文化等各方面为进入社会主义做准备。中国共产党坚持以马克思主义(共产主义)为指导，建设一个新民主主义国家，必然要将我国社会主义社会在意识形态上的内在要求融于现实的意识形态建设之中。从对社会公德的规定来看，这些规范包含爱国主义、集体主义、人民平等、崇尚劳动等社会主义的价值理念，体现了社会主义意识形态中国化的主要方向和具体要求。

(二)在全社会开展马克思主义理论教育

社会主义意识形态的理论基础是马克思主义。在全社会进行马克思主义教育，是社会主义意识形态普遍确立的必要前提。中国共产党高度重视马克思主义理论教育。1951年2月，中共中央发出了《关于加强党的宣传教育工作的指示》，规定各级党委宣传部门的职能首先是：领导或推广马克思列宁主义、毛泽东思想的宣传(包括爱国主义的宣传)，领导或推广对于反马克思主义思想的批判，领导各级各类干部的政治理论学习，组织党内外理论工作者的活动等。该指示提出：“我们党是领导着四万万七千五百万人民的党，必须经常向各界人民正确地宣传马克思列宁主义——毛泽东思想和党在目前的各项主张。”①1951年5月，全国第一次宣传工作会议召开，刘少奇在《党在宣传战线上的任务》的报告中指出，当前宣传工作的首要任务就是“用马列主义的立场、观点和方法来教育自己和全国的人民”。② 在这一方针的指引下，中国共产党通过报刊、出版物、戏剧、电影、美术、音乐、广播、学校等文化传播载体，大力宣传马克思主义、毛泽东思

① 中共中央文献研究室. 建国以来重要文献选编(第2册)[M]. 北京：中央文献出版社，1992：79.

② 刘少奇选集(下卷)[M]. 北京：人民出版社，1985：82.

想，宣传符合社会主义意识形态要求的人物和事迹。具体而言，包括：

其一，把马克思主义理论教育融入国民教育体系。1949年12月召开了第一次全国教育工作会议，此次会议重申了《共同纲领》中的教育方针政策，进一步明确新中国教育目的是“为人民服务，首先为工农兵服务，为当前革命斗争和建设服务”。1949—1957年，改造了旧的教育制度，在全国范围内接收国民党所属学校，取消国民党对学校法西斯管理制度，对外国在中国创办的大、中、小学统统予以接管、代管，大力发展小学和中学并扩大吸收工农子弟入学，创建工农速成小学、速成中学、工农干部文化补习班和技术进修班，大力开展扫盲运动，逐步确立了一整套向苏联学习的教育体制，从而在制度上确立了无产阶级教育体制在政治文化传播上的领导地位。教育部明确要求思想教育要以培养辩证唯物主义世界观和共产主义道德为目标，发展学生为祖国效忠、为人民服务的思想，培养集体主义精神，养成“五爱”的公德，养成学生坚韧、谦虚、诚实、节俭等品质。在全国中小学和高校直接开设德育课程，如全国中学开设的政治科目课程，包括“青年修养”“中国革命和中国共产党”“人生观”“社会发展简史”等，而且把“五爱”的观念融入中小学和高校的各科目教学体系。1952年10月，教育部还发出《关于全国高等学校马克思列宁主义、毛泽东思想课程的指示》，在全国高等院校开设马克思主义理论课程。

其二，成立相关机构，推进马克思主义理论著作的翻译、出版和学习。1950年12月和1953年1月，中共中央先后成立了人民出版社和中央编译局，作为马列著作和毛泽东著作出版的专门机构，开始全面启动《马克思恩格斯全集》《列宁全集》《斯大林全集》三大全集系列以及与此相关著作的翻译出版工作。中共中央编印了一套包括《社会发展简史》《政治经济学》《共产党宣言》《苏联共产党历史简要读本》《列宁斯大林论社会主义建设》《列宁斯大林论中国》《思想方法论》等12种“干部必读书”。1950年上半年全部出齐，印数达300万册。1953年还成立了民族出版社，用蒙语、藏语、维吾尔语、哈萨克语、朝鲜语五种民族文字翻译出版马列著作和毛泽东著作；从中央到地方，纷纷成立马列学院和党校，建立了对领导干部和党员进行系统马克思主义教育的阵地。

其三，针对不同对象，采用多种形式进行马克思主义理论教育。党中央对于广大党员干部的学习有明确要求。1954 年，中共中央发布《关于轮训全党高、中级干部和调整党校的计划》，确定了党的各级干部的轮训培训制度，“有计划有步骤地把全党各方面的高、中级干部，调入党校轮训”，① 有效地提高全党干部马克思列宁主义的水准，适应今后工作的需要。干部的理论培训包括三个层次：一是中共中央直属的马列学院，轮训地委正副书记、专员和相当于这一级的高级干部。二是中级党校，轮训地委委员、县委正副书记、县长以及相当于这一级的干部。三是初级党校，轮训县委委员、区委正副书记、区长以及相当于这一级的干部。② 1950 年 5 月 1 日，中共中央在《关于在全党全军开展整风运动的指示》中提出，要用“阅读若干指定文件”③的方法，“提高干部和一般党员的思想水平和政治水平，克服工作中所犯的错误，克服以功臣自居的骄傲自满情绪，克服官僚主义和命令主义，改善党和人民的关系”。④

党和政府注意引导知识分子和民主党派人士学习马克思主义。从 1951 年开始，中国共产党通过举办各种政治培训班、学习培训班，在知识分子中开展思想改造运动。1952 年 1 月 9 日，政协全国委员会常务委员会作出了《关于开展各界人士思想改造的学习运动的决定》，规定民主党派人士要学习理论、学习政策和开展批评和自我批评。同时，党有计划地组织知识分子到工厂、农村参观和社会实践，安排知识分子参加土地改革、镇压反革命、抗美援朝爱国宣传教育、“三反”“五反”斗争，访问苏联以及参加各种国际活动，⑤ 使知识分子了解新中国和

---

① 中共中央文献研究室. 建国以来重要文献选编(第 5 册)[M]. 北京：中央文献出版社，1993：697.

② 中共中央文献研究室. 建国以来重要文献选编(第 5 册)[M]. 北京：中央文献出版社，1993：697-703.

③ 中共中央文献研究室. 建国以来重要文献选编(第 1 册)[M]. 北京：中央文献出版社，1992：217.

④ 毛泽东选集(第 6 卷)[M]. 北京：人民出版社，1999：72.

⑤ 周恩来选集(下卷)[M]. 北京：人民出版社，1984：162.

中国共产党的种种新政策、新举措，多方面感受新中国建设事业迅速发展的客观事实，这些对推动知识分子思想改造、思想转变、促进知识分子接受马克思主义产生了巨大的效果。“许多原来不相信苏联和不相信马克思列宁主义”①的知识分子改变了认识，逐步接受或者接近共产主义，“深刻体会到阶级立场和为人民服务的观点是改造社会的先决条件”；② 逐步改变“轻视劳动，轻视劳动人民，轻视劳动人民出身的干部，不愿意同工人农民和工农干部接近”③的错误思想观念，自觉把自己同工人、农民联系起来，同社会主义事业联系起来，不断提高建设新中国的积极性。

同时，党还“领导和推广对于反马克思主义思想的批判”，如 1951 年开展了对电影《武训传》的批判，1954 年 10 月开展对俞平伯的《红楼梦》研究中唯心主义观点的批判、对胡适思想的批判，1955 年开展对胡风文艺思想的批判，等等。这种理论学习和对错误思想的批判，意在肃清教育对象头脑中的封建主义、资本主义思想，削弱唯心主义在文学艺术领域的影响，帮助知识分子树立唯物史观，培养起对新生人民政权的政治认同，树立为人民服务的观念，学会用马克思主义的方法和立场认识、解决问题。

此外，对工人、农民的马克思主义理论教育也以多种形式展开。工人主要参加工厂组织的各种学习活动，农民则在农闲时，在乡村就近进入夜校、冬校学习。

（三）结合重大实践活动大力宣传社会主义意识形态

中华人民共和国成立后，对于社会领域中的多元意识形态并存的局面，中国共产党始终坚持积极引导的政策，紧密结合重大实践活动、开展思想宣传工作。

其一，结合抗美援朝加强爱国主义宣传。

1950 年 10 月，伟大的抗美援朝战争开始。随着前线军事行动的展开，国内开展了声势浩大的宣传活动。在宣传内容上，主要包括两个方面：一是进行爱国

---

① 周恩来选集（下卷）[M]. 北京：人民出版社，1984：177.

② 金善宝. 从土地改革谈到卫生事业[N].《光明日报》1951-09-15；杨风城. 中国共产党的知识分子理论与政策研究[M]. 北京：中共党史出版社，2005：81.

③ 周恩来选集（下卷）[M]. 北京：人民出版社，1984：175.

主义和国际主义意识形态的教育，使人民群众懂得“抗美援朝”的重大意义；二是着重反对美帝国主义，揭露美帝国主义的侵略本性和帝国主义外强中干的面目，增强民族自尊心和自信心。其中，最为突出的是对抗美援朝中英雄模范如黄继光、邱少云、杨连第、罗盛教等的宣传，在广大人民群众中产生了极大的感召力。在宣传方式上，除报刊、广播、演讲、报告之外，还举行游行示威，开展讨论、爱好和平的签名活动，组织赴朝慰问团、写慰问信、送慰问品、订立爱国公约等。在宣传对象上，宣传教育活动深入各个阶层和各个阶级，推动占全国占总人口70%~80%的工人、农民、小资产阶级、民族资产阶级以及各民族和各宗教信仰界，以各种形式参加抗美援朝的爱国行动。① 比如，广大铁路职工、汽车司机、医务工作者和大批农民，纷纷组成运输队、医疗队、担架队，开赴朝鲜前线，担任各种战勤工作。1951 年 6 月 1 日，中国人民抗美援朝总会发出关于“推行爱国公约、捐献飞机大炮运动，以支援中国人民志愿军”的口号，全国人民立即行动起来，积极响应。湖南湘潭各界人民捐献“毛泽东故乡号”战斗机；宋庆龄副主席与天津各界妇女，为捐献“天津妇女号”飞机集资；班禅额尔德尼号召僧俗们捐献“佛教号”飞机，等等。在这一过程中，党还注重引导人民群众开展自我教育。例如，全国著名劳动模范齐齐哈尔重型机械厂工人马恒昌、山西省著名劳动模范李顺达，他们向全国发出了爱国增产竞赛的挑战书，全国有 12000 多个互助组、2700 多个农业模范积极响应。总之，结合抗美援朝开展的思想宣传工作和爱国主义活动，极大地激发了“祖国和人民利益高于一切、为了祖国和民族的尊严而奋不顾身的爱国主义精神，英勇顽强、舍生忘死的革命英雄主义精神，不畏艰难困苦、始终保持高昂士气的革命乐观主义精神，为完成祖国和人民赋予的使命、慷慨奉献自己一切的革命忠诚精神，以及为了人类和平与正义事业而奋斗的国际主义精神”。②

---

① 王振国. 中国共产党公民教育理论与实践[M]. 郑州：郑州大学出版社，2006：116.

② 习近平. 在纪念中国人民志愿军抗美援朝出国作战 60 周年座谈会上的讲话[N]. 人民日报，2010-10-26.

其二，结合社会主义改造加强集体主义宣传。

集体主义是生产资料社会共同占有在人们观念上的必然反映，是共产主义道德的核心，也是社会主义意识形态的重要内容。中华人民共和国成立以后，人民群众成为国家的主人，国家利益、集体利益代表了人民群众的长远的、根本的利益，与个人利益具有一致性。1953 年我国开始社会主义改造，社会主义生产关系的确立能够为集体主义道德原则的实现提供条件，同时也需要集体主义道德原则来引导人们的行为，保证社会改造的顺利进行。因此，伴随生产资料所有制的变革，中国共产党加强了对集体主义的宣传教育，并探索了思想教育与日常工作生活实践相结合的方式，这种方式"教育作用最为广泛和直接"。[①] 比如，在农村中开展增产竞赛活动、召开互助组代表会议，举办互助组骨干培训班等；1952 年还组织农业劳动模范赴苏联学习、考察集体农庄的建设经验。这些活动帮助农民逐步认识到合作化的优势、认识到社会主义的优越性和集体主义的伟大力量，逐渐改变了原有的封建小农思想，积极支持和参与合作化运动。

其三，结合新中国建设宣传社会主义意识形态。

在新民主主义社会时期，我国开展了大规模的"一五"计划建设。由于确立了人民群众当家作主的政治制度，鼓舞了广大工农群众的劳动积极性，各行各业涌现出一批爱岗敬业、无私奉献、为了国家和集体不惜献出自己生命的英雄人物。党将爱国主义、集体主义和为人民服务的观念融入对工农模范的宣传，增进人们对社会主义意识形态的理解，推动人们在效仿、学习英模人物中确立、践行社会主义意识形态。比如，宣传钢铁劳模孟泰的勤俭节约、爱厂如家的"孟泰精神"，鞍钢北部机修厂工人王崇伦的主人翁责任心、不断钻研、虚心学习和助人为乐的精神，[②] 马恒昌先进小组注重质量、安全生产、和谐团结的工作态度，农民先进典型李顺达勤奋创业的精神等，直接引发了全国工人、农民学习学习英模先进人物的热潮，一次次掀起爱国主义劳动竞赛活动，并使广大工人农民在学习

① 周恩来选集(下卷)[M]. 北京：人民出版社，1984：177.

② 发扬王崇伦的工作精神提前完成国家计划[N]. 人民日报，1954-02-08.

活动中确立爱国、敬业、奉献的价值取向。

同时，党坚持“两个务必”的思想，高度关注如何保持艰苦奋斗的优良传统和清正廉洁的品格、防止资产阶级思想和生活方式的腐蚀的问题，于1951年年底开展“三反”运动；1952年开展了打击不法资本家的严重违法行为的“五反”运动。这两项运动虽然直接目标不是思想领域的改造，但向中国人民说明了中国共产党和人民政府对廉洁、守法、奉公、诚信的推崇，间接地教育了党员干部和人民群众。

第四，在树立新型社会风尚中传递社会主义意识形态。

中华人民共和国成立后，中国共产党领导人民努力进行移风易俗的社会改造，树立新型社会风尚。首先，新中国推动妇女解放，废除娼妓制度，颁布《中华人民共和国婚姻法》和一系列法律法规，如1950年9月发布的《关于加强女工工作的决定》《女工委员会组织条例》，1954年通过的《中华人民共和国宪法》等，保证了妇女在政治、经济、文化教育和家庭婚姻中的平等权利。其次，新中国先后发动大规模的清洁扫除运动(1950)和爱国卫生运动(1952)，不仅改善了生活环境，而且推动文明生活方式的养成；国家倡导人人平等，没有尊卑贵贱之分，用新的“同志”称谓代替在旧社会具有等级色彩的“大人”“老爷”“下人”等，将平等观念渗透到群众的日常生活。最后，国家开展宗教制度的改革，割断宗教与封建制度的联系、宗教与帝国主义的联系，推动宗教界“三自”爱国运动。

可以说在中华人民共和国成立后的7年里，中国共产党努力从全方位打造改造思想、培育社会主义意识形态的社会环境和条件，初步奠定了社会主义阶段核心意识形态教育的基本内容和基本框架：即以马克思主义为指导思想，以共产主义为最高理想，以爱国主义、集体主义和社会主义为基本精神和道德原则的社会主义价值体系；初步确立了理论与实际相结合的基本方法以及直接教育和间接渗透相结合的基本路径，为社会主义意识形态最终成为社会主流意识形态做好了准备。这一时期意识形态教育的成绩突出，人民群众焕发出高度的政治热情和政治觉悟，投身于社会主义革命和建设中。

三、社会主义建设时期的意识形态建设

1956年社会主义改造完成，我国社会经济制度、社会经济结构和阶级关系发生了深刻变化。在此前提之下，以为人民服务、爱国主义、集体主义、人民民主为核心内容的社会主义意识形态逐步成为社会意识形态的主流。但由于社会意识具有相对独立性，中国有漫长的封建社会历史和近代帝国主义侵略的历史，各种非社会主义的意识形态念在人们的思想观念中仍然会存在，并在一定的条件下会凸显出来。因此，即使是在社会主义制度条件下，培育和践行社会主义意识形态仍是一项长期的工作。在社会主义建设时期，中国共产党始终坚持强化全社会的思想道德建设，视“思想政治工作是其他一切工作的生命线”，在全党、全军、全国人民中加强思想政治工作，巩固社会主义意识形态的地位、推进社会主义意识形态功能的发挥。在这一过程中，由于对社会意识形态领域状况的判断出现失误，由于对马克思主义基本原理的教条化、程式化的理解，在反对非社会主义意识形态中形成了一些极“左”观念和做法。

总体上看，可以把1956年社会主义改造完成到1978年改革开放启动这20年划分为两个阶段，第一阶段是从1956年到1966年这10年，即全面建设社会主义时期。第二阶段是从1966年到1978年十一届三中全会之前。

在全面建设社会主义时期，社会主义意识形态的培育和建设主要具有以下特点：

第一，通过大规模的社会主义教育运动传播培育社会主义意识形态。

在全面建设社会主义时期里，中国共产党根据人民的思想状况和党的中心工作的需要，先后开展多次社会主义教育运动，培育和传播社会主义意识形态。

第一次社会主义教育运动是在1957年。这年8月8日，中央发出《关于向全体农村人口进行一次大规模的社会主义教育的指示》，要求在农村进行一场关于

社会主义和资本主义道路的大辩论。这主要是针对社会主义改造完成后，一些农民在思想上有错误、模糊认识，对合作社的管理有意见、想个体单干的情况而展开的。该指示指出，这种大辩论是农民群众和乡村干部进行的自我教育，是农村的整风。群众就干部作风提出的意见和批判，各级党委要认真研究、适当处理、改进工作。此次教育活动的方式是在农业生产的间隙和休息时间，围绕合作社的优越性问题、粮食和农产品统购统销问题、工农关系问题、肃反和遵守法制问题等，通过提问题、提意见、摆事实、讲道理，回忆、对比新中国成立前后和合作化前后的生活变化，帮助广大农民和乡村干部提高社会主义觉悟、巩固集体主义观念。与此同时，在城市也开展了多种形式的社会主义教育活动，且在教育的内容具有鲜明的针对性。对于工人群众，主要是使工人认识自身的领导地位和领导责任，保持工人阶级的优良品质、发挥模范作用；在知识分子和高校，教育活动的内容是批判资产阶级思想、向党交心、红专大辩论等；在工商界和民主人士中，则以批判"抵制社会主义改造的思想和行为"为教育内容。

第二次社会主义教育运动是在 1962 年冬至 1966 年。这次运动主要是在农村中开展，最初是要解决干部工作作风和经济管理方面存在的问题。从 1962 年年底到 1963 年春，一些地区进行了整风整社、社会主义教育和小"四清"(清账目、清仓库、清财物、清工分)工作。1963 年 2 月，在中央工作会议上，毛泽东督促各地注意抓阶级斗争和社会主义教育问题。3 月 1 日，中共中央发出在全国城市逐步开展反贪污盗窃、反投机倒把、反铺张浪费、反分散主义、反官僚主义的"五反"运动。5 月，毛泽东在杭州召集部分政治局委员和大区书记参加的小型会议，讨论农村社会主义教育问题，制定了《关于目前农村工作中若干问题的决定(草案)》(即"前十条")。"前十条"对农村和城市的阶级斗争形势作了极其夸大的估计，对"四清"运动的任务、政策、方法作了规定。1964 年 5—6 月的中央工作会议在讨论"社教"运动问题时，对全国基层的政治形势的严峻性作了夸大估计，提出要放手发动群众彻底革命，追查"四不清"干部在上面的根子。1964 年年底到 1965 年 1 月，中央政治局召集全国工作会议，在毛泽东的主持下讨论制定了《农村社会主义教育运动中目前提出的一些问题》(即“二十三条”)，将“四清”的内容规定为清政治、清经济、清组织、清思想，强调这次运动的性质是解决“社会主义和资本主义的矛盾”，提出这次运动的重点是整“党内那些走资本主义道路的当权派”等更加错误的观点。

两次社会主义教育运动都凸显了党员干部要为人民服务、人民群众有权监督党员干部、参与管理等要求，由此体现出社会主义意识形态针对提高广大党员干部和人民群众的思想觉悟，使其对社会主义的价值追求有更多、更深刻的认识。但是，在教育宣传中有些不合实际的内容，也有忽视客观经济规律、夸大人的主观能动性、错误估计当时社会矛盾等因素，因而导致人们对社会主义及社会主义意识形态的认识出现一些误区，如“搞社会主义就是精神崇高”“社会主义就是要搞平均主义”，在实践中造成严重的后果。

第二，在全国掀起学习毛泽东著作的热潮。

在全面建设社会主义时期，中国共产党一如既往地要求加强马克思主义学习。毛泽东多次向全党提出读书建议，自拟定书目，并亲自实践读书建议。从1959年秋到1960年上半年，中央领导、各部委的领导人都认真地开展了读书活动，主要阅读《苏联社会主义经济问题》《马恩列斯论共产主义社会》《政治经济学教科书(社会主义部分)》等。全国的广大干部也积极地学习，形成了理论联系实际的好风气。

1958年6月，中国共产主义青年团三届三中全会作出了《关于组织广大青年学习马克思列宁主义、学习毛泽东著作的决议》，号召全国青年在积极参加社会主义建设的同时，掀起学习马克思列宁主义理论、学习毛泽东著作运动的高潮。该决议要求加强对毛泽东思想的学习，指出：毛泽东同志是当代杰出的马克思主义者，他的著作深刻地总结了中国革命运动的丰富经验，创造性地发展了马克思列宁主义，是马克思列宁主义的普遍真理和中国革命的具体实践相结合的典范。我国几十年的革命证明，用毛泽东思想来指导革命斗争，革命就一个接着一个地取得胜利；用毛泽东思想来指导社会主义建设，建设就以最快的速度、改变着我国几千年来的一穷二白的落后面貌，毛泽东著作是领导中国人民胜利前进的灯塔，是中国人民建设社会主义、共产主义的指南。我们开展学习马克思列宁主义理论、学习毛泽东著作的运动，就是要求我们在工作和学习中坚持马克思列宁主义普遍真理同我国革命和建设的具体实践相结合的原则；就是要求我国青年一定要掌握这个加速社会主义革命胜利的伟大的思想武器。只有这样，才能使青年从一切旧的传统思想的束缚下解放出来，永远不迷失方向，永远朝气蓬勃，干劲十足，成为自觉的共产主义战士。① 之后，在共青团的积极推动和组织下，在全国青年中广泛地组织起毛泽东著作学习小组，学习毛泽东著作运动首先从青年中开展起来。据团中央统计，到 1960 年 3 月，长期坚持学习毛泽东著作的青年已达 2000 万人。

1960 年年初，中国人民解放军也开始掀起了学习毛泽东著作的热潮。3 月到 4 月，总政治部召开的全军政治工作会议，决定在全军加强理论工作和理论教育，以毛泽东思想为指导，以毛泽东同志对于马克思列宁主义原理所阐明所发展了的观点和他的许多具有普遍意义的独创性的见解为主要内容。1960 年 9 月，《毛泽东选集》第四卷出版，中共中央宣传部写了《关于〈毛泽东选集〉第四卷的宣传和学习的报告》。中央批准了这一报告，要求各地各部门有计划地安排对《毛泽东选集》第四卷的学习和宣传。这样学习毛泽东著作的热潮很快推向全国。

在建设社会主义过程中，广大党员干部和人民群众以主人翁的姿态和饱满的热情投入工作，艰苦创业，勤奋工作，乐于奉献，公而忘私，涌现了一大批践行社会主义意识形态的先进模范集体和个人。先进模范集体有大庆、大寨、“南京路上好八连”等，先进模范个人如雷锋、王进喜、焦裕禄等。党中央和各级党组织积极表彰这些集体和个人，提炼出这些先进集体和个人所具有的精神品格并加以宣传、推广。

在先进群体中，最为突出的是宣传大庆精神和大寨精神。1964 年 4—5 月，

① 中共中央文献研究室．建国以来重要文献选编（第 13 册）［M］．北京：中央文献出版社，1996：749．

《人民日报》连续发表文章介绍大庆精神和大庆人，将大庆人的工作作风概括为“三老四严、四个一样”，即对待革命事业，要当老实人，说老实话，办老实事；对待革命工作，要有严格的要求，严密的组织，严肃的态度和严明的纪律；对待革命工作的认真精神，要做到黑夜白天一样，坏天气和好天气一样，领导在场和不在场一样，有人检查和没人检查一样；宣传大庆人“有条件要上，没有条件创造条件也要上”的精神，“先生产，后生活”的原则，等等。这些经验很快在我国工业、交通等领域得到了推广。1964 年 2 月《人民日报》发表《大寨之路》的长篇通讯报道，并在社论《用革命精神建设山区的好榜样》中介绍了山西省昔阳县大寨大队自力更生，艰苦奋斗，与穷山恶水作斗争的事迹和经验。社论指出，要学习大寨精神的四个方面：第一，远大的革命理想和对未来坚定不移的信心；第二，敢于藐视困难、同困难作斗争的顽强精神和实干苦干的优良作风；第三，自力更生、奋发图强的优良作风和严格要求自己、以整体利益为重的共产主义风格；第四，把伟大的科学精神和严格的科学态度结合起来。1964 年，毛泽东发出了“农业学大寨”的口号。周恩来在全国人大三届一次大会上，对大寨经验做出精辟概括：坚持政治挂帅、思想领先的原则，自力更生、艰苦奋斗的精神，爱国家、爱集体的共产主义风格。这些对大庆精神、大寨精神所做的概括，实际上也是对其中蕴含的社会主义意识形态的说明。

在学习先进个人方面，中国共产党做了长期号召、持续推动，其中最为突出的、在全国影响最为深远的是开展学雷锋运动。雷锋于 1960 年参加中国人民解放军，在沈阳军区工程兵某部运输连四班当战士，同年 11 月加入共产党，1961 年 5 月任班长，1962 年 8 月 15 日因公殉职。雷锋以短暂的平凡的一生，实践了“把有限的生命投入到无限的为人民服务中去”，在他身上所展现出来的艰苦奋斗，舍己为人、乐于助人、敬业爱岗、廉洁奉公、强烈爱国主义情怀和高度的社会责任感，充分体现了社会主义的价值追求，构成了代表社会主义思想品德的雷锋精神。1963 年 1 月 7 日，国防部命名雷锋所在班为“雷锋班”。2 月 8 日《解放军报》以“伟大的战士”为题发表长篇通讯，向全国人民介绍了雷锋的模范事迹。

2月15日，团中央向全国青年发出了《关于在全国青少年中广泛开展学习雷锋的教育活动的通知》，指出团的组织要引导青少年着重学习雷锋同志的："忠实于党，忠实于社会主义事业的无产阶级立场；自觉地服从祖国的需要，以人民的利益为重，做一个'永不生锈的螺丝钉'，全心全意为人民服务的精神；关心同志，助人为乐，毫不利己，专门利人的共产主义风格；坚忍不拔、勇于克服困难和克勤克俭，艰苦朴素的作风；坚持又红又专的方向，下苦功夫，努力学习毛主席著作，刻苦钻研业务技术，模范完成工作任务"。① 中华全国总工会和全国妇联都发出了向雷锋学习的通知。1963年3月5日，《人民日报》发表了毛泽东的亲笔题词："向雷锋同志学习。"随后又连续发表了刘少奇、周恩来、朱德、陈云、邓小平、董必武等党和国家领导人对雷锋的题词，号召全国人民向雷锋同志学习。全国一些著名作家、诗人、音乐家也纷纷写诗、著文、谱曲、热情歌颂这位青年一代的楷模，"学习雷锋好榜样"的歌声迅速响遍全国。"雷锋精神是中华民族传统美德和共产主义崇高理想的完美统一。"②它表明在中国社会主义发展阶段，"社会主义新人"应具有的道德品质和政治情操。开展全国性的学雷锋运动，将社会主义意识形态念浸润于人们的日常工作和生活之中，使人民群众通过自主行为，感受、认同社会主义意识形态念，在学习效仿雷锋的过程中，将社会主义意识形态内化为个人的理性认识，外化为自觉的行为，对于建立良好的民风、社会风尚起到了极大的推动作用。在学习雷锋运动中，"千万个雷锋在成长"。全国涌现了一批成千上万的英雄模范人物和集体，如欧阳海、王杰、"草原英雄小姐妹""南京路上好八连"等。

对于党员干部，党中央还要求向焦裕禄学习。焦裕禄在国民经济困难时期，被组织调到生活极度贫困、自然环境极度恶劣的河南省兰考县任县委书记。他以强烈的事业心和高度的责任感，发扬全心全意为人民服务，鞠躬尽瘁、死而后已

---

① 关于在全国青少年中广泛开展学习雷锋的教育活动的通知[N]. 中国青年报，1963-02-15.

② 当代中国研究所. 中华人民共和国史稿(第二卷：1956—1966)[M]. 北京：人民出版社，2012：235.

的精神，带领全县干部和群众镇风沙、治洪水、战灾荒，最后献出宝贵的生命，被群众誉为“党的好干部”。1966 年 2 月 7 日，《人民日报》以“县委书记的好榜样——焦裕禄”为题，介绍了焦裕禄的先进事迹，并号召广大党员干部向焦裕禄学习，主要是学习他完全彻底地为人民服务的革命精神和坚持从群众中来到群众中去的工作方法。

总之，在全面建设社会主义时期，党树立先进典型模范，并大力宣传与之紧密联系的精神品格、意识形态念，推动整个社会形成良好的道德风尚，推进了社会主义意识形态的培育和践行，也调动广大党员干部和人民群众以积极高昂的精神状态为建设社会主义国家努力工作。虽然这一时期思想文化领域“左”的倾向在不断发展，但是从整体上看社会主义意识形态的培育和践行取得了显著成果，广大党员干部和人民群众对建设一个强大的社会主义现代化国家形成了共识，社会共同遵守的道德规范被确立起来。

在“文化大革命”十年中，中国共产党仍然坚持以往培育社会主义意识形态的经验和有效做法，通过号召向先进模范集体和个人的学习，开展学习毛泽东著作、加强思想政治工作等方式，结合一波波的政治运动来传播社会主义意识形态。但是由于极“左”思想和政治运动的影响，给社会主义意识形态的宣传和培育带来多方面的消极影响。

第一，由于对“什么是社会主义”没有完全搞清楚，对社会主义的认识存在很多误区，导致人们对社会主义意识形态的理解出现较多的偏差。在“文革”期间，“越穷越革命”“凡是资本主义有的，社会主义就不能有”“贫穷才是社会主义”“宁要社会主义的草，也不要资本主义的苗”等错误观点甚嚣尘上。这些观点忽视现实的生产力发展，把社会主义与生产力落后联系在一起，简单地从社会主义与资本主义的完全对立中来认识社会主义，忽视了社会主义与资本主义在文明发展上的继承关系，违背了马克思主义的基本原理。此外，脱离了当时中国经济社会发展水平，无视人们的温饱状态，宣扬“社会主义就是精神崇高”，要求人们“毫不利己、专门利人”等，片面地在意识形态领域拔高，忽视了精神崇高必要的物质前提，对社会主义价值追求做简单化的理解，不可避免地导致人们对社会主义的认识带有极大的空想性。

第二，“文化大革命”造成社会主义意识形态的扭曲。“文化大革命”期间，虽然倡导全心全意为人民服务，但实践中存在大量混淆敌我矛盾的情况。“文化大革命”中盛行血统论，一方面，是“老子英雄儿好汉”“自来红”等观点喧嚣一时；另一方面，混淆了是非界限，混淆了业务探讨和政治是非的界限，混淆了思想问题和政治问题的界限，混淆了人民内部矛盾和敌我矛盾的界限，无限上纲，党长期依靠的许多积极分子和基本群众受到排斥，大量的人民群众被列为斗争对象，受到简单粗暴的对待。其结果是破坏正常的同志间关系，造成人民群众内部的尖锐对立；同时，名义上坚持人民民主，直接依靠群众，实际上在“全面内战”“打倒党内资产阶级当权派”“砸乱公检法”中破坏了社会主义法制，将民主置于混乱无序中，造成事实上的无政府主义状态，既脱离了党的组织，又脱离了广大群众，造成人们的价值迷茫，败坏了社会风气。

第三，“文化大革命”不利于正常的思想建设。“文化大革命”期间，学习马克思列宁主义和毛泽东思想是常态。但是实际上，存在着对马克思列宁主义、毛泽东思想的教条主义理解、对经典作家的思想断章取义等严重倾向，实质是形式主义的泛滥、对马克思主义理论的庸俗化。还将大量马克思主义基本原理和社会主义原则，其中很多是毛泽东自己过去提出或支持过的思想、主张、原则等，当作修正主义或资本主义的东西来批判，在一系列重大理论和政策问题上混淆了是非；同时，“文化大革命”期间，在文化上搞闭关锁国，不加区别地把人类文明成果和中国优秀传统文化视为“封资修”“四旧”，拒绝学习，开展批判，还大量破坏文化遗产。这些做法严重破坏了正常的思想建设，切断了树立社会主义意识形态的文化根基。

第四，思想政治教育和思想政治工作被推向极端。在科学理论指导下、运用科学方法开展的思想政治工作是培育社会主义意识形态的基本路径。但是在“文化大革命”期间，思想政治工作的基础遭到破坏。主要是打着唯物主义旗号，唯心主义蔓延，出现了所谓的"顶峰论""天才论"，破坏了思想政治工作的理论基础；搞"大鸣、大放、大字报、大辩论"，违背思想政治工作的基本规律；取消党的领导，"踢开党委闹革命"等，破坏了思想政治工作的组织基础；搞形式主义、"假大空"的宣传，背离了思想政治工作的优良传统。思想政治工作陷于简单的口号式的宣传。而"简单的口号式的宣传起不到思想教育的作用"，① 人们逐渐对空洞的说教产生反感。

总之，"文化大革命"时期由于宣扬"斗争哲学"，以单纯性的、暴风骤雨式的政治运动、群众运动取代经常性的、润物无声的思想道德建设和意识形态培育践行，忽视思想道德建设的系统性、持续性和长期性，破坏了整个社会赖以维系的价值共识。

四、改革开放以来的社会主义意识形态中国化

党的十一届三中全会以后，中国共产党总结历史经验、吸取历史教训，深刻认识到在全社会培育社会主义意识形态需要坚持理论联系实际，从当代中国的现实国情出发，需要坚实的物质基础支撑、完善的制度体系规范和持续深入的思想教育引导。伴随着改革开放的推进，特别是社会主义市场经济的发展，中国经济社会结构发生深刻变化，社会意识形态日益多元化。因此中国共产党坚持与时俱进，不断深化对培育社会主义意识形态的规律性认识，创新社会主义意识形态的表达话语，采用适应科学技术进步的手段，抵御西方大国对我国进行的意识形态渗透，在全社会倡导培育和践行社会主义核心意识形态。

总体上看，改革开放以后，中国共产党对社会主义核心意识形态的认识和概括，随着中国特色社会主义建设的实践推进而深化、调整、明确。根据改革开放

① 胡绳. 胡绳文集(1979—1994)[M]. 北京：中国社会科学出版社，1994：477.

的实践和社会主义意识形态的认识演进，可以分为三个阶段来说明，即第一阶段是从1978年党的十一届三中全会到1992年邓小平“南方谈话”，第二阶段是从党的十四大到十八大之前，第三阶段是从党的十八大以来。

(一)第一阶段：在纠正错误观念中深化认识

在这一阶段中国共产党对社会主义意识形态的认识和表达既继承了改革开放前30年关于社会主义意识形态的认识成果，同时又在反思“文化大革命”中“左”的错误和教条主义的基础上，纠正一些错误认识，并有所创新，主要体现在邓小平理论之中。

实事求是思想路线的重新确立，为科学认识社会主义意识形态问题准备了前提。从1978年5月开始，中国共产党开展了真理标准问题的讨论。邓小平指出：“只有解放思想，坚持实事求是，一切从实际出发，理论联系实际，我们的社会主义现代化建设才能顺利进行，我们党的马列主义、毛泽东思想的理论也才能顺利发展。从这个意义上说，关于真理标准问题的争论，的确是个思想路线的问题，是个政治问题，是个关系到党和国家的前途和命运的问题。”①在讨论的基础上，1979年1月党的理论工作务虚会召开，对“两个凡是”和思想僵化现象进行了尖锐批评。真理标准的讨论实际是一场规模广泛、影响深远的马克思主义理论教育运动和思想解放运动，将全党、全军和全国人民从教条主义和个人崇拜的精神枷锁中解放出来，推动全党正确认识马克思主义，从实际出发而非从观念出发来思考中国的问题。经过真理标准大讨论，到党的十一届三中全会，实事求是的思想路线重新确立，坚持马克思主义基本原理与中国国情相结合，逐步成为全党的共识。实事求是的思想路线为在新的历史时期建设中国特色社会主义、探索建设社会主义核心意识形态提供了科学的世界观和方法论指导。

邓小平理论对“什么是社会主义、怎样建设社会主义”作了初步系统的科学

---

① 邓小平文选(第2卷)[M]. 北京：人民出版社，1994：143.

回答，也显示出党遵循实事求是的原则，将对社会主义意识形态及其在当代中国具体体现的认识奠定在对经典作家思想和现实中国国情的理解上。在邓小平理论中，包含着丰富的关于社会主义意识形态及其培育的思考。其主要内容包括：

其一，坚持共产主义理想信念和革命、建设时期的优良传统。邓小平高度重视树立共产主义理想信念，指出："为什么我们过去能在非常困难的情况下奋斗出来，战胜千难万险使革命胜利呢？就是因为我们有理想，有马克思主义信念，有共产主义信念。我们干的是社会主义事业，最终目的是实现共产主义。"①因此在中国的发展过程中，要教育青少年"一定要树立共产主义的远大理想"。面对苏联解体、东欧剧变及其造成人们思想上的混乱，邓小平强调马克思主义是科学，相信世界上信仰马克思主义的人会越来越多。同时，邓小平肯定在中国革命、建设时期在意识形态和精神风貌上留下的宝贵财富，认为这些财富应该在社会主义现代化建设中发扬光大。他指出："在长期革命战争中，我们在正确的政治方向指导下，从分析实际情况出发，发扬革命和拼命精神，严守纪律和自我牺牲精神，大公无私和先人后己精神，压倒一切敌人、压倒一切困难的精神，坚持革命乐观主义、排除万难去争取胜利的精神，取得了伟大的胜利。搞社会主义建设，实现四个现代化，同样要在党中央的正确领导下，大大发扬这些精神。"②

其二，坚持四项基本原则，抵制精神污染。改革开放以后，在反思"文化大革命"的错误中，我国思想领域出现了另一种倾向，即："散布形形色色的资产阶级和其他剥削阶级腐朽没落的思想，散布对于社会主义、共产主义事业和对于共产党领导的不信任情绪。"③对此，1979 年邓小平明确提出了四项基本原则，即"四个坚持"。1983 年 10 月，党召开十二届二中全会，发出了关于整党的决定，指出整党的主要任务是：进一步统一思想，实现全党思想上政治上的高度一致，纠正一切违反四项基本原则的错误倾向；整顿党风，发扬全心全意为人民服务的

---

① 邓小平文选(第 3 卷)[M]. 北京：人民出版社，1993：110.
② 邓小平文选(第 2 卷)[M]. 北京：人民出版社，1994：367-368.
③ 邓小平文选(第 3 卷)[M]. 北京：人民出版社，1993：39.

精神；加强纪律，坚持民主集中制原则；纯洁组织，把反对党、危害党的分子清理出去。邓小平在全会上作了《党在组织战线和思想战线上的迫切任务》的重要讲话，明确反对抽象地谈人的价值和人道主义、将“异化”概念泛化适应在社会主义社会里、抽象地谈民主；反对将民主与坚持党的领导对立起来、将党性与人民性对立起来和“一切向钱看”，将精神污染成为“资产阶级自由化”；明确指出了精神污染的主要危害在于模糊了人们的政治方向，动摇了人们的理想和信念，腐蚀了人们的灵魂，破坏了两个文明建设。①

其三，建设社会主义精神文明。邓小平认为，我们要建设的社会主义国家，不但要有高度的物质文明，而且要有高度的精神文明。据此，1981 年发布的《关于建国以来党的若干历史问题的决议》中将高度的精神文明视为社会主义的基本特征之一。邓小平指出，在社会主义国家，一个马克思主义政党执政后，不仅要大力发展生产力，建设社会主义物质文明，而且要建设社会主义精神文明，“最根本的是要使广大人民群众有共产主义理想，有道德，有文化，守纪律。国际主义、爱国主义都属于精神文明的范畴”。② 1986 年党的十二届六中全会通过的《中共中央关于社会主义精神文明建设指导方针的决议》中明确指出，“社会主义精神文明建设的根本任务，是适应社会主义现代化建设的需要，培养有理想、讲道德、有文化、有纪律的社会主义公民，提高整个中华民族的思想道德素质和科学文化素质”。③ 邓小平针对改革开放后出现的道德失范，拜金主义、享乐主义、个人主义滋长，封建迷信活动和黄赌毒等丑恶现象沉渣泛起、理想信念动摇、对坚持四项基本原则和反对资产阶级自由化的认识不足，腐败现象等现象，强调社会主义建设应该坚持“两手抓，两手都要硬”。

其四，社会主义应该坚持“人民利益至上”，追求“共同富裕”和“民主法治”。邓小平在总结我国和其他社会主义国家社会主义建设的经验教训，回归经典作家

① 邓小平文选(第 3 卷)[M]. 北京：人民出版社，1993：48.

② 邓小平文选(第 3 卷)[M]. 北京：人民出版社，1993：28.

③ 中共中央文献研究室. 改革开放三十年重要文献选编(上)[M]. 北京：中央文献出版社，2008：431-432.

关于未来社会主义的论述，从中概括了社会主义应该坚持的价值追求。邓小平强调坚持党的宗旨，要求全党尊重群众，热爱人民，把“人民拥护不拥护”“人民赞成不赞成”“人民高兴不高兴”“人民答应不答应”等作为制定各项方针政策的出发点和归宿。他明确指出“贫穷不是社会主义，社会主义要消灭贫穷”,① 认为公有制占主体和共同富裕是我国所必须坚持的社会主义的基本原则；他提出“没有民主就没有社会主义，就没有社会主义现代化”,② “必须使民主制度化、法律化”,③ “没有法治不行。民主和法治是统一的”,④ 等等，由此彰显服务人民、富裕、民主、法治是社会主义意识形态的题中之义。

在邓小平理论的指导下，中国共产党领导人民在推进改革中加强了社会主义精神文明建设，大规模、持续性地开展了以下实践活动：

其一，“五讲四美三热爱”活动。1981 年 2 月 25 日，全国总工会、团中央、全国妇联、中国文联、中国爱卫会、全国伦理学会、中华全国美学学会等 9 个单位联合作出《关于开展文明礼貌活动的倡议》，号召全国人民特别是青少年开展以“讲文明、讲礼貌、讲卫生、讲秩序、讲道德”和“语言美、心灵美、行为美、环境美”为主要内容的“五讲”“四美”文明礼貌活动。此后，这项活动又和“三热爱”(“热爱祖国、热爱社会主义、热爱党”)活动相结合。于是，从城市到农村、从内地到边疆，迅速开展起来。1983 年 3 月 11 日，中央成立了以万里为主任的“五讲四美三热爱”委员会。“五讲四美三热爱”以简明的语言概括了一个中国公民在道德情操上的要求，而且也明确了意识形态上的要求，如爱国、文明、诚实、守纪等。开展“五讲四美三热爱”活动，实际是帮助党员、干部和青少年树立爱祖国、爱集体、文明诚实、先公后私、助人为乐、劳动致富等意识形态。

其二，普法教育。1985 年以来，全国人大常委会先后四次作出关于开展全

---

① 邓小平文选(第 3 卷)[M]. 北京：人民出版社，1993：116.

② 邓小平文选(第 2 卷)[M]. 北京：人民出版社，1994：168.

③ 邓小平文选(第 2 卷)[M]. 北京：人民出版社，1994：146.

④ 中共中央文献研究室. 邓小平思想年谱(一九七五——九九七)(上卷)[M]. 北京：中央文献出版社，2004：505.

国普法教育的决议。国家自1986年起连续有计划地开展了四次五年法制宣传教育活动，目标是培养守纪守法的公民，为建设社会主义法治社会奠定社会基础和条件。这些活动强调学法同用法的结合。“一五”普法主要是普及法律常识，以“学”为主。“二五”普法是在学习宣传法律的基础上，广泛开展依法治理活动，学用结合上了一个层次。“三五”普法中法律法规宣传步入专业化、规范化、制度化的轨道，在依法治国方略指导下，依法治理出现了整体实践、全面推进的新局面。“四五”普法鲜明地提出努力实现由提高全体公民法律意识向提高全体公民法制素质的转变，提高公民的法律素质；实现由注重依靠行政手段管理向注重运用法律手段管理的转变，全面提高社会法制化管理水平。其间，国家依法公开审理了林彪、江青两个集团的案子，把审理视为向人民大众进行法制教育的重要方式。持续的普法教育帮助人民群众树立了法治观念，遵法、学法、守法等观念逐步形成。

其三，爱国主义教育活动。针对因新中国成立以来党和国家工作中发生过的失误而对国家不满，对社会主义制度和党的领导等不满，盲目崇拜、向往西方的思想状况，中国共产党大力推动爱国主义教育，把他作为社会主义精神文明建设的重点。1982年12月，第五届全国人民代表大会第五次会议通过的《中华人民共和国宪法》第24条把“五爱”的国民公德要求调整为：“爱祖国、爱人民、爱劳动、爱科学、爱社会主义。”1983年7月，中共中央宣传部、书记处研究室发出《关于加强爱国主义宣传教育的意见》。8月，教育部发出《关于学习贯彻〈关于加强爱国主义教育的意见〉的通知》，指出爱国主义教育的意义、内容、步骤、方法等，这是对爱国主义教育在新时期的全面系统阐释，回答了如何开展爱国主义教育、爱国主义与理想信念等价值规范之间的关系等问题。1990年5月，江泽民同志在首都青年“纪念五四运动71周年”报告会上发表重要讲话，指出爱国主义是动员和鼓舞人民团结奋斗的旗帜。在当代中国，爱国主义与社会主义本质上是统一的。1991年4月，国家教委办公厅发出《关于在中小学进一步开展爱国主义教育活动的意见》，提出围绕中国近代史进一步深入开展以热爱中国共产党为重点的爱国主义教育活动。由此，全国持续在中小学和高校开展爱国主义教育活动。

（二）第二阶段：从党的十四大到十八大

20世纪90年代以来，国际国内形势发生了巨大变化，促使我国社会意识形态呈现复杂状态。

首先，世界社会主义阵营遭遇重大曲折，苏联解体，东欧剧变。剧烈的变动不仅使马克思主义受到质疑、责难和批判，而且否定了社会主义意识形态的实践基础。特别是在苏联解体、东欧剧变中暴露出这些国家在社会主义建设实践中在经济建设、民主法治建设和文化发展方面出现的曲折、犯下的错误，冲击着中国人的思想观念，导致社会思想领域出现了很大的波动。国内既出现了对中国走社会主义道路的质疑，也出现了关于社会主义价值追求的讨论，“社会主义到底追求什么”“社会主义是否以人为中心”等成为社会普遍关注的问题。

其次，我国进入社会主义市场经济建设阶段。1992年党的十四大确定了我国经济体制改革的目标是建立社会主义市场经济体制。随着社会主义市场经济的发展，我国意识形态领域出现了以下情况：①市场经济固有的意识形态局限表现出来，追求利润最大化在人们思想观念中演变为“为了钱可以不顾一切”“有钱能使鬼推磨”，金钱成为衡量人的社会价值的唯一标尺；市场经济“等价交换”原则进入社会生活各方面，导致大量的权力寻租现象和黄赌毒现象出现。由此提出了社会主义价值理念能否与市场经济适应、结合的问题，即社会主义市场经济条件下社会主义意识形态是什么的问题。②由于经济结构的多元化造成社会结构的多元化，由此不可避免地形成意识形态的多元化。在计划经济条件下的社会主义意识形态念如“毫不利己、专门利人”、集体主义等面临难以规范、引导人们的行为，不能充分解释社会现象等困境。个人主义、拜金主义、自由主义、无政府主义等观念日益充斥人们的头脑，人们在多样化的意识形态面前面临着迷茫和选择困惑。由此，社会提出了如何对待社会主义意识形态与其他意识形态的关系问题。

中国共产党日益注意到“市场经济活动存在的弱点及其带来的消极影响”，积极探索与回答社会主义市场经济条件下社会主义意识形态的问题。首先，中国共产党在理论上加强了对适应社会主义市场经济发展的社会主义核心意识形态的探索。主要包括：强调我国搞的是社会主义市场经济，意在用社会主义的价值原则引领、规范市场经济的发展；提出依法治国与以德治国相结合的治国方略；以“爱国守法、明礼诚信、团结友善、勤俭自强、敬业奉献”为基本道德规范构建与社会主义市场经济相适应的道德体系。在 2004 年宪法和 2005 年十五大报告中，把国家层面的奋斗目标表述为“建设成为富强、民主、文明的社会主义国家”；2006 年 10 月，党的十六届六中全会通过的《中共中央关于构建社会主义和谐社会若干重大问题的决定》，第一次明确提出了“建设社会主义核心价值体系”的重大命题和战略任务，明确社会主义核心价值体系的构成及其在中国整体社会价值体系中的核心地位和主导作用，并把民主法治、公平正义、诚信友爱、充满活力、安定有序以及人与自然和谐相处作为和谐社会的基本特征。社会主义核心价值体系包括马克思主义指导思想、中国特色社会主义共同理想、以爱国主义为核心的民族精神和以改革创新为核心的时代精神、社会主义荣辱观四个方面，全面彰显了科学社会主义价值追求的内在要求及其在当代中国的转化。2007 年，胡锦涛总书记在“6・25”重要讲话中强调，要大力建设社会主义核心价值体系，巩固全党全国人民团结奋斗的共同思想基础。2011 年 10 月，党的十七届六中全会强调，社会主义核心价值体系是“兴国之魂”，建设社会主义核心价值体系是推动文化大发展大繁荣的根本任务。

在实践上，中国共产党注重加强思想道德建设，大力弘扬社会主义价值追求，努力维护社会主义意识形态念的主导地位。具体表现为：

①继续深入开展爱国主义教育活动，1993 年 9 月，中宣部等 4 单位联合发出通知，要求运用优秀影视片在全国中小学开展爱国主义教育。1994 年 8 月，中共中央印发中宣部拟定的《爱国主义教育实施纲要》，论述了进行爱国主义教育的

重要意义，提出了教育的基本原则、主要内容、重点对象以及一系列具体措施，为在全社会广泛开展爱国主义教育活动提供了科学的指导。1994 年 9 月，国家教委发出了《关于贯彻〈爱国主义教育实施纲要〉的通知》，强调了爱国主义内涵的包容性、丰富性和教育方法的创新性。该纲要拓宽了进行爱国主义教育的渠道，强调通过群众丰富多彩的实践活动取得教育成果，并着眼于建立长远的教育机制，体现了精神文明重在建设的方针。1995 年 3 月，民政部确定了第一批(100处)爱国主义教育基地。1995 年 5 月，中宣部、国家教委、文化部、新闻出版署和共青团中央发出《关于向全国中小学推荐百种爱国主义教育图书的通知》，把阅读百种爱国主义教育图书、观看百部爱国主义影片和学唱百首爱国主义歌曲，作为对中小学生进行爱国主义教育的重要途径。1996 年 10 月，党的十四届六中全会通过的《中共中央关于加强社会主义精神文明建设若干重要问题的决议》(以下简称《决议》)，总结了中华人民共和国成立以来社会主义道德建设的经验和教训，分析了社会主义精神文明建设面临的形势和任务，勾勒了社会主义道德体系结构，并把“五爱”提升为社会主义道德的基本要求。1997 年 7 月，中宣部向社会公布了首批 100 个爱国主义教育示范基地，并以此影响和带动全国爱国主义教育基地的建设。1999 年 9 月，中宣部等 6 单位举办“光辉的历程——中华人民共和国建国 50 周年成就展”，极大地激发了全国人民的民族自豪感和爱国主义热情。

②深入推进“五讲四美三热爱”活动。党中央组织和推动全国各行业继续开展“五讲四美三热爱”活动。1995 年，中宣部、农业部在全国农村开展了以创建文明家庭、文明村镇和文明乡镇企业为主要内容的农村群众性创建精神文明活动；1996 年年底又在铁路、民航、交通、邮电、卫生、内贸、电力、公安、建设、金融十大“窗口行业”和部门率先实施了以“为人民服务，树行业新风”为主题的创建文明行业活动，相继推出 150 多项改进服务的措施和 300 余个文明服务示范窗口单位，受到社会各界的普遍关注和热情支持。1996 年党的十四届六中全会作出《中共中央关于加强社会主义精神文明建设若干问题的决定》，1997 年 1

月，新闻界公布了全国新闻系统41家精神文明示范单位，新闻出版署、中国出版工作者协会也联合公布了全国10家新华书店精神文明示范单位。同年5月，民政、工商、旅游、司法、水利等十大行业也相继向社会公布了本行业文明服务示范单位、服务标准和监督措施。从1997年3月开始，创建文明城市、文明村镇活动示范点工作正式启动。中宣部公布了100个创建文明城市示范点和200个创建文明村镇示范点。1997年7月，由中央精神文明建设指导委员会部署了“讲文明、树新风”活动。2001年9月20日，中共中央印发的《公民道德建设实施纲要》进一步强调：“爱祖国、爱人民、爱劳动、爱科学、爱社会主义作为公民道德建设的基本要求，是每个公民都应当承担的法律义务和道德责任。”该纲要还把公民基本道德规范概括为“爱国守法、明礼诚信、团结友善、勤俭自强敬业奉献。”

③积极倡导向先进模范人物学习。在社会主义精神文明建设的进程中，全国各条战线涌现出大批先进个人和群体。蒋筑英、罗健夫、朱伯儒、孔繁森、李素丽、李国安、邹延龄等英模人物及张家港市、济南交警支队、徐州市“下水道四班”等，分别代表着不同行业的职业道德要求，也体现爱祖国、爱集体、先公后私、助人为乐、劳动致富的社会主义意识形态。党中央采用多种方式，号召、推动全国向他们学习，提高整个社会的精神风貌。

④在党内开展“三讲”学习活动。1995年9月27日，江泽民同志在党的十四届五中全会召集人会议上发表讲话时强调指出：“我们的高级干部，首先是省委书记、省长和部长，中央委员和中央政治局委员，一定要讲政治。我这里所说的政治，包括政治方向、政治立场、政治观点、政治纪律、政治鉴别力、政治敏锐性。在政治问题上，一定要头脑清醒。”①同年11月8日，他在北京视察工作时指出：“根据当前干部队伍的状况和存在的问题，在对干部进行教育当中，要强调讲学习，讲政治，讲正气。”②1998年中共中央《关于在全党深入学习邓小平理

① 江泽民. 论党的建设[M]. 北京：中央文献出版社，2001：185-186.
② 江泽民. 论党的建设[M]. 北京：中央文献出版社，2001：188.

论的通知》中都指出，要在县级以上领导干部中深入进行以讲学习、讲政治、讲正气为主要内容的党性党风教育。随后，全党范围内的“三讲”活动全面展开。“讲学习、讲政治、讲正气”倡导的讲学习，就是要学习马列主义、毛泽东思想特别是邓小平理论。讲政治，就是要提高党性修养，端正思想作风。讲正气，就是要公正无私，刚直不阿，言行一致，坚持为人民谋福利的宗旨。这三个方面归结起来，既是对党员干部工作作风和能力的要求，更是对党员干部的思想信念、价值取向的要求。“三讲”教育活动的开展，表明党中央明确认识到党员干部的意识形态对整个社会具有一种示范作用和引导作用，把抓好党员干部教育视为提升整个社会思想道德水平的关键环节。

⑤开展公民道德建设。2001 年 9 月 20 日，中共中央印发了《公民道德建设实施纲要》。该纲要指出实施公民道德建设是提高全民族素质的一项基础性工程，对弘扬民族精神和时代精神，形成良好的社会风尚，促进物质文明与精神文明协调发展，全面推进建设中国特色社会主义伟大事业，具有十分重要的意义。该纲要阐明了公民道德建设的主要内容及其作用：从我国历史和现实的国情出发，社会主义道德建设要坚持以为人民服务为核心，以集体主义为原则，以爱祖国、爱人民、爱劳动、爱科学、爱社会主义为基本要求，以社会公德、职业道德、家庭美德为着力点。在公民道德建设中，应当把这些主要内容具体化、规范化，使之成为全体公民普遍认同和自觉遵守的行为准则。提出了公民道德建设的方针原则：要坚持社会主义道德建设与社会主义市场经济相适应；要坚持继承优良传统与弘扬时代精神相结合；要坚持尊重个人合法权益与承担社会责任相统一；要坚持注重效率与维护社会公平相协调；要坚持把先进性要求与广泛性要求结合起来；要坚持道德教育与社会管理相配合。在《公民道德建设实施纲要》颁布两周年之际，经中央同意，中央精神文明建设指导委员会发出了《关于深入贯彻党的十六大精神，进一步加强公民道德建设的意见》，决定从 2003 年开始将 9 月 20 日定为“公民道德宣传日”。各大新闻媒体积极宣传公民道德，很多地方制定了《市民文明公约》，使公民道德建设深入人民群众的日常生活。

(三)第三阶段：党的十八大以来

经过理论探索和实践经验的积累，提炼和概括出简明扼要、便于传播践行的社会主义核心意识形态，以更好地教育大众，树立社会主义价值追求的主导地位的任务由此日益凸显。同时，这也是应对西方“普世价值”论的现实需要。我国的学术界在深入研究社会主义核心价值体系的基础上，对社会主义核心意识形态的凝练和表述进行了深入、广泛的讨论。

2012 年 11 月，党的十八大报告明确提出“三个倡导”，即“倡导富强、民主、文明、和谐，倡导自由、平等、公正、法治，倡导爱国、敬业、诚信、友善，积极培育社会主义核心意识形态”，这是对社会主义核心意识形态的新概括。2013 年 12 月，中共中央办公厅在《关于培育和践行社会主义核心意识形态的意见》中，明确提出，以“三个倡导”为基本内容的社会主义核心意识形态，与中国特色社会主义发展要求相契合，与中华优秀传统文化和人类文明优秀成果相承接，是中国共产党凝聚全党全社会价值共识作出的重要论断。2015 年 4 月中央宣传部、中央文明办印发《培育和践行社会主义核心意识形态行动方案》，强调要在深化拓展爱国、敬业、诚信、友善公民层面活动的基础上，向国家层面和社会层面延伸，进一步围绕富强、民主、文明、和谐的价值目标，围绕自由、平等、公正、法治的价值取向，设计工作抓手，组织开展活动，着力把培育和践行社会主义核心意识形态的要求具体化。该行动方案还提出了在全国开展 15 项重点活动。

习近平总书记在一系列重要讲话中，强调培育和坚信社会主义核心意识形态的重大意义，指出“我们提出的社会主义核心价值观，把涉及国家、社会、公民的价值要求融为一体，既体现了社会主义本质要求，继承了中华优秀传统文化，也吸收了世界文明有益成果，体现了时代精神”。① “把培育和弘扬社会主义核心价值观作为凝魂聚气、强基固本的基础工程，继承和发扬中华优秀传统文化和传

① 中共中央文献研究室. 习近平关于社会主义文化建设论述摘编[M]. 北京：中央文献出版社，2017：114.

统美德，广泛开展社会主义核心价值观宣传教育，积极引导人们讲道德、尊道德、守道德，追求高尚的道德理想，不断夯实中国特色社会主义的思想道德基础。”“历史和现实都表明，构建具有强大感召力的核心价值观，关系社会和谐稳定，关系国家长治久安。”①他就培育和践行社会主义核心意识形态提出了明确要求。

中国共产党的高度重视和顶层设计，推动全国掀起培育和践行社会主义核心意识形态的热潮，社会主义核心意识形态建设已进入更为自觉、有规划的新阶段。

① 习近平．习近平谈治国理政[M]．北京：外文出版社，2014：163.

第三章

社会主义建设时期社会主义意识形态理论的发展

以毛泽东为代表的中国共产党人在领导社会主义建设的过程中，不仅确立和坚持马克思主义在意识形态领域的指导地位，而且不断深化对社会主义条件下社会意识形态问题、社会主义意识形态中国化和传播的认识，研判国际国内意识形态领域的形势，形成了比较系统的社会主义意识形态理论。当然，由于复杂的原因，这些关于意识形态领域形势的判断和关于进行社会主义意识形态中国化的思想并非都具有科学性。但是，社会主义建设时期的社会主义意识形态理论是马克思主义意识形态理论中国化过程中的阶段性产物，表明在特定的历史阶段，中国共产党人做出了构建社会主义意识形态理论的努力，也说明意识形态问题的复杂性和社会主义意识形态理论发展的艰巨性。

一、社会主义意识形态理论的萌生和早期发展

中国共产党人是在接受马克思主义唯物史观时接触到“意识形态”这一概念的。早在五四运动时期，马克思“意识形态”概念传入中国。1919 年 5 月 5—8 日北京《晨报》副刊“马克思研究”专栏上连载了陈溥贤(以“渊泉”为笔名)的译文《马克思的唯物史观》，文中提及生产关系的总和“构成社会上经济的构造。这就是社会真正的基础了。在这基础之上，再构造法制上政治上的建筑物，适应社会的意识形态”。[①] 后来李大钊在《我的马克思主义观》一文中，也明确使用了中文“意识形态”一词。在 20 世纪二三十年代，瞿秋白《社会科学概论》(1924)中、李达在《社会学大纲》中都对“意识形态”的内涵有明确的解释。瞿秋白把“意识形态”解释为“每一时代普通民众的思想方法(‘时代逻辑’)以及他们对于宇宙现象及社会现象的解释(宇宙观及人生观)”，[②] 并讨论了“政治”“法律”“道德”“宗

① 转引自张秀琴. 马克思意识形态概念在中国的早期传播与接受：1919—1949[J]. 马克思主义与现实，2013(1)：134-142.

② 瞿秋白. 社会科学概[M]. 上海：上海书店，1925：45-46.

教”“风俗”“艺术”“哲学”乃至“科学”等意识形态的具体形式。李达系统讨论了“意识形态的形成”“意识形态的一般特性”和“意识形态的发展”等。他们的论述为中国共产党理解“意识形态”确立了基本框架。

1937 年，毛泽东在抗日军政大学上作了关于辩证法唯物论的讲演。毛泽东在讲演中说：“唯心论和唯物论学说都是作为阶级斗争的工具而存在，在阶级没有被消灭以前，唯心论和唯物论的对战是不会消灭的。唯心论在自己的历史发展过程中，代表剥削阶级的意识形态，起着反动的作用。唯物论则是革命阶级的宇宙观，它在阶级社会内，从对反动哲学的唯心论之不断的斗争中生长与发展起来。由此，哲学中唯心论与唯物论的斗争，始终反映着反动阶级与革命阶级在利害上的斗争。”①1938 年，毛泽东在《读李达著〈社会学大纲〉一书的批注》中，也使用“意识形态”一词。他在批注中把意识形态理解为“理论上再造出现实社会”，认为“代表反动贵族的意识形态是古代观念论哲学……由于希腊奴隶经济的向下发展而产生的深刻的阶级分化斗争，引起贵族主义与民主主义之意识形态的斗争，前者便以观念论哲学为基础”。② 毛泽东在《新民主主义论》中从文化与经济、政治的关系的角度对意识形态进行了新的阐释。指出：“一定的文化(当作观念形态的文化)是一定社会的政治和经济的反映，又给予伟大影响和作用于一定社会的政治和经济；而经济是基础，政治则是经济的集中的表现。这是我们对于文化和政治、经济的关系及政治和经济的关系的基本观点。”③“一定的文化是一定社会的政治和经济在观念形态上的反映。”④在这里，毛泽东把意识形态理解为“文化”和“观念形态”，将其置于社会结构中去考察，遵循了唯物史观的基本观点和方法。

关于意识形态的构成，毛泽东把无产阶级的意识形态看成关于共产主义的思

① 选自日本学者竹内实主编的《毛泽东集》(第六卷)，书中收入毛泽东的“辩证法唯物论”(讲授提纲)。东京：北望社，1970：266.

② 中共中央文献研究室. 毛泽东哲学批注集[M]. 北京：中央文献出版社，1988：210，225-226.

③ 毛泽东选集(第 2 卷)[M]. 北京：人民出版社，1991：663-664.

④ 毛泽东选集(第 2 卷)[M]. 北京：人民出版社，1991：694.

想体系。他认为：“共产主义是无产阶级的整个思想体系，同时又是一种新的社会制度。这种思想体系和社会制度，是区别于任何别的思想体系和任何别的社会制度的，是自有人类历史以来，最完全最进步最革命最合理的。”①毛泽东指出，“五四”后中国产生了新的文化生力军，就是中国共产党人所领导的共产主义的文化思想，即共产主义的宇宙观和社会革命论。他充分肯定了无产阶级的历史地位和光明前途，高举马列主义的旗帜，表明自己坚持社会主义道路、坚定共产主义信仰的意识形态思想。同时，毛泽东通过把意识形态和文化问题紧密结合起来，强调文化革命是新民主主义革命的基本组成部分，丰富和发展了马克思主义的意识形态理论。他强调，“文化革命是在观念形态上反映政治革命和经济革命，并为它们服务的”，② 它所倡导的革命主要有两个方面：一是“在工人阶级中宣传社会主义和共产主义，并适当地有步骤地用社会主义教育农民及其他群众”；二是批判封建文化、半封建文化和帝国主义的文化。“不把这种东西打倒，什么新文化都是建立不起来的。不破不立，不塞不流，不止不行，它们之间的斗争是生死斗争。”③这就旗帜鲜明地提出了打倒旧文化、发展新文化、构建社会主义意识形态的新观点，指明了社会主义意识形态的构建路径。

关于意识形态的功能，毛泽东将其与中国革命实际紧密结合来认识，继承了列宁的“没有革命的理论，就没有革命的运动”的思想，认为科学的理论对于中国革命具有指导作用。科学的理论不是本本主义和教条主义，而是马克思主义同中国的具体实践相结合、具有中国风格、中国气派的成果，能够有效地解决中国革命实践中出现的各种问题。在中国革命中，革命文化(中国无产阶级的意识形态)作用于经济革命、政治革命，并为它们提供强大的支持。他指出，“革命文化，在革命前，是革命的思想准备；在革命中，是革命总战线中的一条必要和重要的战线”。④

① 毛泽东选集(第2卷)[M]. 北京：人民出版社，1991：686.
② 毛泽东选集(第2卷)[M]. 北京：人民出版社，1991：699.
③ 毛泽东选集(第2卷)[M]. 北京：人民出版社，1991：695.
④ 毛泽东选集(第2卷)[M]. 北京：人民出版社，1991：708.

关于意识形态的表现形式，毛泽东根据马克思、恩格斯和列宁的意识形态思想，认为一定的意识形态具有多种形式，哲学、政治、法律、宗教、艺术等是意识形态形式，是一定阶级利益的体现。毛泽东特别重视哲学在意识形态中的地位和作用，在《读艾思奇编〈哲学选辑〉一书的批注》中指出："哲学是一定阶级的意识形态的集中表现。"①毛泽东在《实践论》中指出，马克思主义哲学的显著特点之一就是它的阶级性，它"公然申明辩证唯物论是为无产阶级服务的"。② 在《延安文艺座谈会上的讲话》中，毛泽东指出："在现在世界上，一切文化或文学艺术都是属于一定的阶级，属于一定的政治路线的。为艺术的艺术，超阶级的艺术，和政治并行或互相独立的艺术，实际上是不存在的。"③

关于意识形态斗争，在中国革命阶段，毛泽东创造性地提出并区分了两类不同性质的意识形态斗争，进而针对不同的斗争提出了可行性的建议和解决方法。毛泽东认为，意识形态斗争有两种类型。一类是无产阶级意识形态和资产阶级意识形态的斗争。毛泽东指出："在我们为中国人民解放的斗争中，有各种的战线，就中也可以说有文武两个战线，这就是文化战线和军事战线。"④其中，文化战线上的斗争主要是指无产阶级与包括资产阶级在内的一切剥削阶级意识形态的斗争。另一类是无产阶级意识形态内部的斗争即党内思想斗争。毛泽东指出，在我们党的历史上，"一切政治上、军事上和组织上的错误，都是从思想上违背马克思列宁主义的辩证唯物论和历史唯物论而来，都是从主观主义和形式主义、教条主义和经验主义而来"。⑤ 因此，党内的思想矛盾属于无产阶级意识形态内部的矛盾，是在为共同的目标而奋斗的过程中所产生的思想认识上的分歧，而不属于你死我活的阶级矛盾。

以毛泽东为代表的中国共产党人关于意识形态问题的初步理论探索为在社会

---

① 毛泽东著作专题摘编(上)[M]. 北京：中央文献出版社，2003：25.
② 毛泽东选集(第1卷)[M]. 北京：人民出版社，1991：284.
③ 毛泽东选集(第3卷)[M]. 北京：人民出版社，1991：865.
④ 毛泽东选集(第3卷)[M]. 北京：人民出版社，1991：847.
⑤ 毛泽东选集(第3卷)[M]. 北京：人民出版社，1991：990.

主义建设时期形成系统的社会主义意识形态理论奠定了基础。

二、关于社会主义意识形态中国化的思想

毛泽东提出了一系列富有创见的意识形态建设思想，为我们建设社会主义指明了理论方法和实践路径。

(一)坚持马克思主义的指导思想

意识形态的指导思想指导并决定着实践活动的发展方向，毛泽东确立了马克思主义在党的意识形态领域的指导地位，并始终坚持学习、运用和发展马克思主义。毛泽东指出，“一定的文化是一定社会的政治和经济在观念形态上的反映”，“新文化则是在观念形态上反映新政治和新经济的东西，是替新政治新经济服务的”。① 因而，在无产阶级领导的社会主义国家里，指导思想是要服务于无产阶级的。毛泽东在 1920 年 12 月 1 日致蔡和森等人的信中明确表示，他赞成用马克思主义的方法，走俄国革命的道路，组织共产党，通过阶级斗争，无产阶级专政，实现改造中国和世界的目的。② 在社会转型的新中国成立初期，毛泽东在大力批判资本主义、封建主义等各种落后思想的同时，提出要创造民族的、科学的、大众的新文化，同各种错误思想作斗争，夯实马克思主义在意识形态领域的指导地位。可见，毛泽东非常重视马克思主义在意识形态领域的指导地位，并要求全党和全国各族人民用马克思主义武装自己。当然，坚持以马克思主义为指导，并不是照搬马克思主义的现成理论，而是将马克思主义的普遍真理同中国的具体实际相结合创造新的理论用以指导实践，才是对马克思主义的真正践行。

---

① 毛泽东选集(第 2 卷)[M]. 北京：人民出版社，1991：694-695.

② 参见逄先知. 毛泽东年谱(1883—1949)(上)[M]. 北京：人民出版社、中央文献出版社，1993：73.

(二)以中国共产党为领导核心

中国共产党在长期的历史实践中，以马克思主义为指导，逐渐成长为中国革命与建设事业的领导核心。毛泽东高度重视在意识形态建设过程中加强党的领导，他明确提出，“中国共产党是全中国人民的领导核心。没有这样一个核心，社会主义事业就不能胜利”。① 可见，社会主义革命和建设的领导核心必须是中国共产党，中国共产党是社会主义意识形态中国化的领导力量，这是不可动摇的根本原则。同时，毛泽东十分重视党的思想建设，认为中国共产党要取得意识形态领域斗争的胜利，必须把党的思想建设放在首位，不断巩固和完善自身，承担起意识形态建设的重任。毛泽东主张使用多形式、多渠道、多层次将马列主义的基本原理、立场灌输到广大党员和干部中去，以马列主义武装头脑。此外，毛泽东也非常注重加强党的作风建设，提出“理论联系实际、密切联系群众、批评和自我批评”三大优良作风以规范党内同志的行为。因此，中国共产党才能稳固群众基础，团结一切可以团结的力量，推进社会主义建设工作。

(三)加强思想政治工作和思想道德教育

思想政治工作是中国共产党取得革命和建设胜利的重要保证，也是社会主义意识形态中国化的基本途径。毛泽东在领导社会主义建设的实践中十分重视思想政治工作的重要作用，并提出一系列主张加强社会主义意识形态教育。毛泽东指出：“掌握思想教育，是团结全党进行伟大政治斗争的中心环节。如果这个任务不解决，党的一切政治任务是不能完成的。”②在中华人民共和国成立后，中国共产党由革命党转变为执政党，毛泽东更是提出了“政治工作是一切经济工作的生命线”③的重要论断。可以看出，思想工作和政治工作对于经济工作和技术工作

① 毛泽东选集(第7卷)[M]. 北京：人民出版社，1999：303.
② 毛泽东选集(第3卷)[M]. 北京：人民出版社，1991：1094.
③ 毛泽东文集(第6卷)[M]. 北京：人民出版社，1999：449.

的重要作用，而思想政治工作的主要内容就是意识形态的宣传和灌输，进而思想政治工作的施行需要借助于思想政治教育的有效贯彻。政府、学校、教师等都应担负起思想政治教育的责任，对广大民众进行思想引导和教育，形成正确的价值观念，营造健康和谐的社会氛围。

(四)贯彻"双百"和"两用"的基本方针

一定社会的意识形态寓于社会的文化之中，并通过各种文化现象表现出来。社会主义意识形态中国化的重要途径就是做好文化建设。毛泽东贯彻马克思主义的认识论和辩证法的思想，提出了"百花齐放，百家争鸣"和"古为今用，洋为中用"的基本方针和原则，用于解决科学艺术领域的问题。毛泽东指出，"艺术上的百花齐放，学术上的百家争鸣，我看这应该成为我们的方针"。① 在1964年毛泽东致陆定一的信中，完整地提出了对待中外文化和发展社会主义文化的基本理路，即"古为今用，洋为中用"。"双百"和"两用"方针的提出，是毛泽东对马克思主义理论的创造性运用，对我国社会主义科学和文化事业的繁荣和发展起到了举足轻重的作用。毛泽东力图通过"双百"和"两用"方针增强人们的思想政治素养，来抵制落后思想和腐朽文化对社会主义建设的干扰。他主张批判地继承中国传统文化，辩证地吸收舶来的西方文化，贯彻"双百"和"两用"的方针和方法，建立先进的社会主义文化。

(五)重视意识形态的斗争

思想斗争是毛泽东意识形态思想的核心，毛泽东在革命和建设的实践中，不断同错误的思想观念作斗争，在历史紧要关头，拨乱反正、统一思想，推动革命和建设稳步前进。在1929年的古田会议中，毛泽东就提出："党的领导机关对于这些不正确的思想缺乏一致的坚决的斗争，缺乏对党员作正确路线的教育，也是

① 毛泽东选集(第7卷)[M]. 北京：人民出版社，1999：54.

使这些不正确思想存在和发展的重要原因。”①在此后的多个时间内，毛泽东也多次提到思想斗争的重要性，如抗战时期，他说：“党内如果没有矛盾和解决矛盾的思想斗争，党的生命也就停止了。”②而在三大改造胜利完成之后，毛泽东又强调：“我们公开承认唯物主义和唯心主义、辩证法和形而上学、香花和毒草的斗争。这种斗争，要永远斗下去，每一个阶段都要前进一步。”③

但是也要注意摆正思想斗争的位置，毛泽东对于意识形态斗争功能的认识是科学的，却在面对中华人民共和国成立后意识形态领域的复杂形势时，过分重视阶级斗争，导致阶级斗争扩大化，甚至是“十年浩劫”，使社会主义建设偏离正常轨道。

---

① 毛泽东选集(第1卷)[M]. 北京：人民出版社，1991：85.
② 毛泽东选集(第1卷)[M]. 北京：人民出版社，1991：306.
③ 毛泽东选集(第7卷)[M]. 北京：人民出版社，1999：193.

第四章

改革开放时期中国共产党关于意识形态的理论

中国共产党意识形态理论的真正形成和发展是在将马克思主义同中国的革命、建设及改革实际情形相结合的历程之中，与其时代背景、历史脉络以及实践基础息息相关。自改革开放以来，中国共产党结合各个历史时期的实践逐渐形成了邓小平理论、“三个代表”重要思想、科学发展观及习近平新时代中国特色社会主义思想，不同历史时期的意识形态理论既一脉相承，又与时俱进，共同形成中国特色社会主义意识形态理论。

一、改革开放以来社会主义意识形态中国化的时代背景

社会主义意识形态中国化是一项长期且艰巨的任务，是在不断摸索中艰难前行并取得进步的过程。自 1978 年党的十一届三中全会以来，党领导人民始终坚持以马克思主义为指导，顺应历史潮流，在各个重大的历史关头破除万难，为社会主义意识形态中国化积累了大量的宝贵经验。真知出于实践，“事非经过不知难”，党关于社会主义意识形态中国化经历的重重困境和成功应对的方式，与其认清现实的时代背景密不可分。

(一)改革开放带来社会矛盾的复杂化

改革开放以来，国内外环境日新月异，社会矛盾不断涌现，给社会主义意识形态中国化带来前所未有的挑战，党对这期间社会主要矛盾和重要矛盾的认识与把握，极大地推动了社会主义意识形态中国化的发展。

1. 改革开放以来我国社会主要矛盾的两次转变

社会主要矛盾极大程度上决定了社会主义意识形态中国化的方向及落脚点，每一次转变势必给意识形态建设工作带来更大的挑战。改革开放初期，社会发展偏离党的八大会议精神已久，严重的教条主义和僵化思维使改革开放事业步履维

艰，亦成为意识形态工作中最大的绊脚石。在“左”的思想阻碍和右的价值观念横行大背景下，党的十一届三中全会终止了“以阶级斗争为纲”的口号，纠正了党在指导思想上的“左”倾错误，果断作出了改革开放及把党和国家工作重心转移到社会主义现代化建设上来的真理性决策；党的十一届六中全会通过《关于建国以来党的若干历史问题的决议》，恢复了党的八大的论断并对社会主要矛盾做出明确表述：“我国所要解决的主要矛盾，是人民日益增长的物质文化需要同落后的社会生产之间的矛盾。党和国家工作的重点必须转移到以经济建设为中心的社会主义现代化建设上来，大力发展社会生产力，并在这个基础上逐步改善人民的物质文化生活。”①时至党的十八大，党持续沿用了这一社会主要矛盾论断长达28年之久，为国家经济腾飞、国力强盛打下了坚实的基础。对我国社会主要矛盾稳定、准确地判断是思想解放之花结出的硕果，为特定且复杂时期社会主义意识形态中国化工作沿着方向正确、中心目标明确的道路上稳健前行。

党的十八大以来，习近平总书记高度重视意识形态建设工作，多次召开相关领域的重要会议，这是基于改革开放以来，党的各项工作紧紧围绕我国社会主要矛盾进行，坚持以经济建设为中心，为意识形态建设工作奠定了坚实的物质基础，使马克思主义在西方意识形态不懈地渗透和分裂中始终屹立不倒。同时，苏联解体的宝贵经验告诉我们，离开民生的民主终究是强弩之末，我国的一切发展任务若不以民生为主题，将对我国意识形态主流地位造成威胁，甚至波及党的领导权。因此，习近平总书记在党的十九大报告上指出：“中国特色社会主义进入新时代，我国社会主要矛盾已经转化为人民日益增长的美好生活需要和不平衡不充分发展之间的矛盾。”②新时代背景下的社会主要矛盾的主旨是以人民为中心的发展，这是鉴于应对更加复杂多变的国际形势、凶险隐秘的西方文化攻心策略而转变的发展重点，给社会主义意识形态理论建设工作提出了更高的要求和更丰富

---

① 中国共产党中央委员会关于建国以来党的若干历史问题的决议[M]. 北京：人民出版社，1981：54.

② 习近平. 决胜全面建成小康社会 夺取新时代中国特色社会主义伟大胜利——在中国共产党第十九次全国人民代表大会上的报告[M]. 北京：人民出版社，2017：11.

的内容。

2. 改革开放以来我国社会重要矛盾凸显

改革开放使我国经济水平突飞猛进，综合国力不断增强，稳居世界第二大经济体地位，国际地位得到前所未有的提升。然而，事物的两面性决定改革开放政策实施以来，一些重要的社会矛盾逐渐显现出来。

(1)经济结构变化导致贫富悬殊

孔子道："闻有国有家者，不患寡而患不均，不患贫而患不安。盖均无贫，和无寡，安无倾。"(《论语·季氏》)分配问题从古至今都备受人们的关注，改革开放之前，我国的基本经济制度在集体化、国营化等计划经济体制下强调均等化的分配方式和经营方式，城乡收入、地区收入及行业收入等差距总体较小，基本符合社会主义意识形态目标建设的宗旨，由经济结构导致的社会矛盾并不突出。改革开放政策实施以来，市场在整个经济大循环中起着主导作用，随着市场经济的发展，我国收入分配格局产生了较大的变化，诞生了各种利益群体，分配不公和利益悬殊逐渐扩大。据国家统计局首次公布的 14 年全国居民人均可支配收入基尼系数显示，2003—2016 年，我国每年的基尼系数都在 0.462 以上，其中 2008 年达到峰值为 0.491，2015 年为最低值 0.462。① 据西方国家的经验，一国基尼系数若持续超过 0.4，则该国往往会产生社会动荡等不安定的现象。由此可见，我国贫富差距的情形实属严峻，若未来这一问题得不到根本性的缓解，对社会主义意识形态中国化工作将会带来严酷的考验。

(2)制度体系弊端影响社会和谐

20 世纪 80 年代正值改革开放初期，是我国各项制度体系改革辞旧迎新的第一个阶段，"摸着石头过河"在取得成就的同时也遇到挫折，由经济体制改革不当导致的社会矛盾首当其冲。在 20 世纪 90 年代的国企深化改革中，"我国原有

① 网址见国家统计局官网：http://www.stats.gov.cn/ztjc/zdtjgz/yblh/zysj/201710/t20171010_1540710.html。

国有企业职工1.1亿人，1998年国有企业职工人数则为5200万人，而原为4000万人的集体企业职工，更是锐减为1000多万人，这减少的7000多万原国有和集体企业的职工，除一部分直接转到非公有制企业外，大部分人都有一段或长或短的下岗或失业的经历”，① 据国家统计局公布的数据显示，截至2018年，农民工总量为28836万人，下岗职工和农民工的权益保障问题成为影响社会稳定的新因素。其次是由经济体制改革引发的多元利益冲突，如环境矛盾、干群矛盾、人际关系矛盾等诸多社会矛盾，对我国和谐社会的构建带来了繁重的负担，亦为社会主义意识形态中国化工作增添了许多困境。

(3)多元价值观造成思想冲击

全球一体化不可避免地带来同化与被同化的命运，全世界人类生存的方方面面逐步走向高度的融合，随着经济体制、政治体制、文化体制的改革及全方位开放的社会转型，社会价值观已从改革开放前的一元化逐渐走向多元化。以集体主义为核心的马克思主义及中国传统价值观念与崇尚个人主义的西方文化价值观进行正面交锋，其后果就是社会价值观的分崩、断层，从而碎片化，直接影响为怀疑主义、相对主义及历史虚无主义等各种思潮混战局面，“主要表现为无视中国国情、看不见中国迅速发展和巨大进步，曲解我们党的理论、曲解我们党根本宗旨，对反马克思主义和非马克思主义观点的无端吹捧，妨碍了党的指导思想的巩固和发展”。② 这些在对我国造成严重社会危害的同时，给社会主义意识形态中国化工作也带来极大的挑战。

(二)中国共产党加强自身建设

改革开放的伟大尝试之所以能朝着中国特色社会主义事业的正确道路不断深化与推进，与中国共产党不断调整及加强自身建设密不可分。作为先进的工人阶

---

① 常凯. 论市场经济下劳动就业权的性质及其实现方式：兼论就业方式转变中的劳动就业权保障[J]. 中国劳动，2004(6)：8.

② 王永芹. 改革开放以来我国社会价值观的变化与引领策略[J]. 河北师范大学学报(哲学社会科学版)，2019(1)：29.

级先锋队代表，共产党是社会主义事业的领导核心，在改革开放事业和建设现代化社会主义强国过程中，肩负着空前艰巨的任务。国际共产主义风云、东欧剧变的历史经验证明，没有坚强有力且与人民同呼吸、共命运的共产党领导，社会主义事业将难以为继。改革开放以来，任重而道远的共产党始终将理论创新和党建实践相结合，不断推进自身建设的革新，牢牢把握社会主义意识形态主流地位不动摇。

1. 中国共产党加强自身建设的理论创新

改革开放初期，在百废待兴、根基俱伤的严峻情形下，邓小平同志敏锐地强调了党加强自身理论学习的重要性，他指出："实现四个现代化是一场深刻的伟大的革命。在这场伟大的革命中，我们是在不断地解决新的矛盾中前进的。因此，全党同志一定要善于学习，善于重新学习。"①历史事实证明，中国共产党善于学习并取得了一系列理论创新成果。

(1)坚持马克思主义是党建理论创新的先导

马克思主义是中国共产党的行动指南，是党在不同历史时期创造新理论的基点，也是整个党建事业的思想路线。思想问题是党建的首要问题，在马克思主义的指引下，邓小平同志高度重视实践的重要性，始终坚持从实际情况出发，审时度势地制定了"一切从实际出发，理论联系实际，实事求是，在实践中检验真理和发展真理"的党的思想路线，正是在正确的思想路线引导下，党不仅解决了拨乱反正的历史遗留问题，完成了党内的思想统一，也为中国特色社会主义理论体系的建设开辟了崭新的道路。

(2)创建中国特色社会主义理论体系是党建理论创新的核心

理论建设是整个党建工作的基础，党历来十分重视理论建设及创新，改革开放以来，党进入新的历史发展时期，以邓小平同志为核心的党的第二代中央领导

---

① 邓小平文选(第2卷)[M]. 北京：人民出版社，1993：152-153.

集体，在继承马克思列宁主义、毛泽东思想的前提下，着眼于国内外的形势，结合当代中国具体实情及时代特征，实现了马克思主义中国化的第二次飞跃，与“三个代表”重要思想、科学发展观及新时代中国特色社会主义思想共同构成中国特色社会主义理论体系。这一理论体系蕴含着各个时期党自身建设的方向和任务，它紧紧围绕着不同时期的“世情”“国情”和“党情”，引导党不断完善自身建设、提升党的执政能力、稳步走向更高的水平。

2. 中国共产党加强自身建设的实践工作

一个多世纪的社会主义运动史表明，无产阶级政党领导的事业成功与否，着力点在于党时刻保持自身高度的清醒与自觉。恩格斯指出：“无产阶级要在决定关头强大到足以取得胜利，无产阶级必须(马克思和我从1847年以来就坚持这种立场)组成一个不同于其他所有政党并与它们对立的特殊政党，一个自觉的阶级政党。”①鉴于改革开放40多年的经验，所谓的阶级政党的自觉，取决于党自身建设的自觉，主要体现在以下两个方面：

一是党自身组织建设。我国的各项事业能否顺利完成，关键在人，因此，党一贯重视自身队伍的组织建设。首先，党旨在培养一支高素质的干部队伍，在选拔干部队伍的过程中坚决选用赞成党的路线的人，牢牢把握任人唯贤的准则。随着干部人事制度不断深化和改革，党将干部的选拔和任用全部纳入法制化、规范化轨道，选任制度日趋成熟与完善，高素质干部队伍为坚持和贯彻党的基本路线、基本纲领等规章制度提供有力的保证。其次，党始终狠抓党员队伍建设，党员是党组织最基本的细胞，党员的综合素质和先进程度决定全党的整体水平，为了把握好发展党员的入门关口，中央提出“坚持标准、保证质量、改善结构、慎重发展”十六字方针，保证和稳定党员的整体质量。同时，党定期组织加强党员的培训与教育活动，时刻保持党员的先进性及纯洁性，使其在建设社会主义事业

① 马克思恩格斯选集(第4卷)[M]. 北京：人民出版社，2012：592.

过程中发挥应有的楷模作用。

二是党自身作风建设。党员的作风是党员的世界观外化于行的体现，关乎全党在人民群众心目中的形象，关乎人们对于社会主义意识形态的信任与否，改革开放给社会主义事业带来辉煌成就的同时，也使党面临着严峻的考验，其中影响最大的考验当属贪污腐败，苏联、东欧国家共产党的失败就是鲜明的教训。十一届三中全会以来，党颁布了一系列反腐倡廉的规章制度，从规范从政行为到完善反腐败制度、从加强反腐败队伍的建立到成立国家预防腐败局、从成立巡视制度到调动各方力量共同反腐，无不体现出国家反腐倡廉的坚定决心和强硬手段。同时，时刻保持与人民的血肉联系，是党加强自我作风建设的根本原则。党自始至终要将人民的利益放在至高无上的位置，人民群众是党的力量源泉，是党的执政根基，离开了人民的党终将一事无成。改革开放以来，党的历届领导集体十分重视密切党与人民的关系，以人民的诉求为首要工作，坚持权为民用、情为民系、利为民谋，全方位地为人民排忧解难，在不同时期关于为民的新举措、新要求，有力地促进了党的作风建设，加深了党民的鱼水之情，推进了社会主义意识形态中国化工作的新征程。

(三)世界范围内意识形态领域的竞争与交锋

自社会主义制度诞生以来，西方资本主义国家丝毫未放松对它的打压和攻势，时刻将它作为眼中钉、肉中刺，资本的全球化、一体化更是为世界范围内的资本主义国家联合提供极大的便利。“东欧剧变”大大增强了西方资本主义国家对其文化输出、意识形态渗透策略的信心，逐渐将其重点目标转移到中国，试图“曲解”马克思主义、“分化”社会主义意识形态理论，试图破坏我们共同的信仰根基，瓦解我们的民族凝聚力，最终造成我国意识形态弱势、文化弱势的局面，以达到不战而胜的目标。要应对来自以美国为首的西方资本主义强国的意识形态“围剿”，分析其策略的逻辑起点、手段和特点是必不可少的，以便进行有效地防范与竞争。

霸权主义是西方资本主义国家推行反社会主义意识形态的逻辑起点。西方资本主义国家凭借其先进的科技水平盘踞世界霸主地位已有几百余年，资本的逐利本性使其弊端频现，自马克思主义诞生以来，社会主义制度作为新制度的优越性日益凸显出来，特别是20世纪90年代以前，国际共产主义势力形成一股强大的动力，曾一度威胁西方资本主义国家霸主地位。20世纪八九十年代，新一轮的经济全球化浪潮导致东欧剧变、苏联垮台，美苏冷战模式随着苏联的瓦解而告终，然而，霸权主义的本性使西方资本主义国家继续固守冷战思维和反对共产主义路线，转而将中国视为其前进路上的障碍。正是这种固执的冷战思维和反共产主义的目标，使以美国为首的资本主义国家凭借新一轮的全球化浪潮之机，大肆进行反社会主义意识形态的渗透，推行其自身的文化价值观、强化其意识形态输出，持续推行其反共产主义的战略。

“和平演变”是西方资本主义国家抢占意识形态高地的实施方式。随着经济全球化的快速发展，世界范围的意识形态斗争进入新的阶段，美国等西方敌对势力对中国进行意识形态渗透的立场和本质并没有改变，如邓小平同志所言：“可能是一个冷战结束了，另外两个冷战又已经开始。一个是针对整个南方、第三世界的，另一个是针对社会主义的。”①“东欧剧变”是西方敌对势力推行“和平演变”的结果，这些国家的共产党迎合西方的价值观念、对资产阶级自由化的纵容与退让，导致跟唯物史观原则背道而驰，最终无产阶级半个多世纪的政权基业毁于一旦。“东欧剧变”之后，西方敌对势力加紧将意识形态渗透和“和平演变”的重点转向我国，妄图将我国纳入资本主义体系，他们多次修订针对中国意识形态重建的“行事手册”，旨在毒害和败坏青年的正能量思想，使他们消极沉迷于负能量的电影、书籍、游戏等虚拟世界中，引导他们在现实生活中对政府及国家提出更多的民主和人权的要求，并向反政府分子提供一切必要的帮助等用心险恶的手段，企图引诱并鼓励中国青年接受西方自由化思想，反对中国政府和社会主义

① 邓小平文选(第3卷)[M]. 北京：人民出版社，1993：344.

意识形态，瓦解我国社会主义事业的后起之秀及主力军，2019 年持续数月的“反中乱港”便是他们阴谋得逞的典范。对此，我们必须时刻保持清醒警惕，并适时适当的作出回击。

(四) 我国社会思潮的兴起与蔓延

1843 年，马克思在《“德法年鉴”的书信》中写道：“新思潮的优点又恰恰在于我们不想教条式预期未来，而只是想批判旧世界发现新世界。”①这里的新思潮所指即为社会思潮，社会思潮是社会意识的集中反映，在任何国家任何时代都存在，特别是社会大动荡、大变革时代，是社会思潮最为涌现、多样化的时期。

改革开放以来，社会思潮的多元化呈现百家争鸣的局面已成为不争事实，有“三大社会思潮”“四大社会思潮”“五大社会思潮”“六大社会思潮”“八大社会思潮”五种民间形成的主要流派，也有其他未形成流派的各种思潮，它们相互对立、此消彼长，共同作用于社会思想上层建筑，对人们的思想造成不同程度的影响。社会思潮在一定程度上是市场经济体制下国家各项改革成效的显示器，也是我国主流意识形态安全的调节器。社会思潮既有顺应历史发展的正确思潮，如爱国主义思潮、生态主义思潮、社会主义改革思潮等，也有有悖历史发展前进方向的错误思潮，资产阶级自由化思潮、极“左”思潮、历史虚无主义思潮等。正确的、积极向上的社会思潮对我国社会改革及构建社会主义核心价值观发挥着引领、督促的功能；而错误的、保守负面的社会思潮则会影响人们对主流价值观、社会主义道德观的正确选择，从而给我国社会主义意识形态中国化工作带来诸多困难。因此，坚持和发扬有利于中国特色社会主义建设事业的社会思潮是必不可少的，同时，揭露和抵制动摇我国主流意识形态地位的社会思潮也是势在必行。以下三种思潮是改革开放以来，对社会主义意识形态工作威胁最大、影响最深的社会思潮，是最值得关注和警惕的思想形式。

---

① 马克思恩格斯文集(第 10 卷)[M]. 北京：人民出版社，2009：7.

第一，新自由主义思潮。新自由主义思潮是改革开放以来，我国最早出现的一种极为重要的社会思潮，与旧的自由主义思潮鼓吹以个人主义为中心的资本主义思潮不同，新自由主义思潮宣传自由、民主、人权，以资本主义思维方式、经济方式及生活方式为主要目的，带有浓厚的意识形态倾向色彩，这一思潮是西方敌对势力实施和平演变战略、用以颠覆社会主义国家的主要思想武器。新自由主义思潮主张照搬西方发展模式，在经济上实行自由市场经济、私有扩大化、摈弃国有企业等西方经济策略；在政治上实行多党制、议会制、直接选举制等资本主义政治制度，虽在某些方面有一定程度上的可借鉴性，但与社会主义的发展前景及优越性相比，新自由主义思潮是一种拉历史倒车的思想形态，不可照搬与妥协。

第二，民主社会主义思潮。民主社会主义思潮起源于马克思主义，与科学社会主义本是同宗同源，后来渐渐发展成为机会主义派别。中国共产党自始至终秉承正统的科学社会主义，在列宁建党时期已与第二国际机会分子分道扬镳。20世纪80年代，民主社会主义思潮逐渐向苏联与东欧蔓延，原本内部就存在民主社会主义思潮的各国共产党，在西方资本主义国家大肆鼓动下纷纷改旗易帜，最终土崩瓦解。“东欧剧变”后，鉴于党内开始有人提议将中国共产党改为社会民主党，民主社会主义思潮开始抬头的局势，江泽民同志提出要划清七种界限，其中一种就是科学社会主义与民主社会主义划清界限，民主社会主义终究是伯恩施坦修正主义的变形，其本质是社会主义向资本主义的过渡。因此，警惕民主社会主义思潮的滋生和泛滥是不可或缺的。

第三，历史虚无主义思潮。历史虚无主义思潮作为一种新的社会思潮，诞生于20世纪80年代后，带有明显的政治倾向。这一思潮最早出现在苏联的改革时期，其主要目的在于抨击社会主义制度，否认社会主义的优越性及历史功绩，赤裸裸地表达资本主义的政治需求。自20世纪90年代起，历史虚无主义思潮开始向中国蔓延，其表现为：否定一切革命，反对社会主义制度，主张全盘西化、走资本主义道路；抹黑领袖人物，污蔑中国共产党，试图引领舆论将中国共产党推入万劫深渊等恶劣行径。历史虚无主义思潮的影响范围涉及影视文学、史学研究、教育领域，特别是新冠疫情期间，这种思潮沉渣泛起，再度活跃于精致的利己主义分子领域，给我国社会稳定及国家形象带来恶劣的影响，需要加倍警惕这种思潮。

二、邓小平理论关于社会主义意识形态中国化的基本思想

以邓小平同志为核心的党的第二代中央领导集体，在关键的历史关头，科学地总结党在意识形态问题上的历史经验与教训，立足于时代的视角和国内的现实情况，以继承马克思列宁主义、毛泽东思想的精髓为基础，开创了中国特色社会主义理论体系，丰富和发展了马克思主义意识形态理论，为建设和巩固社会主义事业作出了巨大的贡献。因此，研究邓小平意识形态理论具有十分重大的意义。

(一)把握科学的真理检验标准

关于真理标准的讨论是基于“两个凡是”错误理论而提出的，“文化大革命”结束后，党内仍然存在着严重的“左”倾思想错误，1976 年 10 月粉碎“四人帮”后，华国锋提出“两个凡是”(即“凡是毛主席作出的决策，我们都坚决维护；凡是毛主席的指示，我们都始终不渝地遵循”)并批准由《人民日报》《解放军报》，以及《红旗》杂志发表的“两报一刊”社论《学好文件抓住纲》公开问世，成为党全面进行拨乱反正的最大阻碍。以邓小平为代表的老一辈革命家，旗帜鲜明地指出“两个凡是”的错误，领导并支持 1978 年 5 月开始的真理标准问题的大讨论，这是党在马克思主义意识形态危急时刻的一场思想纠错运动，是继延安整风运动之后的又一场重要的思想解放运动。

1. 实践是检验真理的唯一标准

“两个凡是”一经公开，邓小平同志就积极同这种错误思想展开批判，坚持要用准确完整的毛泽东思想来指导党，他提出：“我们必须世世代代地用准确完整的毛泽东思想来指导我们全党、全军和全国人民，把党和社会主义的事业，把国际共产主义运动的事业，胜利地推向前进。”①他的思想受到了陈云、叶剑英等支持和响应，促进了理论界的思想解放。1978 年 5 月，《光明日报》以特约评论员名义刊登了《实践是检验真理的唯一标准》一文，原出处为中央党校内刊《理论动态》。这篇文章重点阐述了马克思主义的思想路线，指出理论与实践相统一是马克思主义最基本原则之一，只有社会实践才能是检验真理的标准，任何理论都必须接受实践的检验。这篇文章掀起了一场马克思主义教育运动，从理论上彻底否认了“两个凡是”的错误思想，引起了全社会强烈的反响，自此拉开了全国范围内关于真理标准大讨论的序幕。

2. 实事求是以实践为基础

1978 年 6 月，邓小平同志在全军政治工作会议上发表讲话，他再次批驳了“两个凡是”的错误理论，提出党应该正确看待毛泽东思想，他指出毛泽东思想的精髓在于实事求是的态度，而这一态度取决于是否能够理论联系实际，是否善于总结经验、针对客观事实一切从实际出发。他列举了一系列毛泽东同志关于实践的著作、参加共产主义运动的实践经验及与脱离现实的错误倾向作斗争的教训，以此来倡导全党以完整、正确的态度来看待毛泽东思想。他再次强调毛泽东同志是坚定的马克思主义者，其思想与马克思主义指导思想相一致，若不实事求是地看待，则失去毛泽东思想的灵魂，“马克思主义活的灵魂，就是具体地分析具体情况，马列主义、毛泽东思想如果不同实际情况相结合，就没有生命力

---

① 邓小平文选(第 2 卷)[M]. 北京：人民出版社，1994：39.

了”。[1] 在邓小平同志等多数领导人的积极支持和正确引导下，关于真理标准的讨论在全国范围内广泛展开，中央及各地区、各军区及直属单位等积极配合，纷纷发表讲话和文章来支持实践是检验真理唯一标准的立场，推动这场讨论深入的发展。

3. 解放思想是实事求是的前提

随着真理标准大讨论在全国范围内的广泛开展，“两个凡是”思想的严重束缚被冲破，人们的思想也由此得到大解放。1978 年 12 月，邓小平同志在为党的十一届三中全会做准备的中共中央工作会议闭幕式上发表了著名的讲话，即《解放思想，实事求是，团结一致向前看》，他指出：“目前进行的关于实践是检验真理的唯一标准问题的讨论，实际上也是要不要解放思想的争论。”[2]“解放思想，开动脑筋，实事求是，团结一致向前看，首先是解放思想”；[3] “一个党，一个国家，一个民族，如果一切从本本出发，思想僵化，迷信盛行，那它就不能前进，它的生机就停止了”。[4] 邓小平将半年来党内关于真理标准的讨论作了一个总结，将解放思想作为这场思想解放运动的出发点和落脚点，强调了解放思想对于全党全国的重要性，同长期以来的个人崇拜、教条主义划清了界限。党的十一届三中全会对关于真理标准问题的讨论作了高度的评价，充分肯定了关于毛泽东思想体系完整、准确把握的必要性，将“两个凡是”的错误方针消除殆尽。

关于真理标准问题的讨论重新确立了党的正确的思想路线，为社会主义意识形态中国化树立了正确的方向，成为拨乱反正工作和改革开放事业的思想指南，并与我国社会主义建设的实践相结合，形成了一系列有远见、有成效的理论见解，这些宝贵经验将为社会主义事业的建设和党的意识形态研究带来了长足的指

---

① 邓小平文选(第 2 卷)[M]. 北京：人民出版社，1994：118.
② 邓小平文选(第 2 卷)[M]. 北京：人民出版社，1994：143.
③ 邓小平文选(第 2 卷)[M]. 北京：人民出版社，1994：141.
④ 邓小平文选(第 2 卷)[M]. 北京：人民出版社，1994：143.

导和借鉴意义。

（二）坚持社会主义意识形态的内核

党的十一届三中全会之后，反革命势力基本上被摧毁，党的工作基本恢复正常秩序，全国上下呈现出安定和谐的政治局面。然而，“四人帮”长期遗留下来极“左”思想仍然存在，一部分人打着“解放思想”的旗号，夸大党的错误来否定社会主义制度，对中国现代化建设造成了思想和实践的双重阻碍；同时，改革开放的潮流带来了资本主义腐朽思想的舶来品，社会及党内部分人萌发了资产阶级自由化思想，造成了党内一些人思想混乱。针对这些情况，1979 年 3 月，邓小平同志在党的理论工作务虚会上作了《坚持四项基本原则》的讲话，指出四项基本原则是党的思想理论工作者不可动摇的根本立场，是绝不允许动摇的基本原则，是实现整个社会主义事业的稳固保证。

坚持社会主义道路是社会主义意识形态工作的基本立场。坚持社会主义道路关系到我国姓资还是姓社的问题，中国救亡图存的革命史表明：“只有社会主义才能救中国，这是中国人民从五四运动到现在六十年来的切身体验中得出的不可动摇的历史结论。中国离开社会主义就必然退回到半封建半殖民地。中国绝大多数人决不允许历史倒退。”①因此，党的社会主义意识形态工作需要牢牢把握这一基本立场，将坚持走社会主义道路贯穿于社会主义意识形态工作始终，以此为出发点来肃清党内思想混乱的局面。同时，坚持这一基本原则是应对西方“和平演变”阴谋的根本大法，只要坚定不移地、深入地走社会主义道路，西方敌对势力对我国的改旗易帜计划就有心无力，我国意识形态核心的主流地位就不会动摇，就能更充分地发挥社会主义制度的优越性。

坚持无产阶级专政是社会主义意识形态工作的根本方向。无产阶级专政是中国的国体，是保证人民当家作主的新型社会主义民主形式，是稳定安定团结政治

---

① 邓小平文选(第 3 卷)[M]. 北京：人民出版社，1994：166.

局面的重要手段，离开了无产阶级专政，社会主义终究是一句空谈。邓小平同志在谈无产阶级专政的本质时表明："无产阶级专政对于人民来说就是社会主义民主，是工人、农民、知识分子和其他劳动者所共同享受的民主，是历史上最广泛的民主。"①因此，社会主义意识形态工作者须对社会主义民主与其他形式的民主加以区分，"文化大革命"时期的"全面专政"与社会主义民主是相违背的，必须予以坚决粉碎，而西方资本主义国家的民主受资本逻辑的制约，决定其本质注定是代表少数人的利益。只有坚持无产阶级专政的原则，才能确保社会主义意识形态的核心地位，才能保证改革开放的正确方向，才能自觉抵制资本主义的分裂和西化。

坚持共产党的领导是社会主义意识形态工作的前进动力。中国共产党在大大小小的革命和坚持不懈的改革中逐渐成长起来，具有丰富的实践经验与理论积累，是社会主义意识形态工作独一无二的领头军，持续推动着意识形态工作朝着正确安全的方向发展。关于党的地位和领导权的重要性，邓小平同志指出："自有国际共产主义运动以来，就证明了没有无产阶级的政党就不可能有国际共产主义运动。自从十月革命以来，更证明了没有共产党的领导就不可能有社会主义革命，不可能有无产阶级专政，更不可能有社会主义建设。"②确保党掌握意识形态工作核心领导权不动摇，是无产阶级专政的前提，是党掌握其他一切事务的关键。苏联解体的教训告诫我们，意识形态工作关乎党的生死存亡，只有党发挥好意识形态的核心作用，中国特色社会主义事业才能朝着正确的方向稳步前进。

坚持马列主义、毛泽东思想是社会主义意识形态工作的理论根基。马列主义、毛泽东思想是中国特色社会主义理论体系的思想红线，自马克思主义诞生以来，一直受到西方资本主义国家各种形式的压制与破坏，一方面在于西方敌对势力自身的强国必霸思维，另一方面来源于马列主义、毛泽东思想的正确合理性。马列主义、毛泽东思想是马克思主义与不同国家、不同时代的革命与建设实践相

① 邓小平文选(第2卷)[M]. 北京：人民出版社，1994：168.
② 邓小平文选(第2卷)[M]. 北京：人民出版社，1994：169.

结合的思想成果，“我们坚持的和要当作行动指南的是马列主义、毛泽东思想的基本原理，或者说是由这些基本原理构成的科学体系”。① 在改革开放的转型期，必须将马列主义、毛泽东思想的基本原理贯穿于社会主义意识形态实际工作中，解决新问题、研究新情况、创造新思路，积极抵制“意识形态淡化”论，坚持以此为社会主义意识形态指导思想不动摇，持续地丰富和发展中国特色社会主义理论体系。

(三)拓展社会主义精神文明的建设路径

改革开放解放了生产力，极大地提高了人们的物质生活水平，物质文明的进步有利于激发精神文明的多样需求，邓小平同志以敏锐的政治远见预见了这一趋势，他指出：“过去很长一段时间，我们忽视了发展生产力，所以现在我们要特别注意建设物质文明，与此同时，还要建设社会主义的精神文明，最根本的是要使广大人民有共产主义的理想，有道德，有文化，守纪律。”②精神文明建设和意识形态建设具有内在的统一性，其指导思想和主要内容与意识形态的基本要求相一致，创办形式多样的精神文明建设活动，除以下几个方向性的举措之外，还有一些如“五讲四美三热爱”活动、普法教育等实践活动的开展，它们既有利于在全社会形成积极向上的社会风尚，亦有利于促进和巩固社会主义意识形态的良性建设。

①坚持两点论。邓小平同志继承了马列主义、毛泽东思想重视思想政治建设的优良传统，倡导建设高度发展的物质文明，同时也要紧抓精神文明的建设力度，提倡发展生产力和思想政治教育两手抓，两手都要硬的指导方略。“要两手抓，一手要抓改革开放，一手要抓严厉打击经济犯罪，包括抓思想政治工作。就是两点论。”③以经济建设为中心的发展任务将国家发展重点转移到经济和科技上

① 邓小平文选(第2卷)[M]. 北京：人民出版社，1994：171.
② 邓小平文选(第3卷)[M]. 北京：人民出版社，1993：28.
③ 邓小平文选(第3卷)[M]. 北京：人民出版社，1993：306.

来，若党在主观上没有认识到新形势下加强思想政治教育的重要性，则容易导致西方敌对势力行改革开放之便，肆意传播精神污染。因此，邓小平同志高度重视加强思想政治教育工作，阐述了一系列重要的思想及论断，强化两点论，防止资本主义腐朽思想及形形色色的“非意识形态化”思潮深入党的内部，为社会主义事业的良性发展营造稳定且统一的意识形态环境。

②发扬马克思主义信仰的优势。党在长期艰苦卓绝的革命斗争和辛勤建设中，孕育和形成了明显的意识形态优势，即马克思主义信仰。邓小平同志开展马克思主义信仰教育工作的主要思路是：以发扬党和人民的革命传统教育为主，以倡导爱国主义为核心的民族精神为辅。邓小平同志对党和人民的革命传统给予了高度的评价并提炼出著名的“五种革命精神”，他提出：“我们还要大声疾呼和以身作则地把这些精神推广到全体人民、全体青少年中间去，使之成为中华人民共和国的精神文明的主要支柱。”①这些优良传统就其时代背景而言已经时过境迁，但其蕴含的精神内核和时代价值却永世长存，使之成为国家精神文明的主要支柱，亦成为社会主义意识形态的中心支柱。

③弘扬爱国主义的民族精神。邓小平同志将爱国主义精神视为意识形态工作的应有之义，他在总结意识形态工作的主要内容时，着重提出了建设中国特色社会主义的基本主题，同时还阐明了发扬爱国主义精神的要旨：“中国人民有自己的民族自尊心和自豪感，以热爱祖国、贡献全部力量建设社会主义祖国为最大光荣，以损害社会主义祖国利益、尊严和荣誉为最大耻辱。”②他多次强调了“国格”“国权”的重要性，高度评价了中国人民的爱国主义情怀，阐述了提高民族自尊心和自信心的意义。把握好爱国主义这一伟大精神，将党和人民的优良传统融入中国特色社会主义建设的事业，是社会主义意识形态中国化的时代内容和永恒主题。

④继续贯彻“双百”方针。中华人民共和国成立初期，毛泽东同志明确指示，

---

① 邓小平文选(第2卷)[M]. 北京：人民出版社，1994：368.
② 邓小平文选(第3卷)[M]. 北京：人民出版社，1993：3.

坚持将“百花齐放、百家争鸣”的指导方针贯穿于文艺工作的始终，然而“文革”时期，受各种思想的影响，这项政策并未真正意义上落地，为避免扣上“资产阶级”的帽子、受到无端的指责和惩罚，关于自由思想，民众大多三缄其口，在很长一段时间内，国内的思想发展处于停滞状态，整个国家及社会为之付出了沉重的代价。伴随党的十一届三中全会的顺利落幕，邓小平同志着重强调思想问题，继续贯彻“双百”方针，积极吸纳其他学说和理论，鼓励人们解放思想，以促进社会主义文化繁荣。同时，他倡导将“双百”方针和开展批评与自我批评相结合，“党的方针没有变，‘双百’方针还是要。但是把开展批评同‘双百’方针对立起来，却是一种严重的误解或曲解”。① 在坚持马列主义、毛泽东思想主流地位的同时，以其他学说和理论为鉴，来梳理和分析其起源与价值，取其精华去其糟粕，促进以社会主义意识形态为核心的“百花齐放，百家争鸣”的文化蓬勃景象。

（四）创新社会主义意识形态中国化的评价

20 世纪 90 年代，我国处在政治、经济及意识形态亟待全面拨乱反正的时期，1992 年年初，邓小平同志为了消除人们关于改革开放发展过程中，姓“资”还是姓“社”问题的疑惑，提出了“三个有利于”标准，即“是否有利于发展社会主义社会的生产力，是否有利于增强社会主义国家的综合国力，是否有利于提高人民的生活水平”。② “三个有利于”标准科学地回答了“什么是社会主义”“怎么样建设社会主义”两大重要理论问题，为抓住机遇深化改革开放提供了重要的指导思想，同时也成为衡量社会主义意识形态中国化的是非得失标准——集科学性与现实性为一体的合理标准。

“是否有利于发展社会主义社会的生产力”阐释了社会主义意识形态中国化的基本原理。这一标准是中国共产党创造性地运用和发展唯物史观中关于生产力与生产关系、经济基础与上层建筑之间辩证关系的原理结晶，为社会主义意识形

① 邓小平文选(第 3 卷)[M]. 北京：人民出版社，1993：46.
② 邓小平文选(第 3 卷)[M]. 北京：人民出版社，1993：372.

态的建设工作制定了根本原则。这无形中要求社会主义意识形态中国化必须要植根于生产力发展的唯物史观基础上，受生产力发展程度的制约并为之服务。由于我国尚处在社会主义初级阶段，现实的经济基础总体落后于西方资本主义国家，而社会主义意识形态较资本主义制度而言更具优势，我国的社会生产力注定会比西方资本主义国家发展得更快。因而可以用较先进的社会主义意识形态指导并促进社会生产力的发展，为意识形态建设工作提供更丰厚的沃土，并进一步证明社会主义意识形态的优越性。

“是否有利于增强社会主义国家的综合国力”指明了社会主义意识形态中国化的实际目标。这一标准是中国社会主义改革开放的经验总结，是党坚持贯彻解放思想、实事求是的思想路线的产物，它反映了社会主义意识形态中国化的现实任务。综合国力是一个主权国家生存和发展所拥有的全部硬实力、软实力及国际影响力的总和。硬实力主要以经济实力、科技实力以及军事实力为核心内容，它是衡量一个国家的整体物质生产力，邓小平十分注重科技的发展，在多个场合强调了科技的重要性，他指出：“经济发展得快一点，必须依靠科技和教育。我说科学技术是第一生产力。”①软实力主要是以政治制度、文化传统及价值观念为主要形式的政治意识形态的影响力和渗透力。当前综合国力的激烈竞争主要以经济实力为核心、科技实力为导向、军事实力为后盾及政治意识形态为精髓的全面一体化较量。因此，当前社会主义意识形态的主要任务是强化自身的凝聚力、影响力和渗透力，为提升我国综合国力提供源源不断的精神支持。

“是否有利于提高人民的生活水平”揭示了社会主义意识形态中国化的最终归宿。这一标准是“三个有利于”标准的点睛之笔，生产力发展的快慢、综合国力的强弱，最终映射于人民生活水平之中。大力发展生产力、增强综合国力是发展的方式和手段，只有人民生活水平实实在在地提高了，才是最终的目的，它明确了社会主义意识形态中国化工作服务于民的归宿性。资本的逻辑决定资本主义

① 邓小平文选(第3卷)[M]. 北京：人民出版社，1993：377.

制度是为少数人谋福利的，本质上体现的是少数资本家的意志而非广大人民群众的意志；与其相反，社会主义意识形态中国化的目的是提高最广大人民的物质文化水平。物质文化水平包括物质文明和精神文明两个方面，物质文明主要以提高社会生产力来实现，是人民生活水平提高最直观的显现；而精神文明则侧重于社会主义意识形态的教化作用，是人们生活水平提高最重要的衡量指标。物质生活水平的提高、精神生活水平的满足，有助于让广大人民群众感受到社会主义意识形态的真善美，提高他们对社会主义意识形态的信心和认可度，从而激发他们的积极性和建设热情，更好地推动社会生产力的发展。人民生活水平的提高和社会主义意识形态中国化是辩证的关系，两者既区别又相联系、既互为手段又互为目的。社会主义意识形态的宗旨是解放和发展生产力，提高人民的物质文化水平，逐步实现人的自由而全面的发展。

三、“三个代表”重要思想关于社会主义意识形态中国化的规划

2000 年 2 月，江泽民同志在广东省考察时指出，“总结我们党七十多年的历史，可以得出一个重要结论，这就是：我们党所以赢得人民的拥护，是因为我们党在革命、建设、改革的各个历史时期，总是代表着中国先进生产力的发展要求，代表着中国先进文化的前进方向，代表着中国最广大人民的根本利益，并通过制定正确的路线方针政策，为实现国家和人民的根本利益而不懈奋斗”。① “东欧剧变”后，国内外形势发生了剧烈的变化，国际共产主义陷入低潮，经济全球化和世界多极化的趋势日益凸显，以经济为基础、科技为导向、意识形态为重点的综合国力交锋日益激烈，“三个代表”重要思想是基于科学判断党的历史方位基础上提出来的，它反映了 20 世纪 90 年代前后党和国家的总体变化对于党和国

① 江泽民文选(第 3 卷)[M]. 北京：人民出版社，2006：2.

家工作的新要求，也为社会主义意识形态中国化工作指明了新的方向。

(一) 突出意识形态工作的战略地位

全球化的起源和本质决定了资本主义在全球化进程中的主导地位，就其市场经济体制在世界范围内遍地开花而言，决定了建立在市场经济基础之上、代表资产阶级利益的意识形态随之席卷全球；就我国外部局势而言，资产阶级意识形态全球化是一个客观事实。此外，苏联和东欧等一大批社会主义国家的解体，以美国为首的资本主义国家将以意识形态渗透为主的“和平演变”战略转移到中国及第三世界国家，是我国社会思潮复杂多变、党内出现思想混乱的局面的重要原因。面对内忧外患的严峻局势，“三个代表”重要思想将以意识形态为核心的文化建设提高到党各项工作的战略性地位，使之成为我国国家安全、民族振兴的一个重要环节。

1. 意识形态工作决定党的基本路线的走向

西方资本主义国家“和平演变”战略的着力点主要在于社会主义国家内部，通过意识形态的不断渗透来达到分裂国家内部的目的。唯物史观认为，内因才是事物发展的决定性因素，因而，决定社会主义事业的成败关键在于国内政治经济等各个领域的发展。要保持社会主义事业的稳步发展，需要结合时代背景和主要矛盾来正确处理人们的思想问题，江泽民同志指出，“人民群众的理想信念、精神状态和人心所向，最终决定建设有中国特色社会主义事业的成败”。① “一个中心、两个基本点”是党在初级阶段的基本路线，随着改革开放的深入发展，一些人在实施过程中逐步发生了转变，他们在实践上重视经济建设和改革开放，在思想上轻视四项基本原则和社会主义意识形态的趋势，并且还自成一派言论，如果这种危险的信号不加以制止，将会断送社会主义事业的前途。如江泽民同志告诫

---

① 江泽民文选(第3卷)[M]. 北京：人民出版社，2006：74.

道："这些言论和观点，不论是哪个方向来的，都是错误的。这些问题虽然不是主流，但必须引起我们高度重视，绝不能让它们泛滥起来。"①

2. 意识形态工作决定中西思想斗争的成败

西方国家深知"不战而屈人之兵"为军事胜利之最高境界，因而不遗余力地对我国实行各种"攻心"之策，邓小平同志曾经将中西方意识形态的斗争称为"没有硝烟的第三次世界大战"。江泽民同志更是将意识形态工作的好坏与社会主义事业的成败紧密相连，他对意识形态工作给予了绝对的重视，对理论工作者的贡献作出了高度的评价。他在上海市理论工作座谈会上总结道："理论工作者的这个贡献主要体现在以下四个方面：第一，理论上的正本清源，推动了党的指导思想和实际工作中的拨乱反正；第二，理论上的开拓创新，促进了改革开放不断取得实质性进展；第三，在开展两个文明建设的战略研究和对策研究方面也作出了贡献；第四，在基础理论和学科建设方面也有开拓性建树。"②他以上述几点来肯定和激励理论工作者的创作热情，同时也制定了一系列有效政策、实践活动，以保持社会主义意识形态的繁荣发展。

3. 意识形态工作决定以德治国方略的成效

意识形态建设是治国方略的基本途径，江泽民同志根据社会主义建设的新实践、新认识，明确提出"把依法治国与以德治国紧密联系起来"的治国思想，是理论创新的又一硕果。道德与法律不同，它不依赖于强制力来约束社会成员，而是通过其内在的核心价值来影响是非善恶的判断，通过其内在的凝聚力来调节社会关系，从某种程度上来看，道德本身也是一种意识形态。在市场经济的背景下，带有一定"利己"色彩的法治终究独木难支，无论是遏制市场经济"利己"因素的无限扩大，还是保障市场经济合法的"利己"权益，法治难以驾驭市场经济

① 江泽民文选(第3卷)[M]. 北京：人民出版社，2006：231.
② 江泽民文选(第3卷)[M]. 北京：人民出版社，2006：21-22.

这匹烈马。法治是必需的，但是缺少本质上是“利他”色彩的德治，其作用就是有限的。江泽民同志以德治国方略的提出，适应了市场经济在意识形态方面发展的需要。随着中国特色社会主义事业的深化和改革，市场经济所担负的角色并非简单的手段或工具那么简单。如江泽民同志在《中央思想政治工作会议上的讲话》指示，“要紧密结合发展社会主义市场经济的新要求，努力加强社会主义道德教育，不断提高全体人民的思想道德素质。为了在发展社会主义市场经济的条件下更好地建设有中国特色社会主义，我们必须建立与之相适应的社会主义法律体系，同时也必须在全社会形成与之相适应的社会主义思想道德体系。法律和道德作为上层建筑的组成部分，都是维护社会秩序、规范人们思想和行为的重要手段，它们相互联系、相互补充。法治以其权威性和强制手段规范社会成员的行为，德治以其说服力和劝导力提高社会成员的思想认识和道德觉悟。道德规范和法律规范应该相互结合，统一发挥作用”。①

（二）建设社会主义先进文化

江泽民同志在党的十六大报告中指出：“必须坚持马克思列宁主义、毛泽东思想和邓小平理论在意识形态领域的指导地位，用‘三个代表’重要思想统领社会主义文化建设。”②“三个代表”重要思想是中华人民共和国成立几十年来党关于文化建设的宝贵经验，既与马列主义、毛泽东思想及邓小平理论一脉相承，同时又顺应了时代的新发展，具有与时俱进的特性，体现了社会主义先进文化的现实要求。因此，社会主义先进文化的建设应当以“三个代表”重要思想为总的指导原则。

1. 弘扬马克思主义意识形态主旋律

建设社会主义先进文化的前提是把握好其性质及方向，否则容易出路线性错

① 江泽民文选(第3卷)[M]. 北京：人民出版社，2006：91.
② 江泽民文选(第3卷)[M]. 北京：人民出版社，2006：559.

误。马克思主义在吸取全人类文明成果的基础上，不断战胜腐朽落后的思想及文化，在实践中不断丰富和发展自身，是一个动态趋好的完善过程，中国革命和建设的经验成果是为最好的见证。党自创建以来就牢牢把握先进文化的前进方向，江泽民同志更是强调："有中国特色社会主义的文化，必须以马克思列宁主义、毛泽东思想为指导，不能搞指导思想的多元化。"①然而，指导思想遵循一元化原则，不妨碍提倡思想及文化的多元化发展，社会主义先进文化的发展仍然坚持贯彻"双百"方针，马克思主义意识形态主旋律集中反映人民的利益与愿望，"双百"方针则深刻反映文化发展的客观规律。坚持马克思主义意识形态为主旋律的前提下，鼓励学术界、艺术界不同形式、不同风格的多样发展，促进社会主义先进文化的进步，为人民提供更多更优的精神食粮。

2. 坚持"四以"原则

在党的十六大报告中，江泽民同志对社会主义先进文化的方向和内容作了规定："坚持以科学的理论武装人、以正确的舆论引导人、以高尚的精神塑造人、以优秀的作品鼓舞人。"②文化领域是真善美和假丑恶较量的复杂的社会领域，是先进与落后、进步与反动交锋的历史舞台，成为社会主义先进文化工作的一大考验。"四以"原则要求社会主义先进文化要以人民群众为服务对象，以提高人民的科学文化素养和思想道德素质为服务目的，以为先进生产力的提高提供精神动力和智力支持为服务内容，抵制腐朽文化，改造落后思想；在文化建设的过程中深入群众、深入生活，依靠人民并调动和保护他们的主动性、积极性和创造性，为人民群众不断地提供精神资源，丰富他们的精神世界。

3. 推动先进文化理论创新

江泽民同志在"七一"讲话中对先进文化理论提出了新的要求，他认为发展

---

① 中共中央文献研究室. 江泽民论有中国特色社会主义(专题摘编)[M]. 北京：中央文献出版社，2002：385.

② 江泽民文选(第3卷)[M]. 北京：人民出版社，2006：559.

社会主义文化，必须继承和发扬一切优秀的文化，必须体现时代精神和创造精神，必须具有世界眼光、增强感召力。因此，继承性意味着先进文化的理论创新首先是推进马克思主义理论创新；时代性意味着先进文化需立足于我们的现实环境和实际需要，进而进行新一轮的扬弃与转化，使我国的先进文化具有一定的世界性和现代性。江泽民同志曾多次强调创新的重要性，“创新是一个民族的灵魂，是一个国家兴旺发达的不竭动力”,① “没有理论创新的民族，不可能成为强盛的民族”。② 他嘱咐广大哲学社会科学工作者要勤于思考、勇于探索，多为理论和实践的创新发展作出自己的贡献，同时要求各级党委和政府关心哲学社会科学的发展，鼓励和支持学术创新、营造良好的学术氛围，为推动先进文化的创新工作打下坚实的基础。

(三)强调党的思想建设的带动作用

改革开放进入深水区、国内外形势的变化对党的意识形态工作提出了更高的要求。中华人民共和国成立以来，党的历代领导人都十分重视党的意识形态建设工作，毛泽东同志和邓小平同志着重以强调党的思想建设的重要性和防范西方敌对势力的渗透为主要内容，随着世情、党情局势的复杂化，以强调建设为主的党的意识形态工作的重任落在了以江泽民同志为核心的第三代共产党人肩上，他们以“三个代表”重要思想为导向、全面把握新形势新任务，积极探索党的思想建设的新途径，凝聚和带领各族人民迎难而上，抓住机遇，圆满完成党和人民肩负的历史任务。

1. 强调党的理论引领作用

党的理论建设是党的思想建设的基础，重视党的思想理论建设，敢于彻底解放思想，善于进行理论创新，是党的一个重要政治优势。因此，运用马克思主义

① 江泽民论有中国特色社会主义[M]. 北京：中央文献出版社，2002：250.
② 江泽民论有中国特色社会主义[M]. 北京：中央文献出版社，2002：275.

武装人的头脑是发挥党的思想引领作用的基本方法。“当前，要注重运用当代中国马克思主义创新理论成果分析社会主义市场经济和经济全球化进程中全面建设小康社会面临的新情况、新挑战，回答人们思想的新问题、新困惑。要坚持把理论学习和宣传同推动社会重大现实问题的解决结合起来，同解决关系国计民生的现实矛盾结合起来，同指导实践工作结合起来，努力使理论创新成果转化为治国理论的方针政策，转化为国家的法律法规，转化为各级党委政府的工作思路，转化为人民群众的自觉行动，用发展着的马克思主义指导新的实践。”①只有积极发挥党的科学理论的引导功用，才能防止社会主义意识形态中国化出现方向性混乱。

2. 强化党的思政教育功能

邓小平同志很早就预示过中国如果出问题，一定会出在党员内部，他从社会主义事业兴衰的视角强调党员思想教育的重要性。面对世界和我国处在重大的转折时期，江泽民同志也重点强调党的思想教育政治教育突出地位：“党的思想政治工作，是经济工作和其他一切工作的生命线，是团结全党全国各族人民实现党和国家各项任务的中心环节，是我们党和社会主义国家的重要政治优势。”②当前思政领域面临的问题较多，其中最突出的是党员信仰问题，一些党员平时忽略党的理论知识学习，不能准确地把握马克思主义中国化理论成果的精髓，以至于动摇共产主义信仰，甚至对社会主义事业毫无信心，因而要发挥党员思想建设的带动作用，需要加强对党员的信仰教育。信仰教育需始终围绕树立以坚定共产主义理想和中国特色社会主义信念为核心的科学的世界观；以全心全意为人民服务为宗旨的正确的人生观；以甘愿为人民的事业奉献自己为己任的高尚的价值观，以发扬党的先进性、时代性及纯洁性，把握好党的意识形态理论工作大局。

---

① 陆仁权，杨宝庆. 马克思主义大众化三论[J]. 思想政治工作研究，2008(6)：9.
② 江泽民文选(第3卷)[M]. 北京：人民出版社，2006：74.

3. 发挥党风建设的榜样效应

毛泽东同志曾经阐述过共产党人模范带头作用的重要性，强调党的模范带头作用就必须要加强党的作风建设，与落实“三个代表”重要思想紧密相连的内容是党风廉政建设和反腐败斗争，江泽民同志指出：“党风廉政建设和反腐败斗争关系党和国家的生死存亡。我们党和政府的宗旨是全心全意为人民服务，这就决定了各级领导干部必须清正廉洁，始终同人民群众同甘共苦、息息相通。不解决好反腐倡廉的问题，改革发展稳定就没有坚强的政治保证，党和政府就会严重脱离群众，就有亡党亡国的危险。”①杜绝腐败的关键之举在于从严治党，防止腐败的侵蚀不能仅仅停留在精神层面，更重要的是组织上采取的严厉措施，只有将严密的制度、严肃的纪律、严谨的监督和严格的执行相结合，做到有疑必查、有查必果、有果必行，才能保证党的思想建设工作的有力进行，才能成为社会主义意识形态中国化的坚强后盾。

（四）自觉回应社会思潮的挑战

江泽民同志在庆祝中国共产党成立 70 周年的大会上提道：“我们党历来重视意识形态工作。这方面工作做得好不好，直接关系社会主义事业的成败。意识形态领域是和平演变和反和平演变斗争的重要领域。”②自中国加入 WTO 后，随着我国经济政治体制的深入改革和改革开放的进一步拓展，经济利益和价值观念的碰撞势必会带来意识形态的多样化。我国作为社会主义国家，毫无疑问必须坚持以马列主义和中国特色社会主义理论作为党和国家一切工作的行动指南，如不把握好意识形态的主导性，则会影响社会稳定、迷失国家的发展方向。因此，积极回应多样化社会思潮的挑战是党的一项艰巨任务。

---

① 江泽民文选(第 3 卷)[M]. 北京：人民出版社，2006：175.
② 江泽民文选(第 3 卷)[M]. 北京：人民出版社，2006：160.

1. 增强危机意识，提高思想斗争的自觉性

我国正处在商品经济和改革开放的大环境中，资本主义的腐朽思想、生活方式及价值观念不断地侵蚀人民群众的思想，破坏党灵魂的纯洁性，污染我国的社会风气。另外，资产阶级自由化思潮仍占有市场，虽然现在鲜有人明目张胆地宣扬资产阶级自由化思想，但在我国一部分青年学生及知识分子的群体中仍然存在着这种思想，并且散见于学术界、新闻界、文艺界等观点中，有待于进一步挖掘及批判；同时，与马克思主义产生根本性冲突的民主社会主义思潮也依然存在，民主社会主义思潮在社会主义中的危害性更加深重，是和平演变战略实施的重要一环，是社会主义理论向资本主义理论过渡的桥梁，在我国尤其是知识分子阶层仍占有一席之地。在这种形势下，正确评估意识形态斗争趋势、提高对危机的敏锐性和防范性、自觉反击反马克思主义的各种思潮，是党义不容辞的责任和义务。

2. 加强思想教育，增加全体成员的免疫性

资产阶级与无产阶级的意识形态水火不容，以至于对于反和平演变战略不能仅从被动的防御为主，而应以主动进攻为重点，才能保住社会主义意识形态的主战场阵地。要打好这场没有硝烟的战争，需从加强思想教育以增强全体成员对和平演变战略的免疫性出发，从加强全民特别是青少年的国情教育出发。西方反对势力一直把青少年当作意识形态领域争夺的主要对象，不仅因为他们是祖国的花朵、民族的希望和未来，更重要的是他们尚未形成稳定的三观和理性的爱国情怀，以中国近现代史为基础的国情教育是培养青少年与祖国深厚情感的基础，是形成正确且稳定的世界观、人生观和价值观的重要指引，能有效抵制历史虚无主义、民族虚无主义及其他思想上的混乱及腐蚀。所以，我们需要从培育社会主义事业接班人的角度来把握思想教育的支柱性地位，从根基上抵御和平演变战略。江泽民同志格外重视青少的教育，他提出通过中国近现代史和国情的教育，来提高青少年的民族自尊心、自信心，来培养他们热爱祖国、热爱社会主义、热爱人

民的热情，来增强他们的历史责任感，把我们的国家建设得更加美好。

3. 抢占舆论高地，保证思想传播的有效性

江泽民同志曾提醒道："大量事实证明，思想文化阵地，马克思主义、无产阶级的思想不去占领，各种非马克思主义、非无产阶级的思想甚至反马克思主义的思想就会去占领。"①占领舆论宣传阵地是思想政治工作发挥作用的根本前提，在意识形态斗争过程中，拼的是阵地战，抢夺与反抢夺、占领与反占领的角逐，党领导的宣传部门需强化阵地意识，其中，把握正确的舆论导向是核心内容，确保在思想上与党中央保持一致，准确地传达党的思想、路线、方针、政策，保证舆论的方向有益于维护社会安定、政治团结的局势。其次，净化思想环境也不可或缺，由于一些历史遗留问题，前几年文化环境被资产阶级引导的思想频频占领，给社会造成了恶劣的影响，今后我们需一手抓思想文化建设，传播积极正能量的民族文化，创办健康有益的群众活动；一手抓清污工程，清理西方敌对势力乘虚而入的腐朽文化和思想垃圾，真正地用社会主义思想占领舆论文化高地，为建设社会主义意识形态保驾护航。

四、科学发展观关于社会主义意识形态中国化的思想

面对物质生活的理性思考和现实环境的纷繁纠葛，在总结改革开放的经验教训基础上，胡锦涛同志提出："我们要更好坚持全面发展、协调发展、可持续发展的发展观，更加自觉地坚持推动社会主义物质文明、政治文明、精神文明协调发展，坚持在经济社会发展的基础上促进人的全面发展，坚持促进人与自然的和谐。"②科学发展观是对中国社会主义发展规律的新认识，是对社会主义意识形态

① 江泽民文选(第3卷)[M]. 北京：人民出版社，2006：97.
② 胡锦涛文选(第2卷)[M]. 北京：人民出版社，2016：67.

的新发展，胡锦涛同志以科学发展观为指导思想，不断地赋予社会主义意识形态更多的新思路和新内容，丰富了中国特色社会主义理论体系的本质要求。

(一)努力提升国家软实力

科学发展观将发展作为第一要义，并且对发展有了更深刻的认识，科学发展观对发展的目的更加准确明了，对发展方式的运用更加理智清醒，它要求将经济、政治、文化和社会的全面发展作为发展的客观衡量，将人的全面发展和根本需求作为发展的终极目标。提升国家软实力不仅是应对国际意识形态斗争的最佳方式，同时也是人们不断增长的精神文化需求的实时期盼。胡锦涛同志指出："当今时代，文化越来越成为民族凝聚力和创造力的重要源泉、越来越成为综合国力竞争的重要因素，丰富精神文化生活越来越成为我国人民的热切愿望。"①因此，提升国家软实力成为社会主义意识形态中国化工作和社会发展中至关重要的一环。

1. 提升民族凝聚力

"面对世界范围各种思想文化的相互激荡，必须把弘扬和培育民族精神作为文化建设极为重要的任务，纳入国民教育全过程，纳入精神文明建设全过程，使全体人民始终保持昂扬向上的精神状态。"②文化软实力意味着一个国家的民族凝聚力和向心力，它之所以成为一个国家或文化的重要影响因素，是因为文化植根于内心的力量能影响人的行为取向，对国家的发展具有潜在性、根本性和长久性的特征。虽然有人极力追捧经济的主导地位，但历史的发展经验告诉我们，对一个国家进行文化毁坏要比经济摧毁更加困难，不同于毁灭硬实力直接、强制性手段的特征，软实力的渗入是一项以诱导说服为主的长久性工程，需要磐石般的民

---

① 胡锦涛文选(第2卷)[M]. 北京：人民出版社，2016：639.

② 江泽民. 全面建设小康社会开创中国特色社会主义事业新局面——在中国共产党第十六次全国代表大会上的报告[N]. 人民日报，2002-11-09.

族凝聚力才能在西方敌对势力源源不断地软实力渗透中确保无恙。提升民族凝聚力应当以人为核心来展开，无论是对传统民族文化的继承和发展、对政治制度和发展模式的调整和实施，还是对政治信仰和宗教信仰的态度和政策，都应当以人们的共同利益、情理道德为纽带，将人们紧紧地团结在一起，形成一股牢不可破的民族凝聚力量。

2. 提高国际文化形象

文化软实力是一个国家文化实力的价值和意义，是国际文化形象的名片，提升文化软实力是塑造良好国家形象的前提。国际上许多国家为了提升自身文化软实力作出了诸多的努力："美国 30 多个民间组织成立'公民外交联盟'，向出国的美国公民发放《世界公民指南》，强调'每个公民在每次与人握手时'的权利和责任；英国文化协会和英国驻华使馆在中国多座城市举办'创意英国'宣传活动；德国政府直接主导'德国——创意之国'大型宣传活动，努力向世人展示热情好客、宽怀大度、时髦现代、创意迭出等形象。"①分析国际文化传播的走势可以看出，国际文化交流不仅仅拘泥于传统文化，更多的是与时俱进的时代风尚，如何给我国的传统文化注入鲜活的灵魂、强大且具有穿透力的生命，将我国文化进行清晰的定位，是我国文化传播途中的一大难点，也是日后社会主义意识形态工作的重点。

3. 发展教育和科学事业

提升文化软实力离不开加强科学文化教育的学习，提升国民的整体素质有益于提高我国意识形态工作的总体水平，为提升文化软实力提供智力支持。改革开放以来，我国的科学文化教育取得了一系列成果，但是跟发达国家相比，我们暴露出明显的差距。科学是第一生产力，只有以科学的发展观为指导，切实地做好

① 张志祥. 社会主义意识形态中国化研究[D]. 苏州大学博士学位论文，2008.

科学文化教育工作，形成尊重知识、尊重劳动、尊重人才的良好社会风尚，才能缩小我国与西方发达国家的综合实力差距，提升我国文化软实力，保证我国先进文化和社会主义意识形态中国化工作后继有人。

（二）坚持社会主义核心价值体系

胡锦涛同志在党的十七大报告中指出："要巩固马克思主义指导地位，坚持不懈地用马克思主义中国化最新成果武装全党、教育人民，用中国特色社会主义共同理想凝聚力量，用以爱国主义为核心的民族精神和以改革创新为核心的时代精神鼓舞斗志，用社会主义荣辱观引领风尚，巩固全党全国各族人民团结奋斗的共同思想基础。"①价值体系是一连串价值观念形成的思想系统，包含错综复杂的思想潮流，社会主义核心价值体系将处于我国支配地位、促进我国政治制度、经济制度和文化制度健康发展的核心思潮系统开宗明义地指明，为我国社会主义各项事业的发展奠定了坚实的思想基础。社会主义核心价值观是党重要的理论创新之一，指导和引领党的意识形态工作始终，具有丰富深刻的内涵。

1. "社会主义"是党意识形态工作的发展方向

在"社会主义核心价值体系"中，"社会主义"意味着党的意识形态工作及社会主义各项事业始终坚持以马克思主义为总指导，以中国特色社会主义理论体系为风向标，坚定不移地走中国特色社会主义道路的决心不动摇。马克思主义是我国国体的思想支柱，是政治生活的精神面貌，在党的实践中发挥出了强大的生命力，凸显了社会主义核心价值体系在社会发展中的生命线作用，"当前，我国意识形态领域总体态势是好的，马克思主义在意识形态领域的指导地位不断巩固，中国特色社会主义共同理想进一步树立"。② 只有坚持和发展马克思主义的指导思想，才能守住全体各族人民的共同理想，才能稳定有序地立党立国，才能牢牢

---

① 胡锦涛文选（第 2 卷）[M]. 北京：人民出版社，2016：639.
② 胡锦涛文选（第 2 卷）[M]. 北京：人民出版社，2016：527.

地树立社会主义意识形态的灵魂和旗帜。

2. “核心”是党意识形态工作的重要内容

胡锦涛同志强调：“建设社会主义核心价值体系，增强社会主义意识形态的吸引力和凝聚力。”①“核心”规定了在众多社会主义倡导及诉求中的根本性和举足轻重的地位，我国正值中华民族伟大复兴的奋斗之时，需要一种强大的凝聚力来增强人们的文化认同感，激发人们的经济和文化创造力，共同朝着一个目标迈进，这种力量就是以爱国主义为核心的民族精神和以改革为核心的时代精神。在改革开放的潮流中，爱国主义和民族精神是整个中华民族团结一心的情感纽带和奋力拼搏的精神力量，有利于提高中国特色社会主义理论的号召力和影响力，为中华民族伟大复兴中国梦的实现和中国特色社会主义事业进一步的胜利培植威力，积蓄锐气。

3. “价值”是党意识形态工作的衡量标准

“价值”蕴含着一定的积极规范意义，在意识形态领域，至关重要的思潮大多表现为对人与人、人与社会关系及行为的指导和规范作用，而能将这种功能影响最大化的是道德。社会主义荣辱观是提高全体国民素质的理想范本，是社会主义精神文明和社会文明的基础构成，是构建和谐社会的根本保障。“价值体系属于社会意识范畴，是社会意识的本质体现。”②社会主义荣辱观为社会全体成员的行为得失、价值标准进行判断，告诉人们哪些行为应该得到提倡，哪些行为应该摈弃，为人们作出了明确的行为选择，具有一定的道德导向性。社会主义荣辱观制定于市场经济体制下，承接中华民族传统美德，与社会主义法制规范相融合，与人类发展趋势相贯通，体现了社会主义行为和道德规范的基本要求，是社会主义意识形态健康发展的衡量手段。

---

① 胡锦涛文选(第2卷)[M]. 北京：人民出版社，2016：639.

② 李前. 建设社会主义核心价值体系[J]. 大连干部学刊，2006(11).

(三)积极引领社会思潮

胡锦涛同志高度关注社会主义意识形态中国化工作，面对各种思潮的涌现和蔓延，他在党的十六届六中全会中提道，“坚持以社会主义核心价值体系引领社会思潮，尊重差异，包容多样，最大限度地形成社会思想共识”,① 并且在多次会议中重述了引领社会思潮的重要性。“引领”表明社会思潮的多样化和复杂性的特征，唯物史观的基本观点是社会意识对社会存在具有反作用，在大众价值取向和社会功能方面，如何让多种社会思潮形成一种良性互动互补的关系，在满足人民多元化精神需求的同时促进社会的全面发展，同落后腐朽的社会思潮划清边界，是“引领”二字的指导方向和行动目标。

1. 为何要引领社会思潮

纵观国内外发展趋势，我国正处在经济体制深入改革、利益布局深刻变化、社会结构不断调整、思想层次复杂多变的新形势下，人们思维的独立性和选择性逐渐增强，在价值取向方面出现了价值缺位、价值混乱、价值多样的消极迹象。在现存的社会思潮中，既有马克思主义思潮，也有非马克思主义思潮；既有无产阶级意识形态理论，也有资产阶级腐朽和封建的思想；既有积极向上的主流意识形态，也有消极堕落的非主流噪声。越是思想混乱的局势，“越需要主旋律，越需要用一元化的指导思想引领多样化的社会意识，牢牢掌握我国意识形态领域的主导权、主动权、话语权，最大限度地凝聚社会思想共识”。② 面临多种文化共存的境况，思想建设的地位越发关键，坚持以马克思主义为内核的社会主义核心价值体系为指导，积极有效地引领多元化社会思潮，团结全国各族人民为共同理想而奋进，是引领功能的理想呈现。

---

① 本书编写组. 构建社会主义和谐社会学习问答[M]. 北京：红旗出版社，2006：187.
② 中共中央宣传部. 社会主义核心价值体系学习读本[M]. 北京：学习出版社，2009：8.

2. 引领的最终目的因何

唯物史观认为，上层建筑对于经济基础具有反作用，社会思潮属于观念上层建筑的重要领域，它不仅对政治上层建筑有着较大的影响，同时对经济基础的反作用也是直接而深刻。建设中国特色社会主义是属于人民解放自己的伟大事业，社会发展成果终究由全国人民共享，如果多元的社会思潮导致价值观念的嬗变，可能会波及社会主义事业的顺利进行，危及人民当家作主的政权。胡锦涛同志告诫道："意识形态领域历来是敌对势力同我们激烈争夺的重要阵地，如果这个阵地出了问题，就可能导致社会动乱甚至丧失政权。敌对势力要搞乱一个社会、颠覆一个政权，往往总是先从意识形态领域打开突破口，先从搞乱人们的思想下手。"①在思想文化多元化的今天，只有贯穿马克思主义红线于社会主义意识形态的始终，以社会主义核心价值体系为思想斗争武器，才能保住人民自己的基业，切实保障自身的利益传承百世。

3. 如何引领社会思潮

胡锦涛同志在十七大报告中指出："积极探索用社会主义核心价值体系引领社会思潮的有效途径，主动做好意识形态工作，既尊重差异、包容多样，又有力抵制各种错误和腐朽思想的影响。"②发挥社会主义核心价值体系引领功能的前提是坚持一元化的指导原则，将各种社会思潮整合统一于马克思主义指导思想；若加分析地将各种不同性质的社会思潮杂糅在一起，最终将导致失去前进的方向。引领功能的内涵是"有差异的包容"，多样化思想文化在很大程度上能够促进社会主义意识形态的建构和发展，"二为""双百"方针仍然是社会主义文化繁荣的最佳途径，但是绝不代表可以反对马克思主义指导思想、分裂中国特色社会主义价值观念、动摇我国主流意识形态思想地位，这是最大的差异和最终的底线。引领功能的

---

① 中共中央文献研究室. 十六大以来重要文献选编(中)[M]. 北京：中央文献出版社，2006：318.
② 胡锦涛文选(第2卷)[M]. 北京：人民出版社，2016：639-640.

发挥是针对社会思潮的整体及广大人民群众中所有的价值取向和观点，给予正确方向的引导；而对于错误社会思潮的引领，则是以批判和揭露的方式以消除其消极的影响，不断解决精神旗帜的问题，来促进社会主义意识形态工作的顺利进行。

(四)用发展着的马克思主义指导哲学社会科学

马克思主义经典作家曾无数次强调，马克思主义是社会主义事业的行动指南，而不是一成不变的教条，要结合时代特征和具体实践来丰富和发展马克思主义理论。党格外注重马克思主义的发展，并且用发展着的马克思主义来指导党的一切工作，毛泽东、邓小平同志用中国革命和建设的成功结果验证了发展着的马克思主义强大的指导功能，“用发展着的马克思主义指导新的实践”是江泽民同志在“5·31”讲话中最先提出来，并在党的十六大报告中加以阐述其科学的内涵。随后，胡锦涛同志在党的十六届四中全会上重新强化这一观点，且赋予其新的内容。只有发展着的马克思主义才是鲜活灵动的思想先导，才能为社会主义意识形态注入生命力，才能指挥哲学社会科学工作的有序进行。

1.“发展着”蕴含着丰富的理论要求

发展着的马克思主义体现了马克思主义是一个不断向前发展的过程，而不断向前发展的理论必须具备两个特征：一是时代性。所谓具有时代性就是要将马克思主义放在特定的时代环境中加以研究，用与时俱进的马克思主义指导实践解决新时代出现的新问题。胡锦涛同志曾指出：“坚持以马克思主义为指导，决不是教条式地搬用，或者脱离实际地从马克思主义一般原理去作抽象推论，或者用它的个别结论去代替具体的科学研究，而是要深刻领会它的精神实质，善于运用它的立场、观点、方法去指导具体的社会科学研究及其学科建设。”①哲学是自然科学和社会科学的结论与概括，哲学虽不包含自然科学和社会科学中的具体科

① 胡锦涛文选(第1卷)[M]. 北京：人民出版社，2016：380.

学，却是囊括二者的科学结论与总结；社会科学则以研究社会现象与社会问题为主要对象，涉及范围十分广泛，学科交叉错综复杂。因此，哲学社会科学迫切需要体现时代性的发展着的马克思主义理论为指导，如邓小平理论、“三个代表”重要思想及科学发展观这些具有鲜明时代特色的中国化马克思主义理论，从不同的侧面对不同时代的社会问题及社会现象进行阐释或解答，为实践做出正确的指引。

二是创新性。创新是以实践为基础、以时代背景为出发点进行的理论革新。哲学社会科学以人类社会或人自身的精神及价值为主要研究对象，它是一种创造性的精神劳动。随着人类实践的深入和拓展，自然科学和社会科学会逐渐地相互渗透，哲学社会科学的发展趋势会越来越复杂，把握其规律的难度越发增强。科学发展观作为一种把握正确方向的发展思想，能够正确认识和统摄两大门类学科，研究干群关注的重大理论和实际问题，在实践中提出真知灼见，并在实践过程中创新发展并完善自身。面对日渐复杂的思想环境，胡锦涛同志呼吁：“广大哲学社会科学工作者在研究工作中必须坚持理论联系实际的马克思主义学风，以我国改革开放和现代化建设的实际问题、以我们正在做的事情为中心，着眼于马克思主义理论的运用，着眼于对实际问题的理论思考，着眼于新的实践和新的发展。”①

2. “发展着”体现出丰富的理论任务

发展着的马克思主义意味着在实践活动中不仅要完善自身理论体系，同时要积极回应理论斗争，在思想交锋中壮大理论体系。“发展”有正向的发展，也有反向的发展，一些与正向发展完全无关甚至倒行逆施的社会思潮打着发展的旗号欺骗和愚弄人民群众，我们要用科学发展观指导发展的科学思想，“坚决破除一切阻碍科学发展观落实的观念，坚决纠正一切偏离科学发展观的行为，真正把思

① 胡锦涛文选(第1卷)[M]. 北京：人民出版社，2016：381-382.

想方法转到科学发展观的要求上来”。① 只有以在不断破与立中发展着的马克思主义为指导，我国哲学社会科学工作才能在方向正确的前提下进行理论创新，哲学社会主义工作者才能保持持续的动力与激情，为社会主义意识形态中国化工作添砖加瓦。

① 胡锦涛文选(第2卷)[M]. 北京：人民出版社，2016：185-186.

第五章

新时代社会主义意识形态理论的新境界

一、新时代提出的新要求

人类进入 21 世纪，时代的性质和人类社会的发展趋势并没有改变。当今世界还处于马克思主义所指明的历史时代，即资本主义向社会主义过渡的时代。然而中国和世界及其相互之间的关系都发生了重大而深刻的变化。一方面，当代中国正经历着自身历史上最为广泛而深刻的社会变革，正在进行人类历史上最为宏大而独特的实践创新，为实现社会主义现代化和中华民族伟大复兴努力奋斗。2017 年，习近平在党的十九大报告中明确指出，“经过长期努力，中国特色社会主义进入了新时代，这是我国发展新的历史方位。”①在这样的历史方位上，“我国社会主要矛盾已经转化为人民日益增长的美好生活需要和不平衡不充分的发展之间的矛盾”。② 另一方面，世界正处于大发展大变革大调整时期。2018 年，习近平指出“当今世界正经历百年未有之大变局”。③ 中国处于新的历史方位，社会主要矛盾发生变化与世界正经历大变局这两个方面同步交织、相互激荡，构成了社会主义意识形态建设的时代背景，也在客观上对社会主义意识形态中国化提出了新要求、新任务。因此，必须从中国自身发展、中国与世界关系变化这两个维度出发，应对新的时代环境、新的社会主义主要矛盾、新的世界格局和国际关系对我国社会主义意识形态中国化提出的新课题、新要求，明确社会主义意识形态中国化的现实出发点和实践指向。

(一) 新的历史方位提出新的时代任务

1. 新时代构成社会主义意识形态中国化新场域

中国特色社会主义进入新时代，是中国共产党带领中国人民长期努力奋斗的

---

① 习近平. 习近平谈治国理政(第 3 卷)[M]. 北京：外文出版社，2020：8.
② 习近平. 习近平谈治国理政(第 3 卷)[M]. 北京：外文出版社，2020：9.
③ 习近平. 习近平谈治国理政(第 3 卷)[M]. 北京：外文出版社，2020：537.

结果。新中国成立以来特别是改革开放以来，我国经济社会发展取得了重大成就。国内生产总值占世界生产总值的比重由改革开放之初的1.8%上升到17.4%，多年来对世界经济增长贡献率超过30%。① 我国主要农产品产量跃居世界前列，建立了全世界最完整的现代工业体系，科技创新和重大工程捷报频传，基础设施建设成就显著，为进一步发展奠定了坚实的基础；中国共产党不断推进马克思主义中国化，理论创新实现了新飞跃，形成了中国特色社会主义理论体系；中国共产党的执政方式和执政方略有重大创新，党推动发展的理念和方式有重大转变，中国特色社会主义建设全面推进，形成了中国特色社会主义道路；在长期改革探索中，我国根本政治制度、基本政治制度不断健全和完善，我国经济体制、政治体制、文化体制、社会体制、生态文明体制、军事体制和党的领导体制不断发展和创新，形成了中国特色社会主义制度体系，推动中国特色社会主义进入新的发展阶段。这个新的发展阶段，既是改革开放以来发展历程的接续，又具有多方面的新特征。

新时代具有丰富的内涵，包含着新的实践要求。新时代是决胜全面建成小康社会，进而全面建设社会主义现代化强国的时代；是全国各族人民团结奋斗、不断创造美好生活、逐步实现全体中国人民共同富裕的时代；是全体中华儿女勠力同心、奋力实现中华民族伟大复兴中国梦的时代；是我国日益走近世界舞台中央、不断为人类作出更大贡献的时代。在中国特色社会主义新时代，中国共产党要完成自己的历史使命，带领中国人民实现“两个一百年”的伟大目标，要完成从“站起来”“富起来”到“强起来”的转变，实现中华民族自近代以来最大的复兴梦想和现代化梦想。

然而，中华民族100多年的逐梦历程表明，复兴梦想和现代化梦想不是轻轻松松、敲锣打鼓就可以实现的。我们在新的征程上，难以避免各种艰难险阻，必然面临多种挑战和风险，包括一切削弱、歪曲、否定党的领导和我国社会主义

---

① 按2020年数据计算。

制度的言行，损害人民利益、脱离群众的行为，旧体制的顽瘴痼疾，各种分裂祖国、破坏民族团结和社会和谐稳定的行为，以及在政治、经济、文化、社会等领域和自然界出现的困难和挑战。因此，中国共产党要团结带领人民有效应对重大挑战、抵御重大风险、克服重大阻力、解决重大矛盾，进行具有许多新的历史特点的伟大斗争；要继续推进党的建设伟大工程，更加自觉地坚定党性原则，勇于直面问题，敢于刮骨疗毒，消除一切损害党的先进性和纯洁性的因素，清除一切侵蚀党的健康肌体的病毒，不断增强党的政治领导力、思想引领力、群众组织力、社会号召力，确保党的旺盛生命力和强大战斗力；要坚定不移地推进中国特色社会主义伟大事业，不断完善中国特色社会主义制度体系，不断拓展中国特色社会主义道路，增强道路自信、理论自信、制度自信、文化自信，既不走封闭僵化的老路，也不走改旗易帜的邪路，保持政治定力，坚持实干兴邦。

中国特色社会主义进入新时代，构建了社会主义意识形态中国化的新场域。中国特色社会主义新时代，“这是一个需要理论而且一定能够产生理论的时代，这是一个需要思想而且一定能够产生思想的时代”。① 新时代将社会主义意识形态中国化置于一个新的时空环境下，置于中国特色社会主义建设的新的实践基础上，对社会主义意识形态中国化提出新的要求。其一，波澜壮阔、生动丰富的社会主义现代化建设实践，举世瞩目、坚定不移的中华民族伟大复兴的最后冲刺，为社会主义意识形态中国化、创新提供了充分的现实依据、坚实的物质条件、新鲜丰富的实践经验和话语素材。其二，新时代中国特色社会主义建设实践的推进，社会主义建设“五位一体”的统筹推进，“四个全面”战略布局的执行达成，必然呼唤社会主义意识形态以更宽广的视野、更长远的眼光来回答如何坚持和发展中国特色社会主义、如何满足人民对美好生活的向往、如何解决当代中国发展面临的一系列重大战略问题，以新的理论成果丰富社会主义意识形态宝库，继续

① 中共中央文献研究室. 习近平关于社会主义文化建设论述摘编［M］. 北京：中央文献出版社，2017：73.

推进马克思主义中国化伟大进程。其三，新时代、新实践，同时也意味着新问题、新挑战。有效应对挑战、克服困难，不仅要求有坚强的领导、科学的方法，而且要求有坚定的信仰信念、广泛的政治认同、共同的价值追求，从而凝聚强大的社会“合力”，这在客观上要求加强社会主义意识形态中国化，使社会主义意识形态能够有力地解释现实、校准观念、凝聚人心、动员群众。

2. 社会主要矛盾变化确定社会主义意识形态中国化新的问题指向

中国特色社会主义进入新时代，其突出特征就在于社会主要矛盾的转化，即从人民日益增长的物质文化需要同落后的社会生产之间的矛盾，转变为人民日益增长的美好生活需要和不平衡不充分的发展之间的矛盾。矛盾就是问题。中国特色社会主义新时代我国社会主要矛盾的转变，既对中国共产党的方针、政策、措施提出新的要求，也对社会主义意识形态中国化的新指向提出新的要求。

我国社会主要矛盾变化的原因在于：第一，我国社会生产力水平总体上显著提高，很多方面进入世界前列。如，我国是世界第二大经济体、制造业第一大国、货物贸易第一大国、商品消费第二大国、外资流入第二大国，我国外汇储备连续多年位居世界第一。因此不应再用“落后的社会生产”来判断我国的发展水平。第二，人民生活水平显著提高。当前我国总体上已经达到小康水平，在2020年已全面建成小康社会。人民的物质文化需要，尤其是基本的物质需要已经得到满足。但人民对美好生活的向往更加强烈，不仅对物质文化生活提出了更高要求，而且在民主法治、社会公平、健康教育、生态环境等方面都提出了更为多样化、复杂化和更高层次的需求，出现了阶段性的新特征。第三，影响满足人们美好生活需要的主要因素是发展的不平衡不充分问题。发展不平衡，主要指各区域各领域各方面发展不平衡，制约了整体发展水平的提升。发展不充分，主要指一些地区、一些领域、一些方面还存在发展不足的问题，发展的任务仍然很重。发展的不平衡不充分已经成为社会主要矛盾的主要方面。

但同时也必须看到，“我国仍处于并将长期处于社会主义初级阶段的基本国情没有变，我国是世界最大发展中国家的国际地位没有变”。① 我国目前人均国内生产总值只相当于世界平均水平的80%左右，我国工业化水平、城市化水平、创新能力、产业层次、公共服务等方面与发达国家相比仍有相当大的差距；我国在制定国际规则上的话语权与我国对世界经济的贡献还不匹配；实现建成富强民主文明和谐美丽的社会主义现代化强国目标，还需要长期不懈地努力。

我国社会主要矛盾的变化在总体上反映了当今我国经济社会发展的基本状况，也揭示了制约我国发展的症结所在，为我国社会主义建设的实践确定了问题指向。社会存在决定社会意识。我国社会主要矛盾的变化及其实践要求，同样体现在对社会主义意识形态中国化的规制上。具体而言，体现在以下方面：

其一，社会主要矛盾的变化使意识形态领域的矛盾也随之转变。我国意识形态领域的主要矛盾不再是社会主义意识形态是否提供、提供多少关于当代中国发展和人民生活幸福的理论体系；而是在社会多元意识形态格局下，社会主义意识形态如何紧紧贴合人民日益增长的美好生活需要这一时代课题，在越来越高的程度上满足人民群众的精神需求，通过回应人民群众思想中的疑问、提升人民群众的思想认识水平，“使全体人民在理想信念、价值理念、道德观念上紧紧团结在一起”。②

其二，社会主要矛盾变化提出社会主义意识形态中国化的问题指向。社会主要矛盾变化要求党的工作重点放在解决发展中的不平衡不充分问题上。相应地，在社会主义意识形态中国化上，就应该把握人民群众对美好生活向往在意识形态上的反映。因为美好生活作为一种理想的生活样式，包括人们对美好生活多方面、多维度、多层次的向往和精神追求，涵盖人们在意识形态方面的各种需求：美好生活是一个什么样的状态、怎样去满足美好生活、美好生活靠谁来实现、在实现美好生活中需要克服哪些困难等，这些问题都需要社会主义意识形态作出深刻回答。

① 习近平. 习近平谈治国理政(第3卷)[M]. 北京：外文出版社，2020：10.
② 习近平. 习近平谈治国理政(第3卷)[M]. 北京：外文出版社，2020：317.

根据这种把握，在中国特色社会主义新时代，社会主义意识形态中国化必然要指向三个大问题：一是在社会主义意识形态的内容上，要聚焦新时代美好生活的实现，反映人民群众的向往；二是在布局上，着力推动意识形态工作有机融于“四个全面”战略布局的统筹推进、“五位一体”总体布局的协调推进之中，贯穿于“四个伟大”的现实实践的需要之中；三是在功能上，聚焦社会主义意识形态的凝聚力引领力，即通过发展、创新社会主义意识形态的理论内容、话语方式、形式载体、传播手法，使社会主义意识形态更加适应时代要求和人民期待，更加充分地发挥导向、解释、辩护、动员、约束等功能，从而在多元意识形态并存的条件下牢牢占据主导地位。

新时代、新矛盾，既给社会主义意识形态中国化提供了广阔的时代背景和实践基础，制约了社会主义意识形态中国化的问题指向，也对中国共产党创造性地开展意识形态工作提出了更高的要求。

（二）世界大变局下构建我国意识形态领域新格局

1. 世界百年未有大变局中的多重演变

2018 年 7 月 25 日，国家主席习近平应邀出席在南非约翰内斯堡举行的“金砖国家”工商论坛，并发表题为《顺应时代潮流实现共同发展》的重要讲话。习近平指出，当今世界正面临百年未有之大变局。对广大新兴市场国家和发展中国家而言，这个世界既充满机遇，也存在挑战。所谓世界“大变局”，是指国际体系、国际格局以及由此引起的国际秩序发生重大变化。这种“变”，概括而言，是指世界经济新旧动能转换，国际格局和力量对比正在发生近现代以来最具革命性的变化，国际政治行为体之间的相处之道、游戏规则发生变化，长期由西方国家主导的国际格局经受冲击，世界多极化加速发展，一大批新兴市场国家和发展中国家前所未有地集体性崛起，全球治理体系深刻重塑。

从生产力领域来看，新一轮科技革命孕育新突破，全球科技创新版图正在改变。进入21世纪以来，全球科技创新进入空前密集活跃的时期。一些重大颠覆性技术创新正在创造新产业新业态，信息技术、生物技术、制造技术、新材料技术、新能源技术广泛渗透到几乎所有领域，带动了以绿色、智能、泛在为特征的群体性重大技术变革，大数据、云计算、移动互联网等新一代信息技术同机器人和智能制造技术相互融合的步伐加快，科技创新链条更加灵巧，技术更新和成果转化更加快捷，产业更新换代不断加快，使社会生产和消费从工业化向自动化、智能化转变，从而推动社会生产力、劳动生产率大幅提升，社会信息化水平不断提高。在新一轮科技革命和产业变革中，虽然美国仍发挥重要作用、具有重要影响力，但中国、印度等新兴国家正努力向科技产业变革的第一方阵进发，并对广大发展中国家产生示范效应。

从世界经济来看，经济全球化在曲折中发展，世界经济的重心开始发生变化。2008年国际金融危机发生至今，世界经济一直处于深度调整期。一方面世界各国都在努力寻求新的增长动力，推动世界经济复苏步伐逐步加快，全球经济增长速度逐步提升，全球劳动力市场持续改善，全球贸易逐步复苏；另一方面，世界经济复苏面临基础不稳、动力不足、发展失衡、治理困境、公平赤字等问题，面临着开放与保守、合作与封闭、变革与守旧的重要抉择。“逆全球化”思潮不断升温，西方国家保护主义、内顾倾向上升，贸易摩擦频出，多边主义和自由贸易体制受到冲击，经济全球化在发展中波折不断。随着“金砖国家”(中国、俄罗斯、印度、巴西、南非)等不同地区发展中大国的整体性崛起，在世界经济中举足轻重，世界经济重心开始由西向东、由北向南转移。

从国际政治格局来看，世界多极化在不断发展，发达国家与发展中国家力量对比正在发生变化。冷战结束后，世界政治格局在两个层面演进并相互作用。一是发展中国家群体性崛起。中国、俄罗斯、印度、巴西、南非等发展中大国，以可观的经济成就和未来可期的发展前景，备受瞩目。二是多极化呈新态势。冷战结束后，世界形成“一超多强”格局。但多极化在不断推进，中国、俄罗斯、欧盟、印度等已成为重要的多极力量，大量的新区域合作、区域组织、非西方集团出现并积极参与国际事务。大国间博弈和战略竞争有所加剧，由少数发达国家决定世界命运的状况日益改变，国际关系民主化的呼声高涨，国际关系进入调整期。但是霸权主义和强权政治依然存在，地区热点问题此起彼伏，恐怖主义、网络安全、重大传染性疾病、气候变化等非传统安全威胁持续蔓延，民族、宗教矛盾和边界、领土争端导致的局部冲突时起时伏。

从思想文化来看，文明多样性是世界的基本特征，也是人类进步的不竭动力。维护、尊重文明多样性，反对文化霸权，已经成为当今世界大多数国家的共识。在经济全球化发展的条件下，世界范围内思想文化交流交融交锋日益广阔、频繁，有利于推进各国各民族文化相互了解，促进人类思想文化发展。但是，一些发达国家借助其经济优势、科技优势和舆论方面优势，向全世界推销资本主义的意识形态、价值观和政治制度，试图用强制的方式解决文明差异，以自己的文明取代、改造别的国家和民族的文明，表现出文化霸权主义，给世界造成新的不安定的局面。

从全球治理来看，世界经济、政治、文化各个领域出现的新趋势和面临的现实问题，凸显了少数资本主义国家主导的经济全球化所包含的深刻矛盾，暴露了西方国家社会矛盾不断加剧的现实以及西方民主政治的弊端，说明以西方占主导、以西方价值观为主要取向的“西方中心论”难以为继，西方的治理理念、体系难以适应新的时代发展，人类面临和平赤字、发展赤字、治理赤字。这在客观上提出了变革全球治理体系的要求。但是，长期处于全球治理体系核心地位的美国等西方大国日益表现出治理能力不足、改革意愿缺失的状态。

在世界大变局中，中国是一个重要的“变量”。由于中国经济发展为世界经济增长作出不可替代的贡献，近年来持续对世界经济增长的贡献率保持在30%左右，位居世界第一；由于中国本身是安理会常任理事国，在维护多边机制、推进自由贸易、维护公共健康、帮助落后国家、应对恐怖主义和气候变化等国际事务中日益发挥重要作用；由于中国是以马克思主义为指导、以中国共产党为执政党的社会主义国家，中国坚持的发展模式、发展道路完全不同于西方大国所倡导的，从而使大变局中之“变”集中体现到世界格局、国际秩序和发展道路上，表现为中国的和平崛起对“一超多强”(美国是世界上唯一的超级大国)的世界格局、资本主义发达国家主导的国际政治经济秩序、被西方意识形态鼓吹的西方式社会发展道路等的巨大冲击。

面对复杂变化的世界，人类社会向何处去？这是时代提出的重大课题。这在客观上要求中国共产党人立足于把握世界发展大势、应对全球共同挑战、维护人类共同利益，深刻认识大变局给中华民族伟大复兴带来的重大机遇和挑战，从理论上回答中国如何把握历史机遇、如何在大变局中为人类和平与发展作出更大贡献等重大问题。

2. 中国与世界关系深刻变化在意识形态领域的必然反应

回顾近代以来中国与世界的关系，可以说经历了三个阶段。一是从鸦片战争之前的闭关锁国，经过列强的不断侵略，中国屡战屡败，不得不割地赔款，到20世纪初《辛丑条约》的签订，中国完全沦为半殖民地半封建社会，成为“东亚病夫”。同时中国也被动地卷入世界市场、卷入资本主义的世界体系。二是中华人民共和国成立后，因受到以美国为首的西方资本主义国家的经济封锁、军事封锁，而不得不实行的“一边倒”外交政策，在相对封闭的环境中艰辛探索社会主义建设之路。三是从十一届三中全会以后，我国不断推进、扩大对外开放，充分运用经济全球化带来的机遇，从“请进来”，引进外国资金、技术和管理经验，到“走出去”，向海外投资，输出技术含量高、附加值高的商品，到深度融入世界，成为世界经济增长的引擎，实现了我国同世界关系的历史性变革。

这种历史性的变化具有深刻的意义。于中国而言，这种变化向世界宣示：中国不再是一个任人宰割的国家，有能力维护国家的根本利益、主权和安全；中国不再是一个积贫积弱的国家，经济总量在世界排名第二，人民生活水平有了极大的改善，中国正大步跟上时代、走向世界舞台中央；中国不再是一个只能接受和适应外部环境变化的国家，而是对外部世界的影响力日益增长，具备改变世界甚至塑造世界的能力。于中国与世界的关系而言，这种变化表明，中国从冷战时期资本主义世界的对抗者逐步转变为基于和平与发展的全球伙伴，从被动进入经济全球化进程到主动适应、推进全球化，成为新型全球化的塑造者、推动者，从对资本主义世界的崇拜、仰望、模仿到对资本主义世界的平视、审视，坚定地走“自己的路”，把对人类命运的深刻关注、对更美好社会制度的探索转化为在“一球两制”条件下，在尊重各国差异的前提下推动构建人类命运共同体的现实方案。当代中国是人类文明进步事业的推进者，是世界和平的维护者、共同发展的推动者。

现实关系的深刻变化必然反映到人们的思想观念中。中国与世界的关系变化一方面要求中国继续坚持马克思主义的指导、坚持社会主义制度、坚持中国共产党的领导，要求中国以更加开放的国际视野、更加深邃的历史眼光推动理论创新，回答大变局下人类命运问题、社会主义历史命运问题，要求中国人民树立“四个自信”、坚守社会主义核心价值观、确立大国国民心态。另一方面也要求自共产主义诞生以来，在资产阶级意识形态操控下形成的“共产主义幽灵”刻板印象；从实际出发，认识一个真实的当代中国，从本国、本民族的利益出发，调整、确立与中国的关系。

面对中国的崛起，世界上不同的国家抱持不同的态度。有的赞叹中国发展取得巨大成就，有的赞同中国提出的主张，有的期望从中国的发展中获益。但是，以美国为首的西方资本主义世界体系不愿意接受一个社会主义中国的和平崛起。“面对中国的块头不断长大，有些人开始担心，也有一些人总是戴着有色眼镜看中国，认为中国发展起来了是一种‘威胁’，甚至把中国描绘成一个可怕的‘墨菲斯托’。”①它们对中国崛起有两个方面的“担忧”，一是“担忧”中国的崛起会改变西方大国主导的政治经济秩序，使它们失去控制、剥夺全世界的权力，丧失、减少利用不平等不公正的政治经济秩序所获得的巨大利益。它们要维持资本主义大国控制世界的既有世界体系，这实际上反映了国际垄断资本的根本利益要求。二

① 习近平. 习近平谈治国理政[M]. 北京：外文出版社，2014：264.

是“担忧”中国崛起中蕴含的意识形态意义，即当代中国以自己的经济发展确证社会主义制度在发展生产力、改善人民生活方面所具有的独特优越性，确证每个国家有权利选择自己的社会发展道路，并在国际空间中有权利享受平等。因为当代中国的崛起，意味着证伪近代以来资产阶级哲学社会科学力图证明的“资本主义永恒”论，向人类展示了超越资本主义制度的现实可能；否定了“现代化就等于西方化”的观点，证明在社会主义道路上也可以实现现代化，西方社会发展道路不是通向现代文明的唯一路径；否定了资产阶级一贯宣扬的自由、民主、人权等价值观，揭露了这些价值观的“虚假性”，说明只有社会主义才能够普遍满足人们的利益要求，实现共同富裕，真实地保障人民的权利和根本利益。

因此，在中国与世界关系发生深刻变化的条件下，以美国为首的西方国家对中国崛起必然采取多种遏制措施，阻碍中国发展的进程，削弱中国对世界的影响，掠夺中国发展的成果，甚至策动“颜色革命”。从 2008 年世界经济危机后，美国对华政策逐步发生转变，从“合作+牵制”转向遏制、打压。2017 年美国特朗普政府公布《国家安全战略》，将中国定性为“修正主义”和“战略竞争对手”，然后开始了打压华为 5G、启动贸易战，在台湾、南海、新疆等问题上一再挑衅，在新冠疫情中污蔑中国，对中国企业实行经济霸凌，力图将美对华关系推向“修昔底德陷阱”。2020 年 5 月 20 日，美国官方又发布了一份长达 16 页的《美国对中国战略方针》，对华态度越发强硬，直指中国正在经济、价值观和国家安全三大方面对美国发起强烈挑战。这份文件明确了美国与中国对抗的基本立场。而且这份文件提出中国的崛起挑战了美国的价值观，意味着中美的意识形态之争不可避免，甚至会以激烈的方式呈现。这是中国与世界关系的深刻变化在意识形态领域的必然反映。

事实上，“各种敌对势力一直企图在我国制造‘颜色革命’，妄图颠覆中国共产党领导和我国社会主义制度，这是我国政权安全面临的现实危险”。① 不同制

---

① 中共中央文献研究室. 习近平关于社会主义文化建设论述摘编[M]. 北京：中央文献出版社，2017：37.

度之间的较量和意识形态的斗争成为一种客观存在，且这种斗争将会长期存在。在当前形势下可以预见，美国在意识形态领域不仅不会减弱长期以来所执行的对我国意识形态的渗透，在国际舆论空间中的污蔑、抹黑，而且会加强，可能采用更多手段、方法与我国展开意识形态领域的交锋，由此必然会增加我国的意识形态风险。

总之，在世界百年未有之大变局背景下，我国意识形态安全问题更加突出。在实现中华民族伟大复兴梦想的征程中，中国必然要面对中国与世界关系深刻变化带来的复杂效应，要应对各种风险和挑战，维护国家主权、国家安全和中国人民的根本利益。由此，在意识形态领域，建设具有强大凝聚力引领力的社会主义意识形态，并用它来教育广大人民群众，抵御意识形态领域的风险，凝聚社会共识，树立“四个自信”，是必然选择。

(三)当前制约社会主义意识形态凝聚力引领力的若干因素

改革开放以来，我国综合国力不断增强，人民生活总体上达到小康水平，我国的国际地位不断提升。伴随着经济体制的深刻变革，我国社会结构深刻变动，利益格局深刻调整，思想观念深刻变化，出现了价值观多元化。进入新时代，“党领导人民进行伟大社会革命，涵盖领域的广泛性、触及利益格局调整的深刻性、涉及矛盾和问题的尖锐性、突破体制机制障碍的艰巨性、进行伟大斗争形势的复杂性，都是前所未有的”。① 现实生活中前所未有的困难，必然带来人们思想领域前所未有的冲突。各种制约社会主义意识形态凝聚力引领力的因素、制约社会主义意识形态认同的因素，在一个比较长的时期里都会发生作用。

1. 社会分化和社会问题阻挠人们对社会主义意识形态的认同

当代中国社会主义意识形态在内容上包含着对中国未来发展前景的描绘，凝

---

① 习近平. 习近平谈治国理政(第3卷)[M]. 北京：外文出版社，2020：516.

聚着中国共产党对人民群众美好生活的承诺，即实现社会主义现代化、实现中华民族伟大复兴，不断满足中国人民对美好生活的向往。这是社会主义意识形态凝聚力引领力生成的基础和前提。

社会主义意识形态凝聚力引领力的生成，需要社会主义意识形态所宣扬的价值追求、所描绘的美好途径在现实生活中得到确证。“人们为之奋斗的一切，都同他们的利益有关。”①马克思的论述说明，人们现实的物质利益是影响人们思想观念形成的决定性因素。人们对马克思主义整个世界观的认同必须以一定物质利益的满足为支撑。缺乏现实物质利益支持，美好的意识形态承诺只是空洞的高调，不会对人们产生持久的吸引力。

邓小平曾指出，中国发展起来后比不发展时问题还要多。在中国特色社会主义新时代，我国面临着在发展中积累、衍生的诸多问题，最为突出的是社会分化和社会问题。

改革开放和市场经济的发展，打破了我国原来在计划经济体制下的社会构成，使社会各阶层在经济领域、社会地位和群体关系方面都发生了明显变化。陆学艺将当代中国社会划分为十大阶层：①国家与社会管理者；②经理人员；③私营企业主；④专业技术人员；⑤办事人员；⑥个体工商户；⑦商业服务人员；⑧产业工人；⑨农业劳动者；⑩城乡无业、失业、半失业人员。② 伴随社会分化，原有的利益格局被打破，在社会成员中不可避免地出现了资源的调配、权力的转移、社会身份的重新排列和贫富差距的不断拉大。社会存在决定社会意识。“皇宫中的人所想的，与茅屋中的人所想的不同。”③社会分化必然带来社会心理变化和意识形态分野。刘少杰在《当代中国意识形态变迁》中提供了大量调查数据，表明随着社会层次的分化，人们的思想观念和价值信念也发生了复杂的变化，不同的社会成员因自身在改革开放中的得失不同，对于改革开放的信心和认同度有

① 马克思恩格斯全集(第1卷)[M]. 北京：人民出版社，1995：187.

② 陆学艺. 社会阶层结构的现代变迁[J]. 学习与探索，2005(1)：32.

③ [德]路德维希·费尔巴哈. 费尔巴哈哲学著作选集(上卷)[M]. 荣震华、李金山，等译. 北京：商务印书馆，1984：205.

很大差距，对于现实的社会秩序褒贬不一。① 由于掌握政治权力的国家社会管理者群体（官员）和掌握一定经济资源的富裕群体（富人）占有较高的社会地位，也拥有较多社会特权，因而在底层社会群体中“仇富”“仇官”心理不断滋长。

同时，在改革开放过程中，社会大众日益面临一些现实、具体的问题，面临社会转型带来日常生活中的诸多困难。这些困难和问题大致可以分为民生问题和公平问题。就民生问题而言，主要体现在以下三个层面：在基本生计层面，存在着住房难、就医难、上学难、食品药品安全问题、社会治安问题、社会保障总体水平较低等问题；在基本的发展机会和发展能力层面，存在着基本职业培训不足，就业中的性别、年龄和地域歧视，普通大众的劳动权、财产权未能得到充分保护等问题；在生活质量层面，存在着整个社会福利水平比较低、大众参与社会治理尚未充分实现等问题。就公平问题而言，主要体现为三个“不公平”。一是在机会上不公平。在我国社会日益分化的情况下，并非每一个人都有同等的机会支配社会资源，具有同样的机会参加相应的社会活动。二是在规则上不公平。尽管我国法律制度明文规定维护公平，但是在实际社会生活中，并非有同等资质或能力相当的人都具有参加同类社会活动的权利，并非每个享有权利的人承担了相应的义务，有一些参与社会活动的人只拥有权利而不承担责任。三是在结果分配上不公平。一些人享受社会特权，并借此获得收益“附加权”和亏损“豁免权”。最为突出的是收入分配不公，贫富差距拉大。这些民生问题和公平问题在不同社会阶层群体中呈现的状态是不同的，但对社会底层民众而言则是两类问题叠加在一起，以致他们在面对各种民生方面的问题时却难以求助于公平、找到解决问题的途径。

这些问题产生的原因十分复杂。从客观上看，我国还是一个发展中国家，处于社会主义初级阶段，生产力发展不充分不均衡；建设中国特色社会主义是在探索中推进的，对中国特色社会主义发展内在规律的认识和把握还在不断深入中，对于如何改善、保障民生，如何推动全面协调可持续发展还有探索、总结经验的

① 刘少杰．当代中国意识形态变迁［M］．北京：中央编译出版社，2012：85-112.

过程，以致在改革开放中一些政策出台、体制调整不配套、不协调。比如我国社会保障制度的建设和完善相对市场经济的发展而言滞后；中国特色社会主义制度体系还需要完善，国家治理体系和治理能力现代化尚未完成，因而在实际工作中，难免出现不合理不科学的具体体制机制仍在运行，干部和政府工作人员工作因体制性问题导致工作失范、失序的情况；从主观上看，一些党员干部队伍中存在着形形色色的形式主义与官僚主义问题，存在缺乏大局意识、缺乏推进全面深化改革需要的责任意识、进取意识、担当精神，一心守护既得利益的倾向，也存在能力不足而不能为、动力不足而不想为、担当不足而不敢为等现象。此外，在思想认识上对发展经济与改善民生关系也有一些误解，比如“做大财富蛋糕可以自动解决民生问题”“改善民生与经济发展互相矛盾”，等等。这种主体状态和主观因素无疑制约了解决民生问题的力度、延缓了解决民生问题的进程。

尽管人民群众在日常生活中面临的具体民生问题并不是社会主义意识形态理论上的问题，尽管这些问题具有历史性，是当代中国发展中的阶段性问题，中国共产党一直在坚持和完善中国特色社会主义制度、推进国家治理体系和治理能力现代化中逐步去解决这些问题；但是，社会阶层分化和各种现实的问题还是严重困扰着人们对社会主义制度和社会主义意识形态的实际感受。这是因为，社会主义意识形态反映的是全体人民长远的、根本的利益诉求，而且这种利益诉求是经过中国共产党加工、提炼上升为普遍性的。但是处于不同社会阶层的大众在具体、现实的利益上是分化的，有时甚至是冲突的。这样社会主义意识形态承诺的利益“普遍性”就与大众的现实生活“具体性”难以对接，社会主义意识形态对美好、公平生活描绘的“将来时”与普通大众每天日常生活需要的“进行时”难以对接。社会主义意识形态的“供给”与大众现实生活“需求”及其思想、心理“需要”之间不能匹配。由此，在大众看来，相较于其现实生活中的困难和问题而言，社会主义意识形态的内容就是距离他们很远的“高大上”、是不能解决实际问题甚至粉饰现实的“假大空”。面对生活中的种种困难和社会不公，人们利用一些机会发泄不满，比如在网络空间公开指责、批判政府，或者在现实生活中参加群体性抗议活动。加上一些错误思潮思想利用社会问题做文章，在舆论中把局部问题全局化，把阶段性问题持久化，把具体问题政治化，引导人们把对具体问题的不满上升为对社会制度、对中国共产党的不满，甚至捏造一些事实来刺激人们的情绪，更是扰乱人们对社会主义意识形态的认知。

可以说，我国社会分化和社会问题阻扰了人民大众对社会主义意识形态的认同，同时也表明社会主义意识形态必须更加真实地反映中国经济社会发展和人民群众现实需要，求同存异，聚同化异，在根本利益问题上确立“最大公约数”、画出“最大同心圆”，才能充分展现其内在的理论魅力。

2. 错误思潮对社会主义意识形态的歪曲、肢解和否定

在改革开放中，伴随我国经济社会结构的深刻变化、西方对我国通过多种渠道的意识形态渗透，我国意识形态领域出现了多元化的格局，出现了多种社会思潮。在社会思潮中，有些具有鲜明政治诉求和实践指向，如新自由主义思潮、历史虚无主义思潮、西式宪政论、公民社会思潮、普世价值论、儒家宪政论等；有些与大众日常生活关联，虽无政治意图，但其价值指向偏离和违背社会主义核心价值观，会影响大众的人生观和价值追求，比如拜金主义、消费主义、泛娱乐主义等。这些思潮可以说是错误思潮。长期以来，错误思潮在当代中国“向何处去”这一根本性的问题上，提出了多种与中国特色社会主义理论体系相悖的主张，在思想空间中与社会主义意识形态展开竞争，争夺有关中国历史、现实和未来的话语权。错误思潮不仅采用多种手法，如篡改命题、歪曲原意、肢解体系、泛化概念等，否定、解构社会主义意识形态的理论基础——马克思主义，而且从多个角度对马克思主义中国化的理论成果进行否定、歪曲和解构。主要表现如下：

其一，解构当代中国社会主义意识形态的历史依据。

当代中国的社会主义意识形态是以近代以来中华民族争取民族独立、人民解放，国家富强、人民幸福的奋斗历程、中国共产党近百年的奋斗历程为依据形成的，是中华民族求富求强愿望的集中体现。错误思潮，尤其是历史虚无主义思潮

把西方社会发展道路预设为“人间正道”，把现代化预定为“西化”，解构了在唯物史观指导下书写的中国近现代历史。它否定近代以来中国革命发生的历史必然性，把革命归结于少数革命家的鼓动；否定革命对于中国社会进步的积极意义，把中国选择马克思主义、选择社会主义道路和选择中国共产党领导看作“背离人类文明的发展大道”“误入歧途”；否定新中国成立以来经济社会发展的显著成就，否定中国共产党及其领导人、革命和建设时期的英雄人物为中华民族复兴作出的积极贡献等，美化“中华民国”、美化国民党统治，从而破坏了人们对中国近现代历史的认知，诱导人们质疑中国走社会主义道路的必然性，质疑社会主义意识形态关于近代以来中国历史叙述的真实性。

其二，歪曲、否定了中国特色社会主义理论体系的内容。

中国特色社会主义理论体系是社会主义意识形态的重要内容，承担着解释当代中国发展，为中国特色社会主义制度、道路辩护的功能。错误思潮采用多种手法否定中国特色社会主义理论体系。这些手段包括：制造改革开放先后两个历史阶段的对立，割裂中国化马克思主义两大成果——毛泽东思想和中国特色社会主义理论体系之间的内在联系；曲解中国共产党理论创新的最新成果，如以西方“普世价值”的内涵来解说社会主义核心价值观，把“中国梦”描述为“宪政梦”，把中国共产党“依宪执政”解释为“宪政”，把“弘扬优秀传统文化”解释为“复兴儒学”，对“供给侧结构性改革”用西方供给学派的政策主张来解释，讨论我国全面深化改革的总目标时忽略“完善和发展中国特色社会主义制度”，只谈“推进国家治理体系和治理能力现代化”，等等，从而将社会主义意识形态曲解得面目全非。错误思潮对中国特色社会主义理论体系的歪曲、解构和攻击，不仅损毁了中国特色社会主义理论内容的科学性，否定了中国特色社会主义指导当代中国发展的强大功能，削弱了中国特色社会主义理论对当代中国现实的辩护功能，而且造成了人们对中国特色社会主义理解困难，以致在一部分群众眼里，中国特色社会主义理论体系要么“是大话空话，与老百姓的生活没有关系”，要么“与西方的理论没有明显区别”。

其三，积极宣扬“淡化意识形态”“去意识形态”，鼓动整个社会忽视、放弃马克思主义理论学习。

错误思潮对中国共产党领导开展的思想宣传工作一概否定，认为思想宣传工作是“搞假大空”“宏大叙事”，忽视对人民群众现实生活的关怀，认为主流媒体的新闻报道就是“唱高调”“报喜不报忧”，宣扬“淡化意识形态”“去意识形态”，抹黑重视意识形态工作是“影响思想解放”“极‘左’表现”。高校思想政治理论课是宣传马克思主义、推动大学生认同社会主义意识形态的主渠道。错误思潮在舆论空间中散布各种否定思想政治理论课的言论。一是思政课“无用”论。错误思潮宣扬思想政治理论课没有开设的必要，认为社会主义意识形态对于大学生的学习、就业等现实生活没有实际意义；二是思政课“洗脑”论。一些代表错误思潮的“公知”“大 V”在网络媒体上发言，认为对人民大众的思想政治教育是“洗脑”，仅仅是为了维护中国共产党执政，大学的思政课是为了达到这一目的强制开设的。三是思政课“低端”论。错误思潮攻击社会主义意识形态“没有逻辑”“不遵循科学”，研究社会主义意识形态“不是做学术”，抹黑高校思政课教师“学术水平低”“没有思想内涵”，思政课教学就是“照本宣科”。这样的言论一度充斥网络论坛和大学课堂，在很大程度上影响了党政干部、普通大众，尤其是青年学生对思想政治教育的认识，使人们产生对党的思想宣传工作的抵触。

其四，提出与社会主义意识形态基本观点完全对立的主张，在舆论空间使社会主义意识形态边缘化。

错误思潮热衷于在讨论中国现实问题中提出与中国特色社会主义理论对立的社会发展方案。错误思潮常常以当代中国存在种种社会问题为由，特别是抓住一些大众普遍关心的突发事件和干部腐败案件，如“雷洋案”“孙小果案”，等等，通过“局部问题整体化”“个别问题普遍化”“一般问题政治化”“历史问题现实化”等手法，引导人们将对社会问题的关注，对现实中一些具体方面的不满转移、聚焦到我国社会发展道路和基本政治制度上，否定中国特色社会主义制度的合法性和中国特色社会主义道路的合理性，攻击中国特色社会主义理论。错误思潮指责坚持人民民主专政就是“反对民主”“崇尚集权”，污蔑坚持中国共产党的领导是“一党专制”，指责中国共产党党内的贪污腐败是“制度使然”“具有必然性”，等等。在攻击的基础上，错误思潮打着“关注、维护人民权利”“争取社会公平”等旗号，提出自己的政治主张。针对中国共产党坚持和发展中国特色社会主义、实现中华民族伟大复兴中国梦的主张，自由主义思潮强调“中国梦”的实现必须由“普世价值”来引导，要求中国建立西方的“宪政民主”制度；“新儒家”则提出“儒化中国”的政治构想，要求把儒教定为“国教”，要“儒化中国”“儒化共产党”。可以说，错误思潮通过多种途径和方式向大众提供与主流意识形态相异的价值观念、理论观点、分析方法和话语体系，一是要引导广大群众以各种消极、非理性心态看待社会和自己的生活，放弃对社会主义意识形态的认知和认同，进而放弃对中国社会主义制度和社会发展道路的认同，以及对中国共产党和人民政府的支持；二是利用媒体争夺关于社会发展和公共事务的话语权，增强自身“存在感”；三是在舆论空间对社会主义意识形态形成“挤出效应”，意图迫使社会主义意识形态在大众思想和话语中日益边缘化。

错误思潮思想的蔓延，极大损坏了社会主义意识形态的形象，一度使一些从事社会主义意识形态教育传播的人感到“理不直、气不壮”，使整个社会对社会主义意识形态的认知度、认同度下降。

3. 社会主义意识形态话语体系不能适应时代发展需要

语言是社会实践的产物，是思想的直接现实。“语言是一种实践的、既为别人存在因而也为我自身而存在的、现实的意识。语言也和意识一样，只是由于需要，由于和他人交往的迫切需要才产生的。”①语言是思想的载体，反映思想的结构，表征思想的内容。“思想、观念、意识的生产最初是直接与人们的物质活动，与人们的物质交往，与现实生活的语言交织在一起的。”②语言的产生为话语体系的形成奠定了基础。

---

① 马克思恩格斯文集(第1卷)[M]. 北京：人民出版社，2009：533.
② 马克思恩格斯文集(第1卷)[M]. 北京：人民出版社，2009：524.

话语体系产生的现实基础是物质劳动和精神劳动的分工，话语体系是特定精神劳动——学术研究活动形成的重要成果。从表象上看，话语体系是作为人类交往行为中由交往主体通过语言符号建立起来的表达与接受、解释与理解、评价与认同等多重认知关系。从深层上看，话语体系是受经济发展阶段、经济实力所支撑的影响力制约的，是反映民族传统、时代精神的思想理论体系的外在表达形式。话语体系一旦形成就会产生以下影响：一是渗入学术活动，影响学术领域的再生产，成为知识和价值传递中的重要载体。二是影响人的思维方式，制约人们观察问题的视角、分析问题的方法和表达思考的方式。三是影响对文化体系的理解。每个文化体系都有其核心的概念范畴，这些概念范畴都在话语体系之中承载文化体系的价值观念，成为理解文化体系的关键。在阶级社会中，作为"观念的上层建筑"的思想理论体系和知识体系的外在表达形式，话语体系服从一定利益集团(阶级、阶层)的诉求，服务于意识形态的内容，发挥着信息传递、思维规范和思想教化等功能。在一个国家里，占主导地位的话语体系是一个国家主流意识形态的主要体现，蕴含着一个国家的政治哲学和价值取向。国家之间的交流首先表现为话语体系的交流。不同的国家，由于历史文化和意识形态方面的原因，话语体系交流或表现为交融，或表现为冲突。从世界历史来看，一个在经济文化上处于强势领先的国家往往会努力将其自身的话语体系推广运用到国际事务之中，使自身的话语体系在国际交流中占据主动权，保持对其他国家的影响力。

新中国的社会主义意识形态在长期的发展中，已经形成了一套话语体系。这套话语体系主要运用于党和国家领导人的讲话、著作，党和政府的工作文件、官方媒体的宣传中，系统表达中国共产党对于中国和世界发展的认识成果，解释现实社会运作并提供社会秩序的蓝图，在语言风格上严谨、规范、注重逻辑，在传播社会主义意识形态、塑造社会道德风尚、推动社会形成共识等方面发挥了积极作用。随着中国在改革开放中进入快速发展状态，当代中国在经济社会发展中已经取得了显著成绩，大量的新事物、新经验需要通过新的概括、表达在社会主义意识形态中得到反映。同时人民大众随着物质文化生活的改善，认知能力、思维方式、表达方式等也处于迅速变化中。比较而言，虽然社会主义意识形态在话语创新上在不断推进，但未能与时代发展和实践要求同步，以致我国的发展成绩、发展优势并没有转化为话语优势。当前，社会主义意识形态话语存在以下“短板”：

其一，学术话语支撑不够。长期以来，西方国家努力利用学术交流对我国进行意识形态渗透，话语体系的渗透就是重要方式。经过几十年的渗透，中国的哲学社会科学体系中，很多学科存在崇尚西方话语体系、不加甄别地运用西方话语体系分析中国、表述中国的情形，中国特色哲学社会科学学术话语体系建设进展缓慢。“我国是哲学社会科学大国，研究队伍、论文数量、政府投入等在世界上都是排在前面的，但目前在学术命题、学术思想、学术观点、学术标准、学术话语上的能力和水平同我国综合国力和国际地位还不太相称。”①同时，西方意识形态渗透还催生中国意识形态格局发生深刻变化，一些以西方历史观和价值观为基础的社会思潮兴起，目前我国意识形态领域已是多元并存状态。这些错误思潮长期利用西方意识形态话语来表达思想主张，甚至解读中国共产党的理论创新成果。由于西方意识形态话语在我国多以学术话语面目出现，如“文明冲突论”“历史终结论”“意识形态终结论”等。那么社会主义意识形态要冲抵其影响，从理论上战胜它们，就必须增强话语体系的学术含量。但是，目前中国哲学社会科学在学术研究中没有真正形成自己的话语体系，很多学科受制于西方学术话语的影响，存在一定的模仿甚至崇拜西方理论框架、思维模式和研究方法的风气。基于此，当下中国的学术话语还不能对社会主义意识形态的传播和认同形成有力的支撑。

其二，大众传播话语需要更新。我国社会主义意识形态在以往的传播中也曾广泛运用适应大众的传播话语。随着改革开放的不断推进，我国大众文化素养、鉴赏能力的提高，随着互联网的普及，特别是大众借助互联网技术不断扩大对外

① 习近平. 习近平谈治国理政(第2卷)[M]. 北京：外文出版社，2017：338.

交流、获取国内外信息日益便捷和丰富，原有意识形态宣传话语因脱离日常生活的语词、程式化的叙述方式、居高临下的视角等已经不完全适应。一些具有思想教育意义和说教风格的影视作品观众寥寥，或许能够从一个侧面反映出社会主义意识形态话语与大众需要的距离。特别是在改革开放中，日常生活话语进入极富创造力的状态，反映大众复杂生存体验的新词新话层出不穷。尤其是网络虚拟世界表达的便捷化、碎片化、匿名化大大延伸了人们的思维空间和话语空间，推动了大量网络话语的产生。日常生活话语特有的生活视角，具有简洁、灵动、形象、通俗等特点，甚至不合乎语言修辞常规，都对大众有很强的吸引力。网络话语迅速发展，更是反衬出社会主义意识形态传播话语的“老套”“刻板”。

其三，国际话语体系急需建构。当前中国与世界的关系正在发生深刻变化，中国对外开放力度和广度的不断扩大，中国国际地位的不断提升，这在客观上要求中国在与世界的互动中，有与大国地位相匹配的独创性话语体系，有与各国文化融通的话语体系，以向世界讲好中国故事、展示中国智慧。同时，国际社会高度关注中国经济建设的成功秘诀，关注中国解决问题的未来走向。中国与世界之间的互动对共同的话语体系有双向需求。但目前我国在国际话语形塑及其传播、建构，国际议题导向的设置和引领以及在国际话语竞争态势下中国特色话语表达等方面，均还处于低水平。缺乏能够与世界融通的话语体系，固然受到汉语和国际通用语言之间转换的影响、受到中国文化传统与世界占主导地位的西方文化差别的制约，但与我国综合国力不够强大、缺乏独创性学术话语、缺乏寻找与世界各民族话语融通的主动性有关。这样，我国既有的社会主义意识形态话语体系与西方话语的国际影响力相比处于劣势，无法有力回应资本主义国家对我国的抹黑、攻击，无法向世界清晰阐明中国的价值观和主张，在国际舆论中中国常处于“有理说不出、说了传不开”的状态。此外，在西方大国的把控下，西方的政治话语体系、学术话语体系在国际学术话语空间、政治话语空间、大众舆论空间占据主导地位，它们长期对中国政治现实、中国发展道路、法治方式和发展成就进行歪曲，以致国际舆论空间和大众认知中存在多种对中国的误读和曲解，中国的国际形象在很多时候还处于“他塑”中。

应该说，上述社会主义意识形态话语体系存在的“短板”既制约了国内大众对社会主义意识形态的认知认同，也制约了中国与世界的对话交流，阻碍了世界对真实中国的认识，使社会主义意识形态的科学性、人民性、开放性、实践性难以充分地展现出来。创新社会主义意识形态话语体系，丰富社会主义意识形态话语的形态，是中国维护国家政治安全、凝聚实现民族伟大复兴的磅礴力量，是深度参与全球治理、构建人类命运共同体、与世界交融发展，扩大国际话语权的内在要求。要立足中国、借鉴国外，着力构建中国特色哲学社会科学，在指导思想、学科体系、学术体系、话语体系等方面充分体现中国特色、中国气派，在提炼中国标识性概念的同时打造易于为国际社会所理解和接受的新概念、新范畴、新表述。“不仅要让世界知道‘舌尖上的中国’，还要让世界知道‘学术中的中国’、‘理论中的中国’、‘哲学社会科学中的中国’，让世界知道‘发展中的中国’、‘开放中的中国’、‘为人类文明作贡献的中国’”，① 成为我国意识形态话语体系建设的重要任务。

4. 社会主义意识形态利用互联网传播的能力亟待增强

自中华人民共和国成立以来，中国共产党在推进社会主义意识形态的教育、传播上采取了很多措施，包括：加强对社会主义意识形态的理论研究，在大学、中学和小学对学生加强马克思主义理论、中国革命历史、理想信念、公民道德等方面的教育。利用制度强化、新闻媒体、文学作品、影视作品、重大节日纪念、英模典范、重要仪式和群众性文体活动等方式开展社会教育，极大地吸引了人民大众学习社会主义意识形态、践行社会主义意识形态，由此展现出社会主义意识形态的凝聚力与引领力。

自 20 世纪 80 年代以来，互联网在我国快速发展，我国网民人数不断增加。

① 习近平. 习近平谈治国理政(第 2 卷)[M]. 北京：外文出版社，2017：340.

根据中国互联网络信息中心第45次《中国互联网络发展状况统计报告》，截至2020年3月，我国网民规模达9.04亿，较2018年年底增长7508万，互联网普及率达64.5%，较2018年年底提升4.9个百分点。① 数字化生存正在成为绝大多数中国人的常态。在网络空间，信息的生成逻辑和传播空间都发生了巨大变化，从而使社会主义意识形态的传播遇到巨大挑战。这些挑战主要有：

第一，信息传播主体多元化，形成与社会主义意识形态官方传播主体的竞争。

随着移动互联网时代的来临，网络技术大大提升了个体传播的能力和机会，网络意识形态的传播主体呈现多元化发展趋势，从而逐渐解构现实世界中建立在威权之上的传播格局。利用便捷的网络技术和多样化的网络平台，传播格局中的信息发布者和接受者之间的边界日益模糊，政治权力和财富分配中的少数权威与精英对媒介的垄断也被打破。于是在网络空间，一些精英、“大V”积极主导舆论走向，而大量网络草根也从平民视角讨论各类问题，大到国家政策、对外关系，小到日常生活、鸡毛蒜皮，都在其中。由此造成了多元共存的去中心化传播格局，多元传播主体与社会主义意识形态官方传播主体之间形成竞争。如果网络“大V”、网络草根不认同社会主义意识形态，他们就会成为社会主义意识形态传播的阻挠者。

第二，网络话语冲击社会主义意识形态话语体系。

由于网络信息传播机制是以“体验主体”为内核，注重主体的感官沉浸、情感激发、互动交流，导致理性内容让位于感性内容，宏大叙事让位于微观叙事。在网络空间，人们表达方式基本是情绪化、碎片化、快餐化，普遍使用生活话语、娱乐话语、微观话语，这不仅使那些重视逻辑、强调规范的理论体系要么被漠视、被嘲弄，要么被拆解、被篡改，而且对传统的严肃、正式、抽象、深奥的理论话语形成强大的冲击。社会主义意识形态话语体系一直以理性、严肃、系

① 数据来源：http://www.cac.gov.cn/gzzt/ztzl/zt/bg/A0920010206index_1.htm。

统、规范为特点，如果不加调整、转化，进入互联网空间必然囿于话语理解障碍而无法获得网民的青睐，结果必将是被边缘化；但是社会主义意识形态的话语体系完全去适应网民的喜好，又可能面临思想内容的扭曲、肢解。

第三，网络圈层化屏蔽社会主义意识形态传播的渠道。

借助多个网络平台，网络空间出现了大量基于兴趣爱好、血缘亲情、交往需要、特殊诉求的社交“圈子”，如QQ空间、微信朋友圈等。人们逐步习惯在自己的圈层中交流思想、传递信息，对圈内事情的关注甚至超过对现实社会环境的关注。网络“圈子”也是一种身份识别方式。圈内人的价值观基本一致，对异己者进行排斥，形成“人以圈分”的状态，这就固化了现实生活中的社会分化，带来网络传播受众的分众化。同时，每个“圈子”有自己主导话题、行为规范、符号仪式和话语体系，对异己的观念和信息进行过滤，只有圈层成员所关注的信息才可以进入，这样就在圈内与圈外之间产生了一堵无形的信息围墙，社会主义意识形态信息要进入“圈子”还必须得到“同意”，这无疑会使社会主义意识形态话语的辐射范围收窄、输送渠道梗阻。

第四，非社会主义意识形态在网络空间活跃。

如前所述，伴随互联网的发展，无论是西方国家对我国进行意识形态渗透，还是我国国内的错误思潮思想传播蔓延，都积极利用互联网，在互联网中非社会主义意识形态一直十分活跃。它们以各种方式否定社会主义意识形态，或用大众话语嘲笑社会主义意识形态“假大空”，或者用学术话语论证社会主义意识形态“虚假性”；它们与泛娱乐主义结合，在大众的文化消费中进行意识形态渗透。一是以感性消磨理性，以感官刺激侵蚀批判思考能力，把“一切严肃的东西都弄得好玩”，恶搞中国革命历史和英雄烈士；二是以欺骗性的话语方式制造“资本主义美好故事”，塑造“完美”的西方大国形象，引诱大众崇尚西方国家制度和政治价值观；三是利用网络推手，针对人们快速推进、不求甚解、猎奇求新的阅读心态，用“标题”“标签”蓄意炒作一些事件、人物和作品，激起广大民众的负面情绪反应，以引起人民群众对社会主义国家和政权的不信任。非社会主义意识形态利用网络技术、网民心态、网络信息传播机制和西方意识形态在世界网络中的话语优势，挤压社会主义意识形态的话语空间，抹黑社会主义意识形态的形象。

社会主义意识形态在网络传播遇到的挑战，充分暴露出社会主义意识形态的网络传播能力不足，需要在网络传播内容、传播主体、传播渠道、传播方式、传播阵地等多方面加强建设、改革创新，由此增强社会主义意识形态的网络渗透力和影响力。

(四)当前我国意识形态风险的主要特点

当前我国已经进入了风险聚集期，即“我国发展面临的各方面风险不断积累甚至集中显露的时期”。① 在党的十九大报告中，防控化解重大风险位居三大攻坚战之首。在“各方面风险”中，我国意识形态风险在社会分化、全球互联、技术赋能等条件下呈现出前所未有的复杂性，发生概率大、能级高，风险防控可谓任重道远。当前，我国意识形态风险已经处于高位，并具有以下鲜明特点：

第一，意识形态风险关联着政治安全，具有长期性。

从一般意义上看，作为反映特定阶级利益的思想体系，意识形态不仅要引导和约束本阶级成员的思想和行为，为本阶级利益辩护，而且还会影响其他社会成员，进而规制整个社会生活。这意味着意识形态始终与国家政治生活联系在一起。在一个国家里，占统治地位的阶级必然要使本阶级的意识形态成为占统治地位的意识形态，以其为观念支撑，实现对整个社会的有效管理。而那些没有处于统治地位的意识形态也不会无所作为。如果它们所附属的阶级与统治阶级是对抗性关系，那么它们就必然成为占统治地位意识形态的竞争者、对抗者，总是寻求多种方式顽强地表现自己，否定现存的利益格局和政治秩序，力图证明自己价值理念、政治方案的合理性，并尽可能地影响社会大众，由此带来政治上的不确

① 习近平．习近平谈治国理政(第2卷)[M]．北京：外文出版社，2017：81.

定性。

就当代中国而言，意识形态风险与政治安全的关联尤为紧要，这与西方发达国家所面临的意识形态问题是不同的。在发达资本主义国家，存在着各种社会思潮，各种思潮之间也有冲突，有些思潮还对资本主义社会进行公开的批判。比如：当下一些发达国家的民粹主义、贸易保护主义等不断发展，与新自由主义在理论上有不一致的方面；生态社会主义对资本的贪婪导致生态危机也进行了深刻的揭露。但是，这些社会思潮否定、批评的往往是某一届政府的政策，或者国家某个方面的具体体制机制，提出的政治主张大多是在资本主义制度框架中。而当代中国面临的意识形态风险大量来自各种错误思潮、思想的蔓延。这些错误思潮、思想否定中国社会主义制度和中国共产党的领导，提出各种背离中国特色社会主义道路的方案以“改造”中国，其价值指向是否定马克思主义及其理想追求，其实践指向是突破社会主义制度的框架。错误思潮思想的蔓延，改变了我国意识形态领域的结构和秩序，不仅造成我国意识形态的多元化，而且破坏社会主义意识形态认同和政治认同。因此可以说，当代中国意识形态风险就是中国人民民主专政政权的风险。

正是看到我国的意识形态风险关联着政治安全、关联着中国特色社会主义政治制度的存续，习近平高度重视意识形态风险及其政治上的后果，指出：“一个政权的瓦解往往是从思想领域开始的，政治动荡、政权更迭可能在一夜之间发生，但思想演化是个长期过程，思想防线被攻破了其他防线就很难守住。”①

必须看到的是，在推进中国特色社会主义事业的过程中，我国面临的意识形态风险是长期的。这是因为，从国内来看，我国还处于并将长期处于社会主义初级阶段，为发展生产力必须允许非社会主义经济成分的存在和发展；同时我国社会已经分化为不同的利益群体，不同利益群体之间有着现实利益、具体利益上的冲突。因此，非社会主义、反马克思主义的意识形态具有存在的经济基础和社会

① 中共中央文献研究室. 十八大以来重要文献选编(上)[M]. 北京：中央文献出版社，2014：465.

基础。在改革开放中，我国在快速发展中积累了一些社会问题，影响了人民群众的幸福感、获得感、安全感，影响他们对社会主义意识形态的认同，而国家治理体系和治理能力的现代化尚在全面深化改革中推进，不可能在短时间里处理、解决人民群众面临的全部现实问题。从国际上看，“我们依然处在马克思主义所指明的历史时代”，① 在世界范围内资本主义制度和意识形态凭借其经济优势和技术优势保持着整体强势，社会主义与资本主义两种社会制度、意识形态之间的冲突和斗争是客观存在的，西方国家从未放弃对我国的意识形态战。这些意味着我国意识形态风险的源头长期存在，意识形态风险具有长期性。

第二，外源性风险和内源性风险叠加互动，具有复合性。

按照引发源头所在地，大体可以将当代中国意识形态风险分为外源性风险和内源性风险两类。外源性风险主要来自西方国家抱持“和平演变”“分化”我国的企图，利用其在国际舆论空间的话语权和技术优势，将其价值观、政治理论输送到我国，利用我国对外开放、中西方文化交流等努力培养反马克思主义、反社会主义的势力，并在网络空间散布各种抹黑社会主义中国、中国共产党及其领袖的言论，等等。内源性风险主要来源于国内经济结构、社会结构的深刻变化，以及由此而来的利益分化和社会分化、多种社会思潮蔓延，人民大众日常生活中面临大量现实问题，一些不够完善、不够科学的具体政策和体制机制，等等。在我国对外开放水平不断提高、互联网日益普及、信息技术模糊意识形态传播的国家边界的条件下，我国意识形态领域的外源性风险和内源性风险不可避免地叠加在一起，两者之间频繁互动。这表现为国外反华势力借中国一些现实问题在国际上散布大量抹黑中国的言论，不断抛出各种论调。比如，我国发展暂时出现困难时，抛出“唱衰中国论”唱衰中国；我国发展顺利时，又抛出“中国责任论”捧杀中国；我国发展势头不可阻挡时，则抛出“修昔底德陷阱”干扰中国，等等。在舆论宣传方面，一些势力不惜采取多种手段攻击、涂鸦、丑化、孤立、污名化马克思主

① 习近平. 习近平谈治国理政(第 2 卷)[M]. 北京：外文出版社，2017：66.

义、中国共产党和中华民族英烈等，提出“媒体公器论”，主张“新闻自由”，设置“为党说话还是为人民说话”“党大还是法大”等荒谬议题混淆视听。在思想文化上，先后提出“历史终结论”“普世价值论”“文明冲突论”，不断向我国推销“新自由主义”“民主社会主义”“宪政民主”等方案。这些观点在国内得到部分人的赞同、应和和传播。国内一些错误思潮的核心理论观点来自西方，比如“中国必须实行全盘私有化”“政府管得越少越好”等就来自西方新自由主义理论，“中国梦就是宪政梦”“中国是一个威权主义国家”等是基于西方政治学理论，“一切历史都是当代史”“中国共产党的历史就是阴谋史”“中国走社会主义道路就是误入歧途”等基于西方史学理论。国内社会思潮的活跃激荡往往受到国际上一些势力的支持，比如，邀请中国一些学者到西方国家参加学术会议，给予抨击中国政府和共产党的学者某种荣誉，支持攻击中国政府和共产党的文章在西方期刊上发表、资助书籍在西方国家出版，等等。两类风险在交互、联动中产生同一指向的后果，即引导人们形成对马克思主义及其中国化的理论成果、社会主义制度和社会主义意识形态的否定性判断，导致政府与民众之间缺乏信任、不同社会阶层之间缺乏共识，加剧了我国意识形态领域的对立，强化了社会成员的分化，并使整个社会处于脆弱状态。

当前，我国意识形态风险还与政治、经济、科技、社会、外部环境、党的建设等领域重大风险交织在一起，容易因其他风险的发生、恶化而诱发。比如一些群众因金融诈骗而财产受损，转而迁怒于中国共产党和政府；面对中美贸易战带来的经济压力，一些人转而怀疑中国共产党的对外政策和执政能力；党内腐败问题、食品安全问题、生态环境问题等也易激发群众的普遍不满。甚至在司法中纠正冤假错案所取得的进展，比如，湖南的“操场埋尸”案、云南的“孙小果案”等，也会演化为对司法公正的否定，对中国共产党执政的否定，加剧形成社会主义意识形态是“假大空”、宣传思想工作是“洗脑”等看法。

意识形态风险的复合性，意味着意识形态风险的触发点多，风险向现实转化的可能性大、路径多且复杂，风险转化为现实后往往带来系统性的问题。

第三，意识形态风险防控难度大，具有内隐性。

一般而言，风险具有可测定性，但意识形态风险的测定则具有相当的难度。这是因为，意识形态具有宗教、哲学(包括政治法律观点和道德)、文学、艺术等多种形式，搭载在学术文献、宗教仪式、文艺作品和大众娱乐等多种载体上。当意识形态通过各种载体进入人们的头脑，成为影响人们对现实社会生活的情感倾向、认识和行为反应的态度时，就获得了内隐性，既不能被人们明确察觉到，也无法借助工具直接测定、把握，只能从人们的语言、行为间接推断出来。那么，在有意识形态对立、冲突的社会里，以否定政治现实为指向的意识形态进入人们的观念、态度，这种内隐性会更强烈，造成该社会的统治阶级难以准确把握其影响的范围、程度和方向，从而形成意识形态风险。同时也因为具有内隐性，人们往往会忽略意识形态风险的生成和聚集。

在当代中国，以社会思潮面貌出现的多种反马克思主义、非马克思主义的意识形态正是利用多种形式和载体，如学术研究成果、文艺作品、大众日常娱乐方式等，持续借助各种传媒手段，努力进入社会大众的思想空间，以改造人们关于当代中国发展道路、政治秩序的基本态度。这不仅造成社会主义意识形态的传播空间受到挤压，而且增加了辨别其实质、评估其危害的难度，以致人们常常将具有明显政治倾向的社会思潮等同为学术思潮，将网络空间恶搞党史国史军史的行为视为“纯属娱乐”。此外，在大众文化、消费主义、泛娱乐主义的影响下，在长期“淡化意识形态”“去意识形态化”鼓噪的影响下，政治冷淡主义情绪在我国社会广泛蔓延，以致人们刻意与社会主义意识形态、非社会主义意识形态都保持疏离，实际是在日常生活中隐藏了意识形态。这些导致意识形态风险防控的难度大大提升。

第四，意识形态风险事件发生频繁，规律性和随机性交织。

一般而言，风险只是潜在的危险，风险事件的发生才会使潜在的危险转化为现实的损失。在当代中国，意识形态风险事件频繁发生。这些风险事件呈现出多种样式，既有意识形态领域相对独立的事件，比如历史虚无主义持续、公开以多种方式否定马克思主义唯物史观，否定中国革命，否认社会主义制度和中国共产党对中华民族的历史贡献，否定中国共产党领袖和革命中的英雄烈士等；也有借政治、经济、社会、生态领域的突发事件、群众关注问题等表达政治价值观和政治主张的，比如围绕雾霾暴发、呼格案等事件，网络空间出现否定社会主义制度、中国共产党领导的负面舆情。

根据近些年对意识形态风险事件的观察，可以说我国意识形态风险事件的发生已显示出一定的规律性，即往往是在重大历史事件、重要历史人物周年的时间节点，在中国与他国关系出现重大变故之际，在国内重大改革举措实施之时，各种社会思潮非常活跃，风险事件频出。表现为围绕重大历史事件、历史人物和现实问题设置话题，集中传播特定指向信息，挑起意识形态论争、制造舆论氛围等。同时，在普通大众能够便捷利用各种互联网传播平台的条件下，一些风险事件的出现也有随机性、突变性，如2018年春节网络上出现某公司开年会恶搞《黄河大合唱》的视频，完全是随机的。无论风险事件以何种方式出现，一次次意识形态风险事件及其效应的叠加，将造成中国共产党和政府的形象损毁、社会主义意识形态丧失话语权和影响力，整个社会思想多元且混乱。

根据我国意识形态风险的特点，需要树立科学思维，从坚持和发展中国特色社会主义、中华民族伟大复兴的战略高度，来认识当前防控意识形态风险的重要性，把意识形态风险置于当前国家面临的风险总体中考量；明确防控风险的基本方向，要在提高前瞻性和预测力上下功夫；要设定防控意识形态风险的合理预期，放弃一劳永逸、一蹴而就的想法，提升对意识形态风险的预见性，积极探索具有针对性的防控措施。

人类进入21世纪，时代的性质和人类社会发展趋势并没有改变。当今世界还处于马克思主义所指明的历史时代，即资本主义向社会主义过渡的时代。然而中国和世界及其相互关系都发生了重大而深刻的变化。一方面，当代中国正经历着自身历史上最为广泛而深刻的社会变革，正在进行人类历史上最为宏大而独特的实践创新，为实现社会主义现代化和中华民族伟大复兴努力奋斗。2017年，习近平在党的十九大报告中明确指出，“经过长期努力，中国特色社会主义进入了新时代，这是我国发展新的历史方位”。在这样的历史方位上“我国社会主要矛盾已经转化为人民日益增长的美好生活需要和不平衡不充分的发展之间的矛盾”。另一方面，世界正处于大发展大变革大调整时期。2018 年，习近平指出“当今世界正经历百年未有之大变局”。中国处于新的历史方位、社会主要矛盾发生变化与世界正经历大变局这两个方面同步交织、相互激荡，构成了社会主义意识形建设的时代背景，也在客观上对社会主义意识形态中国化提出了新要求、新任务。因此，必须从中国自身发展、中国与世界关系变化这两个维度新的时代环境、新的社会主义主要矛盾、新的世界格局和国际关系对我国社会主义意识形态中国化提出的新课题、新要求，明确社会主义意识形态中国化的现实出发点和实践指向。

二、新时代社会主义意识形态理论探索的新成果

党的十八大以来，以习近平同志为核心的党中央根据“中国特色社会主义进入新时代”和“中国与世界的关系发生深刻变化”的实际情况，坚持问题导向，运用科学思维，深入、系统研究中国特色社会主义新时代的社会主义意识形态中国化，阐述了意识形态工作的战略地位、使命任务、原则遵循、方法路径、传承创新、处理重大关系等问题，谋划社会主义意识形态中国化的总布局，推进了对社会主义意识形态中国化规律的认识，在实践中推动社会主义意识形态中国化工作不断创新，并呈现出鲜明特色，从而在理论与实践的结合上回答了“新时代为什么要加强社会主义意识形态中国化、如何加强社会主义意识形态中国化”的问题。

在理论层面，习近平为重视社会主义意识形态中国化，先后在全国宣传思想工作会议、文艺工作座谈会、全军政治工作会议、全国党校工作会议、哲学社会科学工作座谈会、新闻舆论工作座谈会、网络安全和信息化工作座谈会、全国高

校思想政治工作会议等会议上发表重要讲话，就意识形态工作的地位、当前我国意识形态领域存在的问题、如何加强意识形态工作等展开系统论述，并在党的十九大报告中对社会主义意识形态中国化进行了全面的规划。

习近平关于社会主义意识形态中国化的思想极为丰富，可以将其概括为“战略地位论”“强化领导论”“原则遵循论”“使命任务论”“方法路径论”“重要关系论”等几个方面。

(一)“战略地位论”

从党的十一届三中全会以来，我国坚持以经济建设为中心，在经济建设领域取得了举世瞩目的成绩。在这一过程中，党中央一直重视精神文明建设、重视理论学习和思想教育。但是，在复杂因素的影响下，人们头脑中仍然存在一些错误的认识，认为可以“淡化意识形态”，“做什么都可以不问姓资姓社”，还有观点把经济建设、改革开放与意识形态工作对立起来。在实践中，也存在意识形态工作“说起来重要，忙起来不要”的情况。这些影响了意识形态工作的形象、制约了宣传思想工作的实效。习近平站在坚持和发展中国特色社会主义的战略高度，站在中国在世界百年未有大变局中把握主动的高度来认识社会主义意识形态中国化，强调“意识形态工作极端重要”，具有鲜明的针对性。

习近平重视意识形态工作，从本体角度和辩证角度来认识意识形态工作的主要地位。在本体角度上，习近平凸显了意识形态工作的功能。在全国宣传思想工作会议讲话中，他明确指出：“意识形态工作是党的一项极端重要的工作。”①“能否做好意识形态工作，事关党的前途命运，事关国家长治久安，事关民族凝聚力和向心力。”②这是对意识形态工作的战略定位。

第一，“我们依然处在马克思主义所指明的历史时代”。这个“历史时代”既

① 习近平. 习近平谈治国理政[M]. 北京：外文出版社，2014：153.

② 中共中央党史和文献研究院. 习近平关于总体国家安全观论述摘编[M]. 北京：中央文献出版社，2018：99.

是资产阶级在世界范围内占统治地位的时代，也是社会主义因素不断生长壮大、逐步取代资本主义的时代。在相当长的时间里，资本主义与社会主义是共时性关系。一方面资本主义生产关系在世界范围占主导地位，资产阶级仍在努力维持对世界的统治，并使自己的意识形态成为“占统治地位的意识形态”；另一方面社会主义运动持续推进，社会主义制度逐步展现其优于资本主义制度的优势，社会主义国家逐步发展可以战胜资本主义的物质力量和精神力量。因此两种社会制度和两种意识形态之间的交锋不会停息。在资本主义的总体实力高于社会主义的条件下，西方资本主义国家从未放弃对社会主义制度的颠覆和对社会主义意识形态的打压，持续对社会主义国家进行意识形态渗透。尤其是在新时代，当今世界正经历百年未有之大变局，国际秩序处于新旧格局的更替和转变中，西方国家对社会主义国家的“意识形态战”必然以更多的手法、在更多的场景中展开，社会主义国家反意识形态渗透、维护国家意识形态安全可谓任重道远。

第二，在中国特色社会主义新时代，我国要实现“两个一百年”的宏伟目标，实现中华民族伟大复兴。这些目标不是轻轻松松、敲锣打鼓就可以实现的。在新的征程上难以避免各种艰难险阻，必然面临多种挑战和风险，尤其是当前“我们党领导人民进行伟大社会革命，涵盖领域的广泛性、触及利益格局调整的深刻性、涉及矛盾和问题的尖锐性、突破体制机制障碍的艰巨性、进行伟大斗争形势的复杂性，都是前所未有的”。应对挑战、克服困难，不仅要求有坚强的领导、科学的方法，而且要求有坚定的信仰信念、广泛的政治认同、共同的价值追求，从而凝聚强大的社会“合力”，这在客观上要求充分发挥宣传思想工作解释现实、校准观念、凝聚人心、动员群众的作用。

第三，从历史上看，一个政权的瓦解往往是从思想领域开始的。“政治动荡、政权更迭可能在一夜之间发生，但思想演化是个长期过程，思想防线被攻破了其他防线就很难守住。”①苏联解体、苏共丧失执政地位，一个重要原因就在于它放

---

① 中共中央文献研究室. 十八大以来重要文献选编(上)[M]. 北京：中央文献出版社，2014：465.

弃了马克思主义，放弃了党的指导思想，否定了国家的主流意识形态，从而犯下了“无可挽回的历史性错误”，留下极为深刻的历史教训。因此重视宣传思想工作，坚持马克思主义的指导，将人民大众凝聚在马克思主义的旗帜下，是巩固社会主义制度的必然选择。

在辩证角度，习近平把意识形态工作纳入新时代中国特色社会主义总体布局中，从意识形态工作社会价值的方面进行考量。因为，意识形态作为一定阶级或阶层系统地、自觉地反映社会经济形态和政治制度的思想体系，具有特定的价值取向和鲜明的阶级性。作为“观念的上层建筑”，它不是物质基础的“消极的分泌物”，而是对经济基础具有强大的反作用，对于社会发展和人们的思想言行有重要的引导作用。习近平提出了三个重要思想。其一，“培育和弘扬核心价值观，有效整合社会意识，是社会系统得以正常运转、社会秩序得以有效维护的重要途径，也是国家治理体系和治理能力的重要方面”。① 这一论述凸显了意识形态工作不仅对国家治理能力和治理体系现代化建设提供“生命线”保障作用和价值支撑作用，而且直接成为国家治理体系和治理能力现代化建设的内在组成部分，是国家治理体系和治理能力现代化建设中不可偏废的方面。其二，“提高国家文化软实力，要努力夯实国家文化软实力的根基”。② “要努力夯实国家文化软实力的根基。一个很重要的工作就是从思想道德抓起，从社会风气抓起，从每一个人抓起。”③这是把意识形态工作作为提高国家文化软实力的核心内容，提升思想政治工作在文化软实力建设中的地位，凸显了意识形态工作是提高国家文化软实力核心要件的意蕴。其三，“必须高度重视思想政治建设，把坚定理想信念作为开展党内政治生活的首要任务”。④ 这意味着把意识形态工作作为全面从严治党的重要方面，提升了意识形态工作在全面从严治党战略布局中的重要地位，也为在意识形态工

① 习近平. 习近平谈治国理政[M]. 北京：外文出版社，2014：163.
② 习近平. 习近平谈治国理政[M]. 北京：外文出版社，2014：160.
③ 习近平. 习近平谈治国理政[M]. 北京：外文出版社，2014：160.
④ 中共中央党史和文献研究院. 十八大以来重要文献选编(下)[M]. 北京：中央文献出版社，2018：420.

作的实践中，以党的思想建设来带动社会主义意识形态中国化奠定了认识基础。

习近平从意识形态本体、意识形态与文化、意识形态与执政党的辩证关系等多个角度来认识意识形态工作的战略地位，突破了就意识形态谈意识形态的狭隘视界，把意识形态工作与中国特色社会主义建设的多个方面结合起来，说明意识形态工作是中国共产党治国理政的题中之义，是当代中国社会主义现代化建设的重要方面。这不仅在理论上明确了意识形态工作的内涵、存在场域，也为实践中意识形态工作在更广阔空间、更多领域中拓展提供支撑。

(二)“强化领导论”

基于对意识形态工作战略地位的判断，基于我国在意识形态工作实际状态的判断，习近平非常重视党对意识形态工作的领导，提出了坚持党对意识形态工作的领导权的科学论断，并就如何加强党对意识形态工作的领导、实现党对意识形态工作的领导权提出了一系列重要思想。

1. 坚持党对意识形态工作的领导权

中国共产党领导是中国特色社会主义最本质的特征，是中国特色社会主义制度的最大优势，“东西南北中，党是领导一切的”。① 党对国家的全面领导，体现到意识形态工作上，就是坚持党对意识形态工作的领导权。这是因为：其一，意识形态工作是党的一项极端重要的工作，领导意识形态工作是中国共产党实现领导权的重要内容。正如列宁所说：“建立这个党就是为了同资产阶级‘思想’(应读做：意识形态)作斗争，为了捍卫和实现一种明确的世界观，即马克思主义的世界观。”②其二，中国共产党是社会主义意识形态的核心生产者和传播者。当代中国的社会主义意识形态是由中国共产党的意识形态上升而来的国家意识形态。中国共产党始终坚持把马克思主义基本原理与中国革命、建设和改革的实际相结

① 习近平. 习近平谈治国理政(第 3 卷)[M]. 北京：外文出版社，2020：85.
② 列宁全集(第 19 卷)[M]. 北京：人民出版社，2017：311.

合，不断推进马克思主义的中国化，丰富和发展社会主义意识形态，赋予社会主义意识形态鲜明的科学性和现实性。在社会主义建设和改革时期，中国共产党一直致力于将社会主义意识形态变为“占统治地位”的意识形态，重视社会主义意识形态的宣传、教育和传播，重视与各种反马克思主义、非社会主义的思想思潮开展积极的思想斗争，培养了一支意识形态工作的专门队伍，形成了意识形态工作的组织机构和运行机制，打造了一批社会主义意识形态宣传阵地，也积累了丰富的意识形态工作经验。其三，中国共产党的自身建设赋予社会主义意识形态强大的主体力量。中国共产党始终注重通过自我革命推动社会革命。在自我革命中，中国共产党坚持马克思主义的指导地位，要求全党坚守共产主义理想信念，努力清除党内思想领域中的非马克思主义因素。当前党坚持以政治建设为统领，全面从严治党，从而在越来越广泛、深刻的程度上推动广大党员干部自觉践行社会主义意识形态的原则规定、弘扬社会主义意识形态的价值追求，不仅有利于巩固社会主义意识形态的群众基础，而且有利于带动人民群众成为社会主义意识形态的价值主体和实践主体。

坚持党对意识形态工作的领导权，要敢于“亮剑”，“旗帜鲜明坚持党管宣传、党管意识形态”,① 关键是坚决落实意识形态工作的政治责任、领导责任。这不仅直接体现在党中央对意识形态工作的顶层设计、总体推进、统筹协调，体现在中国共产党不断丰富和发展社会主义意识形态，也体现在各级党委以政治建设为统领，牢固树立“四个意识”、坚定“四个自信”，切实落实意识形态责任制。要把意识形态工作作为党的建设和政权建设的重要内容纳入议事日程，细化任务清单、责任清单，加强对失责问责的情况通报，切实增强制度执行的刚性；要注重意识形态宣传阵地建设和管理，建强守好网络阵地，提高用网治网水平；要持续抓好基层阵地的建设和管理，使之成为弘扬主流价值、传播先进文化的坚固堡垒；要加强意识形态工作队伍建设，全方位开展队伍素质能力培训，不断增强脚

① 习近平. 习近平谈治国理政(第3卷)[M]. 北京：外文出版社，2020：314.

力、眼力、脑力、笔力，努力打造政治过硬、本领高强、求实创新、能打胜仗的新时代宣传思想工作“铁军”。待思想上、政治上的路线确定之后，干部就是决定因素。要选优配强领导班子，确保意识形态工作领导权牢牢掌握在忠于党、忠于人民、忠于马克思主义的人手里。

2. 加强理论学习、坚定信仰信念

坚持马克思主义在意识形态领域的指导地位，坚持党对意识形态工作的领导权，首先要求中国共产党的党员干部要掌握马克思主义，坚定对马克思主义的信仰，这样党对意识形态工作的领导才能建立在清醒的理论认识、自觉的自我要求之上。正如2019年3月习近平在中共中央党校(国家行政学院)中青年干部培训班开班式上的讲话中指出，“政治上的坚定、党性上的坚定都离不开理论上的坚定。干部要成长起来，必须加强马克思主义理论武装”。① 习近平高度重视全党的马克思主义理论学习，坚持中国共产党长期以来的“思想建党”思路，在多个场合对全党的马克思主义理论学习提出要求，强调“把学习和掌握马克思主义作为共产党人的看家本领”，② “共产党人要把读马克思主义经典、悟马克思主义原理当作一种生活习惯、当作一种精神追求，用经典涵养正气、淬炼思想、升华境界、指导实践”。③

习近平认为，马克思主义基本原理是马克思主义的核心内容，体现着马克思主义的政治立场、科学精神和科学方法，凝聚着人类精神的精华，是学习的主要内容。在纪念马克思诞辰200周年大会上，习近平明确提出要结合坚持和发展中国特色社会主义的现实要求，重点从九个方面学习和实践马克思主义的核心内容，包括关于人类社会发展规律的思想、关于坚守人民立场的思想、关于生产力和生产关系的思想、关于人民民主的思想、关于文化建设的思想、关于社会建设

① 习近平. 习近平谈治国理政(第3卷)[M]. 北京：外文出版社，2020：518.

② 中共中央党史和文献研究院. 十八大以来重要文献选编(下)[M]. 北京：中央文献出版社，2018：743.

③ 习近平. 习近平谈治国理政(第3卷)[M]. 北京：外文出版社，2020：75.

的思想、关于人与自然关系的思想、关于世界历史的思想、关于马克思主义政党建设的思想。

习近平要求在学习马克思主义过程中，弘扬马克思主义学风。学习马克思主义要着眼于运用。坚持和运用马克思主义立场、观点、方法，坚持和运用马克思主义关于世界的物质性及其发展规律，关于人类社会发展的自然性、历史性及其相关规律，关于人的解放和自由全面发展的规律，关于认识的本质及其发展规律等原理，坚持和运用马克思主义的实践观、群众观、阶级观、发展观、矛盾观，等等，来观察时代、解读中国和治理中国。要提高运用马克思主义分析和解决实际问题的能力，增强应对重大挑战、抵御重大风险、克服重大阻力、化解重大矛盾、解决重大问题的能力。要深入学、持久学、刻苦学，反对蜻蜓点水、浅尝辄止；要带着问题学、联系实际学，反对囫囵吞枣、食而不化。要坚持理论联系实际，坚持问题导向，学以致用。带着实际工作中面临的问题、社会思想领域存在的问题、现实生活中老百姓最关心的问题去阅读、思考，有针对性地学习。尽管马克思主义基本原理未必都能为认识、解决现实问题提供答案，但在学习中，要注意从其所包含的经过实践检验、具有普遍意义的规律性认识、科学认识方法和解决具体问题的历史经验中，获得认识、回答和破解我国改革发展中种种现实问题的“密码”。在学习中，要“把自己摆进去、把职责摆进去、把工作摆进去”，①做到学、思、用贯通，知、信、行统一。

当前党员干部重点学习习近平新时代中国特色社会主义思想。习近平新时代中国特色社会主义思想是马克思主义中国化的最新理论成果，蕴含着辩证唯物主义和历史唯物主义的科学世界观和方法论，科学分析当今世界和当代中国，把握时代之势，回答实践之问，顺应人民之愿。习近平新时代中国特色社会主义思想全面而丰富地展现了当代中国共产党人的理论修养和理论创造。所以，当前领导干部学习马克思主义理论，重点要学习习近平新时代中国特色社会主义思想，深

① 习近平. 习近平谈治国理政(第3卷)[M]. 北京：外文出版社，2020：519.

刻认识和领会其时代意义、理论意义、实践意义、世界意义，深刻理解其核心要义、精神实质、丰富内涵、实践要求，增强理论自觉和实践自觉。

习近平强调学习马克思主义，还要推动马克思主义理论创新。马克思主义改造世界的伟大力量，“就在于它是和各个国家具体的革命实践相联系的”,① “它在不同的时代具有完全不同的形式，同时具有完全不同的内容”。② 马克思主义正是在吸收人类文明成果、回答时代课题、形成新的理论形态中，构建了自身丰富的历史，也赋予了自身勃勃生机。建设中国特色社会主义，是世界社会主义史上最具震撼力的创造。中国特色社会主义不是简单延续我国历史文化的母版，不是简单套用马克思主义经典作家设想的模板，不是其他国家社会主义实践的再版，也不是国外现代化发展的翻版。建设中国特色社会主义包含着独特、艰巨和复杂性难题和困扰，种种这些难题和困扰，没有任何现成的理论来破解。当代中国要用马克思主义回答 21 世纪的历史课题、时代要求、人类走向，要用马克思主义引领中国特色社会主义事业，就必须把马克思主义与中国实际相结合，推进马克思主义中国化。

可以说，当代中国共产党人不是单纯地从文本或某些论断来解读马克思主义，而是从理论与实际的结合上把握马克思主义思想体系的科学性、整体性和理论品质，把握马克思主义的基本原理及其运用要求，从而把握坚持马克思主义的正确路径，形成在坚持中发展马克思主义、在发展中更好地坚持马克思主义的科学态度。正是秉持这一科学认识和科学态度，中国共产党人焕发出巨大的理论创新能量。

3. 注重历史学习、培养理论自觉

自党的十八以来，习近平重视党员干部的历史学习，不仅提出“历史是最好的教科书”“历史是最好的清醒剂”等观点，而且要求“领导干部要读点历史”，

---

① 毛泽东选集(第 2 卷)[M]. 北京：人民出版社，1991：534.

② 马克思恩格斯选集(第 3 卷)[M]. 北京：人民出版社，2012：873.

“要认真学习党史、国史，知史爱党，知史爱国”，“牢记历史经验、牢记历史教训、牢记历史警示”，等等。2020年，习近平提出学习党史、新中国史、改革开放史和社会主义史这“四史”的任务，把学习历史、增强党员干部的历史思维，视为思想建党、理论强党的必然选择。

其一，从历史中明晰党的“初心”“使命”。

中国共产党“为中国人民谋幸福，为中华民族谋复兴”的初心、使命，萌生于1840年以来近代中国的苦难历史中，受到马克思主义指导而占据道义制高点，彰显于近百年来中国共产党的艰辛奋斗历程。因此深入认识党的初心、使命，必须回到历史。“四史”的内容丰富，从不同的角度以大量的知识要素形成对党的初心、使命的叙述，系统呈现中国共产党初心使命的理论基础、生成发展、实践过程和成果。建构对“四史”的正确认知是理解初心、使命的必要前提。所以，学习“四史”要了解、掌握党史、新中国史、改革开放史和社会主义发展史的基本史实，知晓历史进程中的重大事件、重要会议、重要文献、重要人物，厘清历史发展的基本脉络；然后在此基础上，坚持民族立场和唯物史观的科学方法，透过纷繁的历史现象把握党史、新中国史的主题、主线、主流和本质，形成对重大事件、重要人物、历史阶段的正确判断。这样的历史认知，包含对“马克思主义不仅深刻改变了世界，也深刻改变了中国”“只有社会主义才能救中国，只有中国特色社会主义才能发展中国”等结论的认同，对党践行初心、执行使命符合历史发展规律的理解，从而将“不忘初心、牢记使命”转化为持久的理性认识。这样的历史认知，推动广大党员知史爱党、知史爱国，把对初心、使命的理解转化为对各种歪曲、抹黑党史、新中国史、改革开放史错误思想观点的批判力量，自觉捍卫“共产党人不是历史虚无主义者”的原则立场和对待历史的科学态度。

其二，从历史中汲取精神力量。

伟大的历史进程总能产生宝贵的精神财富。在“四史”中，既有马克思主义经典作家马克思、恩格斯、列宁为谋求人类解放、回答时代之问不懈探索，为追求真理勇攀思想高峰，为推翻旧世界、建设新世界不息战斗，也有成千上万的中国共产党人为新中国的诞生和崇高的理想蹈死不顾、慷慨就义，有无数中国人为了国家强大、人民幸福顽强拼搏、辛勤奉献、开拓创新。“四史”既是实践探索的历史，也是优良传统和崇高精神淀积、传承的历史。红船精神、井冈山精神、延安精神、铁人精神、红旗渠精神、雷锋精神、“两弹一星”精神、抗洪精神、抗疫精神……这些奠基于各个历史时期伟大实践的一座座精神丰碑，蕴含着坚定的理想信念、执着的人民立场和崇高的道德品质，构成了中国共产党人的精神谱系，也是新中国坚韧的软实力，展示出马克思主义的信仰之力、真理之光，展示出中国共产党的为民之情、强国之志，高扬着社会主义、集体主义、爱国主义的价值追求，是当今共产党人补足“精神之钙”的营养剂。因此，学习“四史”就是经受思想洗礼、精神升华。从“四史”中汲取精神力量，将推动广大党员对照前人先烈自我检省、自我教育，自觉提升思想境界、陶冶道德情操、完善品格言行，也将鼓舞广大党员增强责任感、使命感，以永不懈怠的精神状态和一往无前的奋斗姿态，传承红色基因，为坚持和发展中国特色社会主义、完成民族复兴伟业作出贡献。

其三，在领悟历史经验中坚定“四个自信”。

“四史”全面提供了社会主义建设的历史经验。在社会主义发展过程中，无论是曾经存在过的社会主义国家建设，还是新中国的发展、中国共产党的实践，都从正反两个方面积累了丰富的经验，其共性的内容包括：必须始终坚持马克思主义的指导，并结合具体国情创造性地运用和发展马克思主义；必须坚持无产阶级政党的领导，不断加强党的建设、改善党的领导；必须大力发展生产力，不断满足人民群众物质文化生活需要，实现共同富裕；必须坚持无产阶级专政，大力发展人民民主和党内民主；必须不断加强对党员干部和人民群众的思想政治教育；必须正确认识和处理与资本主义的关系，善于吸收一切人类文明成果、利用资本主义发展社会主义；必须在独立自主、相互尊重、完全平等、互不干涉的基础上加强各国马克思主义政党的团结和合作。这些经验包含对社会主义建设规律、马克思主义政党建设规律和人类社会发展规律的反映和揭示。中国特色社会主义的开拓和发展，正是这些历史经验的集中体现，是被实践检验过的科学理论、发展模式。

学习“四史”不仅以丰富的历史经验推进对历史发展规律的理解，而且将坚持和发展中国特色社会主义建立在深刻的历史逻辑和充分的历史依据上，为树立对中国特色社会主义的“四个自信”提供了历史论证。这有利于广大党员在领悟历史经验中，坚定“四个自信”，确立起坚持和发展中国特色社会主义的政治自觉、思想自觉和行为自觉。

其四，以涵养科学思维提高思想站位。

“四史”是涵养科学思维的重要源泉。这是因为：其一，“四史”的内容从不同层面、不同视域呈现了500多年来人类对于社会主义的美好憧憬和不懈探索。在科学社会主义创立后，社会主义运动从理论到实践、从一国到多国、从单一模式向多种模式发展的历程具有宏大叙事；坚持站在历史发展规律的高度来认识社会主义的发展进程，透过纷繁复杂的历史现象阐明“新世界”取代“旧世界”的总体方向和阶段性特点，把党史、新中国史、改革开放史视为“新世界”历史必然性的实现过程，说明中国特色社会主义的必然性和中国共产党选择的正确性；坚持站在世界历史的高度，以更宽广的视野、更长远的眼光审视中国与世界关系的历史演变，认识中国站起来、富起来、强起来对于世界社会主义运动、人类探索更美好社会制度的重要价值。其二，学习“四史”内在地要求运用历史唯物主义的科学方法来认识历史。包括尊重“四史”史实，全面考察历史的进程，既要看到社会主义事业的凯歌行进，也要看到理论与实践双重探索中的曲折低潮，辩证分析历史现象背后的社会历史原因；坚持以史为鉴、知古鉴今的取向，善于总结历史经验，牢记历史教训，铭刻历史警示。善于进行历史与现实的比较，在比较中评说历史、认清现实；尊重历史发展规律，注重把握历史大势，动态把握中国历史方位的演变、认清当代中国的历史坐标，既顺势而为，又保持定力。

“四史”的学习意味着科学思维的培养。“四史”的内容、学习的方法以及其中价值观，推动了广大党员形成战略思维、辩证思维、历史思维，使其能够跳出日常具体事务的约束，提高思想站位、拓宽视野，观大局、看成败、鉴得失、识大势、知兴替；进而准确理解坚持和发展中国特色社会主义的要义、理解习近平新时代中国特色社会主义思想、理解党中央的战略部署，在实践中勇于面对风险挑战，坚定执行党中央的决策，“自觉按照历史规律和历史发展的辩证法办事”。

4. 坚持科学思维防范意识形态风险

习近平敏锐观察新时代，分析国际国内环境的变化给我国带来的系统风险，他提出了总体国家安全观，把政治安全作为首要的安全要素，并就防范化解政治、意识形态、经济、科技、社会、外部环境、党的建设等领域重大风险作出深刻分析、提出明确要求。他强调，面对波谲云诡的国际形势、复杂敏感的周边环境、艰巨繁重的改革发展稳定任务，我们必须始终保持高度警惕，既要高度警惕“黑天鹅”事件，也要防范“灰犀牛”事件；既要有防范风险的先手，也要有应对和化解风险挑战的高招；既要打好防范和抵御风险的有准备之战，也要打好化险为夷、转危为机的战略主动战。就防控意识形态领域风险而言，主要有以下两点：

第一，防控意识形态风险要坚持战略思维。坚持战略思维，就是用辩证唯物主义的联系观点、发展观点、矛盾观点来分析、认识问题，立足于根本、全局和长远来把握各种关系并提出战略策略。当前，坚持战略思维来认识、把握、处置意识形态风险，就要：其一，从坚持和发展中国特色社会主义、中华民族伟大复兴的战略高度，来认识当前意识形态工作的极端重要性，充分认识意识形态风险关涉国家安全、关乎社会发展道路的选择和中国共产党的执政地位，增强防控意识形态风险的自觉性、主动性；其二，把意识形态风险置于当前国家面临的风险总体中考量，把握意识形态风险与其他领域风险的关系，密切关注和研究不同领域风险之间的相互诱发、相互刺激；其三，对意识形态风险做具体分析，把解决具体问题与解决深层次问题、解决现实问题与潜在问题、解决当下问题与长远问题、解决内生问题与外部诱导问题等有机统一起来。

第二，防控意识形态风险还必须坚持底线思维。底线思维是根据现实需要和客观条件，明确可以接受的底线(临界线)，尽力化解风险，同时争取实现最好结果的积极的思维方法。在意识形态风险防控中，坚持底线思维要特别警惕、防控意识形态领域的“黑天鹅”事件和“灰犀牛”事件的发生。因此，党员干部要树立忧患意识，充分正视意识形态领域风险，实事求是地评估风险，不回避矛盾、不掩盖问题，密切关注意识形态领域动向，持续开展科学研判；树立前瞻意识，立足于“防患于未然”，凡事从坏处准备，努力争取最好的结果，这样才能有备无患、遇事不慌，牢牢把握主动权。防控和抵御意识形态风险，必须以高度的责任感守好底线，力求胜利。既要打好应对风险的有准备之战，也要打好化险为夷、转危为机的战略主动战，在原则问题上不能动摇或让步。

(三)“原则遵循论”

意识形态工作怎么做？习近平从根本性质、基本目标、战略布局、发展方式和基本路径等方面，全面阐述了意识形态工作的基本遵循。

1. 在根本性质上坚持党性和人民性的统一

在2013年8月召开的全国宣传思想工作会议上，习近平强调“党性和人民性从来都是一致的、统一的”，指出“从本质上说，坚持党性就是坚持人民性，坚持人民性就是坚持党性”。[①] 2016年2月，在党的新闻舆论工作座谈会上，习近平再次强调新闻舆论工作要“坚持党性和人民性相统一”。在党的十九大报告中，习近平具体论述了中国特色社会主义的十四条基本方略。其中，第一条和第二条分别是“坚持党对一切工作的领导”“坚持以人民为中心”。

共产党的党性和人民性的统一，是马克思主义的一个基本观点。马克思主义认为，无产阶级政党与人民有着天然的利益一致性。因为，无产阶级的阶级性质

① 中共中央文献研究室. 习近平关于社会主义文化建设论述摘编[M]. 北京：中央文献出版社，2017：23.

和历史使命决定了它是最大公无私的阶级，“无产阶级的运动是绝大多数人的，为绝大多数人谋利益的独立的运动”。① 共产党作为无产阶级的先锋队，“没有任何同整个无产阶级的利益不同的利益”，② “始终代表整个运动的利益”，③ 党的存在、发展和奋斗目标都与无产阶级和广大劳动人民联系在一起。因此，无产阶级政党与人民群众的关系，决定了党性和人民性不可分离。坚持党性和人民性的统一，是马克思主义政党的内在本质，是工人阶级政党制定理论、路线、政策并付诸行动的根本要求。

中国共产党既是中国工人阶级的先锋队，也是中华民族的先锋队。中国共产党的党性是中国工人阶级的阶级性、中国人民的根本利益和中华民族优秀品质的集中体现，是中国共产党明显区别于其他政党的特性。党性表现在党的整体上，就是党坚持以马克思主义为指导，坚持为人民服务宗旨，制定正确纲领、路线、方针和政策，保持优良的作风。表现在每一个党员身上，就是“牢记自己的第一身份是共产党员，第一职责是为党工作，做到忠诚于组织，任何时候都与党同心同德”，④ 有“四个意识”，切实做到为党分忧、为国尽责、为民奉献。党性被视为党员干部立身、立业、立言、立德的基石。中国共产党倡导的人民性，就是把群众观点贯彻落实到党的思想路线、组织路线和工作路线当中，尊重人民群众，不断实现人民群众的根本利益，满足人民群众物质文化生活要求，推动中华民族走向伟大复兴。在中国共产党的奋斗历程中，坚持党性和人民性的统一，是党能够终获得人民群众支持和拥护的重要原因。

在宣传思想工作中，必须实现党性和人民性的统一。这关系着宣传思想工作的根本性质。党政军民学、东西南北中，党是领导一切的。“党管宣传、党管意识形态、党管媒体是坚持党的领导的重要方面。”⑤“坚持党性，核心就是坚持正

① 马克思恩格斯文集(第2卷)[M]. 北京：人民出版社，2009：42.
② 马克思恩格斯文集(第4卷)[M]. 北京：人民出版社，2009：3.
③ 马克思恩格斯文集(第4卷)[M]. 北京：人民出版社，2009：3.
④ 中共中央文献研究室. 十八大以来重要文献选编(上)[M]. 北京：中央文献出版社，2014：767.
⑤ 中共中央文献研究室. 十八大以来重要文献选编(下)[M]. 北京：中央文献出版社，2018：212.

确政治方向，站稳政治立场，坚定宣传党的理论和路线方针政策，坚定宣传中央重大工作部署，坚定宣传中央关于形势的重大分析判断，坚决同党中央保持高度一致，坚决维护中央权威。……坚持人民性，就是要把实现好、维护好、发展好最广大人民根本利益作为出发点和落脚点，坚持以民为本、以人为本。”①具体而言，就是在意识形态工作中坚持党的领导权，树立以人民为中心的工作导向。在哲学社会科学研究中，“积极为党和人民述学立论、建言献策”，② 坚持以马克思主义为指导，坚持以人民为中心的研究导向；在文艺创作中，坚持以人民为中心的创作导向，把人民作为文艺表现的主体，把人民作为文艺审美的鉴赏家和评判者，把为人民服务作为文艺工作者的天职；在新闻宣传中，“多宣传报道人民群众的伟大奋斗和火热生活，多宣传报道人民群众中涌现出来的先进典型和感人事迹，丰富人民精神世界，增强人民精神力量，满足人民精神需求”。③ 在网信事业发展中，要让互联网更好造福人民，“我们要本着对社会负责、对人民负责的态度，依法加强网络空间治理，加强网络内容建设，做强网上正面宣传，培育积极健康、向上向善的网络文化，用社会主义核心价值观和人类优秀文明成果滋养人心、滋养社会，做到正能量充沛、主旋律高昂，为广大网民特别是青少年营造一个风清气正的网络空间”。④ 总之，意识形态工作要把党性和人民性结合起来。“把党性和人民性割裂开来、对立起来、搞碎片化，在理论上是错误的，在实践上也是有害的。”⑤

习近平在总结意识形态工作的实践中深化对意识形态工作规律性认识，提出意识形态工作要坚持九个方面的遵循：坚持党对意识形态工作的领导权；坚持思想工作“两个巩固”的根本任务；坚持用新时代中国特色社会主义思想武装全

---

① 习近平. 习近平谈治国理政[M]. 北京：外文出版社，2014：154.

② 习近平. 在哲学社会科学工作座谈会上的讲话[M]. 北京：人民出版社，2016：8.

③ 习近平. 习近平谈治国理政[M]. 北京：外文出版社，2014：154.

④ 习近平. 习近平谈治国理政(第2卷)[M]. 北京：外文出版社，2017：337.

⑤ 中共中央文献研究室. 习近平关于社会主义文化建设论述摘编[M]. 北京：中央文献出版社，2017：23-24.

党、教育人民；坚持培育和践行社会主义核心价值观；坚持文化自信是更基础、更广泛、更深厚的自信，是更基本、更深沉、更持久的力量；坚持提高新闻舆论传播力、引导力、影响力、公信力；坚持以人民为中心的创作导向；坚持营造风清气正的网络空间；坚持讲好中国故事、传播好中国声音。这九个方面的遵循实际表明了意识形态工作的主要范围，确定了意识形态工作的基本方向，说明了在中国特色社会主义进入新时代的现实条件下，做好意识形态工作必须把握的要求。

2. 在基本目标上坚持一致性与多样性的有机统一

当代中国正遭遇东方与西方、中国与外国、传统与现代、个体与集体等一系列价值观的碰撞与冲突。在所有制关系、分配方式、就业方式等方面出现多样化的格局，催生出多样化的思想观念。“在不同的财产形式上，在社会生存条件上，耸立着由各种不同的，表现独特的情感、幻想、思想方式和人生观构成的整个上层建筑。”①马克思的这段话说明了思想观念多样性这一现象出现的必然性。当前，“我国正处在大发展大变革大调整时期，国际国内形势的深刻变化使我国意识形态领域面临着空前复杂的情况，各种思想文化相互激荡，不同文明交流交融交锋更加频繁”。②

经济基础决定上层建筑，这是唯物史观的重要原理。但是，一个社会的主流意识形态并不取决于所有制关系的多种形式，而是取决于占统治地位的所有制关系。在社会主义中国，反映公有制的主体地位、反映人民当家作主的国家性质的主流意识形态，只能是以马克思主义为指导的社会主义意识形态。党的十八大以来，以习近平同志为核心的党中央反复强调建设具有强大凝聚力和引领力的社会主义意识形态，体现了深厚的理论底蕴、深远的政治考量。

① 马克思恩格斯文集(第2卷)[M]. 北京：人民出版社，2009：498.

② 中共中央文献研究室. 习近平关于社会主义文化建设论述摘编[M]. 北京：中央文献出版社，2017：107.

只有妥善处理好一致性和多样性的关系，才能在多元中立主导、在多样中谋共识。针对利益多元化条件下能否形成改革共识的质疑，习近平总书记明确指出："现在党内外对深化改革思想认识上有较大差异，但越是思想认识不统一就越要善于寻求最大公约数。在坚持改革这个重大问题上全党全社会是有广泛认知的。只要加强思想引导，把党内外一切可以团结的力量广泛团结起来，把国内外一切可以调动的积极因素充分调动起来，是完全可以形成共识的。"①在新的时代条件下，坚持马克思主义在意识形态领域指导地位的根本制度，是我们必须守住的政治底线。"只要我们把政治底线这个圆心固守住，包容的多样性半径越长，画出的同心圆就越大。"②这一论断，形象地表达了一致性和多样性的辩证关系。

3. 在战略布局上坚持整体谋划与重点安排的有机统一

"不谋全局者，不足谋一域。"意识形态工作关涉方方面面，是一项系统工程，必须有顶层设计、整体谋划。习近平以战略思维科学规划新时代意识形态工作，明确意识形态工作事关民族复兴、事关中国特色社会主义大局；明确"两个巩固"的根本任务，明确建设具有强大凝聚力和引领力的社会主义意识形态的根本目标；明确文化自信是更基本、更广泛、更深厚的自信，强调要画出最大同心圆，凝聚最大公约数；强调牢牢掌握意识形态工作领导权，要在把牢正确方向、加强思想武装、推动手段创新、严格责任落实、加强队伍建设等方面发力；明确要把围绕中心、服务大局作为基本职责；强调做好意识形态工作关键在党、关键在党的各级组织，各级党的组织都要落实意识形态责任制。

同时，习近平以辩证思维，强调"在任何工作中，我们既要讲两点论，又要讲重点论，没有主次，不加区别，眉毛胡子一把抓，是做不好工作的"。③ 网络舆情由于具有交互性、偏差性、突发性等特点，使网络成为舆论斗争的主战场。

① 中共中央文献研究室. 习近平关于全面深化改革论述摘编[M]. 北京：中央文献出版社，2014：46.

② 习近平. 习近平谈治国理政(第2卷)[M]. 北京：外文出版社，2017：304.

③ 习近平. 习近平谈治国理政(第2卷)[M]. 北京：外文出版社，2017：23.

“掌控网络意识形态主导权，就是守护国家的主权和政权。”①管好、用好互联网，是新形势下掌控新闻舆论阵地的关键，重点要解决好谁来管、怎么管的问题。同时，青年是各种社会思潮的易感人群，高校是各种意识形态的集散地。习近平在对第23次全国高校党建工作会议的批示强调，强化思想引领，牢牢把握高校意识形态工作领导权。习近平在北京大学师生座谈会上指出，马克思主义是我们立党立国的根本指导思想，也是我国大学最鲜亮的底色。这些重要精神，指明了高校意识形态工作的重大意义和战略要点。

习近平强调在面对复杂关系时，要“处理好局部和全局、当前和长远、重点和非重点的关系，在权衡利弊中趋利避害、作出最为有利的战略抉择”。② 可以说，在意识形态工作的顶层设计上，充分体现了整体谋划和重点安排上有机统一的原则。

4. 在建设方式上坚持“立”与“破”的有机统一

习近平总书记明确要求，必须坚持以立为本、立破并举，不断增强社会主义意识形态的凝聚力和引领力。所谓“立”，就是坚持、建构、维护。

其一是立“论”，即运用辩证唯物主义和历史唯物主义这一“伟大的认识工具”揭示事物的本质、内在联系及发展规律，推进社会主义意识形态不断深化对社会发展规律的认识，对外部世界形成合理的判断和解释，从而具有高度逻辑自洽性。社会主义意识形态始终保持对时代要求和现实问题的敏锐性，始终保持对人类文明成果的吸收借鉴，不断以理论创新来回应时代之问、实践之问和人民之问，彰显内容的现实性。坚持社会主义意识形态“为了绝大多数人的利益”的价值立场，成为最广大人民群众利益和意志的“总的表达”，成为人类追求更好社会制度、构建和平公正新秩序美好愿望的中国方案，使社会主义意识形态具有人民性。建设

① 中共中央文献研究室. 习近平关于社会主义文化建设论述摘编[M]. 北京：中央文献出版社，2017：36.

② 习近平. 习近平谈治国理政(第2卷)[M]. 北京：外文出版社，2017：206.

具有中国特色、中国风格、中国气派的哲学社会科学，为社会主义意识形态丰富发展提供思想资源和话语资源。不断丰富、发展社会主义意识形态的理论内容。

其二是立“帜”，即高举旗帜。早在1920年，毛泽东同志就深刻认识到“主义譬如一面旗子，旗子立起了，大家才有所指望，才知所趋赴”。① 实践证明，马克思主义为中国革命、建设、改革提供了强大的思想武器，使中国这个古老的东方大国创造出人类历史上前所未有的发展奇迹。做好新形势下的意识形态工作，就要高举马克思主义、中国特色社会主义的旗帜，用习近平新时代中国特色社会主义思想武装全党、教育人民。

其三是立“势”，即通过宣传教育、文化建设和群众性实践活动，在全社会营造积极向上的思想氛围。包括用习近平新时代中国特色社会主义思想武装全党、教育人民，把社会主义核心价值观融入社会发展各方面；提升媒体传播社会主义意识形态的能力，面向大众创新传播手段和方法，采用通俗易懂、轻松活泼的言说方式，综合运用文字、图像、音频、视频等承载话语信息；加强网络内容建设，增大网络空间正能量信息的总量，培育积极健康、向上向善的网络文化；强化文学艺术的守正创新，遵循以人民为中心的创作导向，不断推出讴歌党、讴歌祖国、讴歌人民、讴歌英雄的精品力作……通过这些建设活动，打造社会主义意识形态的强势地位。

其四是立“言”，即不断创新社会主义意识形态话语体系。要推进政治话语与学术话语的互动、官方话语与民间话语的融通，使社会主义意识形态话语既有学理支撑，又能为大众理解，为提升社会主义意识形态话语权提供条件。

所谓“破”，要求“宣传思想战线的同志要当战士、不当绅士，不做‘骑墙派’和‘看风派’，不能搞爱惜羽毛那一套”。② 一是破除错误思想思潮造成的理论迷雾，深入开展对错误思想思潮研究，把握其思想实质和政治危害，廓清理论迷

① 毛泽东年谱(1893~1949)(修订本)(上卷)[M]. 北京：中央文献出版社，2013：70.

② 中共中央文献研究室. 习近平关于社会主义文化建设论述摘编[M]. 北京：中央文献出版社，2017：45.

雾；开展面向大众的宣传教育，把握时机力度，批判谬误，张扬真理，让是非曲直在思想交锋中越辩越明。二是化解大众因现实生活中的问题和困难而对中国特色社会主义产生的误判误读。要求在理论宣传中自觉回应大众的现实关切，坚持正面引导、解疑释惑，突出解决问题的过程性和国家发展向好向上的趋势性，做到言之有理、言之有据，带给大众明确而积极的心理预期，引领大众以辩证态度看待社会现实。三是破解国际舆论中的攻击抹黑。提升社会主义意识形态的国际传播能力，坚持用事实说话、用数据说话，及时破解各种攻击抹黑言行。

坚持以立为本、立破并举的工作思路，彰显了建设性与批判性的辩证法。只“立”不“破”，“立”的地基则不牢，建设性失去基础；只“破”不“立”，“破”的目的则不明，批判性失去意义；立破并举，才能以“立”促“破”、以“破”护“立”，实现建设性与批判性相互促进。落实这一工作思路，在当前就是要破历史虚无主义、立历史唯物主义，破新自由主义、立中国特色社会主义，破西方“普世价值论”、立社会主义核心价值观，等等，最终以“破”的彻底来促进“立”的坚实，筑牢社会主义意识形态阵地。

5. 在发展路径上坚持守正与创新的有机统一

唯物辩证法告诉我们，事物总是在继承与创新的辩证运动中不断向前发展的。做好新时代意识形态工作，要坚持守正创新的发展路径。

所谓守正，就是要坚守我们党在宣传思想工作的长期实践中积累的宝贵经验，主要是坚持马克思主义的理论指导，用马克思主义特别是中国化的马克思主义最新成果武装全党全国人民；始终围绕党的中心工作，开展宣传；根据形势的发展变化，积极推进思想政治工作的理论和实践创新；积极动员广大人民群众参与，把先进性与广泛性结合起来；积极运用多种载体，采用群众喜闻乐见的方式，等等。这些经验反映了宣传思想工作的基本规律。充分总结经验、遵循经验，有利于提升宣传思想工作的效果，也为创新打下基础。习近平指出：“在长期实践中，我们党的宣传思想工作积累了十分丰富的经验。这些经验来之不易、弥足珍贵，是做好今后工作的重要遵循，一定要认真总结、长期坚持，并在实践中不断丰富和发展。”①

所谓创新，就是同时还必须根据新的时代要求推进内容和形式的创新。“我们有些做法过去有效，现在未必有效；有些过去不合时宜，现在却势在必行；有些过去不可逾越，现在则需要突破。”②当前，我国媒体格局、舆论生态、受众对象、传播技术都在发生深刻变化，特别是互联网正在媒体领域催发一场前所未有的变革。在新的时代环境条件下，“做好宣传思想工作，比以往任何时候都更加需要创新”。③ 宣传思想工作“要积极推进理念创新、手段创新、基层工作创新，特别要把握好舆论引导的时、度、效”。④ 应做到“因势而谋，应势而动，顺势而为”。⑤ 这体现在：新闻工作要探索内容创新、形势创新和手段创新，“党的新闻舆论工作必须创新理念、内容、体裁、形式、方法、手段、业态、体制、机制，增强针对性和实效性”。⑥ 要推动媒体融合发展，要坚持一体化发展方向，通过流程优化、平台再造，实现各种媒介资源、生产要素有效整合，实现信息内容、技术应用、平台终端、管理手段共融互通，催化融合质变，放大一体效能，打造一批具有强大影响力、竞争力的新型主流媒体；哲学社会科学研究“不断推进学科体系、学术体系、话语体系建设和创新，努力构建一个全方位、全领域、全要素的哲学社会科学体系”。⑦ 文艺要面向广大人民，“我们必须把创作生产优秀作品作为文艺工作的中心环节，努力创作生产更多传播当代中国价值观念、体现中华文化精神、反映中国人审美追求，思想性、艺术性、观赏性有

---

① 习近平. 习近平谈治国理政[M]. 北京：外文出版社，2014：155.

② 中共中央文献研究室. 习近平关于全面深化改革论述摘编[M]. 北京：中央文献出版社，2014：84.

③ 中共中央文献研究室. 习近平关于全面深化改革论述摘编[M]. 北京：中央文献出版社，2014：84.

④ 中共中央文献研究室. 习近平关于全面深化改革论述摘编[M]. 北京：中央文献出版社，2014：86.

⑤ 习近平. 习近平谈治国理政[M]. 北京：外文出版社，2014：197.

⑥ 习近平. 习近平谈治国理政(第2卷)[M]. 北京：外文出版社，2017：333.

⑦ 习近平. 习近平谈治国理政(第2卷)[M]. 北京：外文出版社，2017：344.

机统一的优秀作品”。① 要顺应互联网发展大势，利用互联网特点和优势，推进理念、内容、手段、体制机制等全方位创新。积极适应网络新媒体的发展，坚持移动优先策略，让主流媒体借助移动传播，牢牢占据舆论引导、思想引领、文化传承、服务人民的传播制高点。“宣传思想干部要不断掌握新知识，熟悉新领域，开拓新视野，增强本领能力，加强调查研究，不断增强脚力、眼力、脑力、笔力。”②

知常明变者赢，守正创新者进。守正夯基础、承历史、重联系，创新把关键、谋未来、求发展，分别反映了联系的观点、发展的观点，侧重点不同。但是，两者又是内在统一的。只有坚持守正，创新才能有坚实的基础、明确的方向；只有不断创新，守正才能获得不竭的活力源泉。党的十九届四中全会把马克思主义在意识形态领域的指导地位作为一项根本制度明确提出来，是对社会主义意识形态中国化历史经验的深刻总结，是关系党和国家事业长远发展、关系我国文化前进方向和发展道路的重大制度创新，生动彰显了守正与创新的辩证法。

（四）“使命任务论”

关于新时代意识形态工作的使命任务，习近平从三个层面进行了阐述。

其一，在总体层面，习近平提出了“两个巩固”的根本任务。

2013 年 8 月 19 日，在全国宣传思想工作会议上，习近平明确提出宣传思想工作要巩固马克思主义在意识形态领域的指导地位，巩固全党全国人民团结奋斗的共同思想基础（简称“两个巩固”）。在 2018 年 8 月召开的全国宣传思想工作会议上的讲话中，习近平进一步把“坚持思想工作‘两个巩固’的根本任务”作为党的十八大以来在实践中提出的新思想新观点新论断加以强调，并认为这是做好宣传思想工作的根本遵循。这充分表明“两个巩固”的根本任务对宣传思想工作具

① 中共中央文献研究室．习近平关于社会主义文化建设论述摘编［M］．北京：中央文献出版社，2017：154.

② 习近平．习近平谈治国理政（第 3 卷）［M］．北京：外文出版社，2020：315.

有重大意义和价值。

宣传思想工作必须坚持“两个巩固”的根本任务，是由我国社会性质所决定的。我国是工人阶级领导的、以工农联盟为基础的人民民主专政的社会主义国家，马克思主义是我们立党立国的根本思想，是社会主义意识形态的旗帜和灵魂。这是历史和人民的选择。正如毛泽东同志所指出的：在马克思主义传入中国之前，无数仁人志士探索和寻找过各种思想武器，以挽救灾难深重的中华民族，先是用顽固的封建主义，但很快抵挡不住，宣告破产了；后来又被迫从帝国主义的老家的武器库中寻找武器，但这些东西也和封建主义的思想武器一样，软弱得很，又是抵挡不住，败下阵来，宣告破产了。“一九一七年的俄国革命唤醒了中国人，中国人学得了一样新的东西，这就是马克思列宁主义。中国产生了共产党，这是开天辟地的大事变。……从此以后，中国改换了方向。”①党的十九大报告也指出，中国共产党成立后，“中国人民谋求民族独立、人民解放和国家富强、人民幸福的斗争就有了主心骨，中国人民就从精神上由被动转为主动”。② 在中国共产党领导下，中国人民把马克思主义基本原理同中国革命和建设具体实际结合起来，团结带领人民经过革命、建设和改革，实现了中华民族由近代不断衰弱到根本扭转命运、持续走向繁荣富强的伟大飞跃。“实践证明，马克思主义的命运早已同中国共产党的命运、中国人民的命运、中华民族的命运紧紧连在一起。”③“实践还证明，马克思主义为中国革命、建设、改革提供了强大思想武器，使中国这个古老的东方大国创造了人类历史上前所未有的发展奇迹。历史和人民选择马克思主义是完全正确的，中国共产党把马克思主义写在自己的旗帜上是完全正确的，坚持马克思主义基本原理同中国具体实际相结合、不断推进马克思主义中国化时代化是完全正确的！”④宣传思想工作要不断增强马克思主义在意识形态领域的指导地位，不断增强中国特色社会主义道路自信、理论自信、制度自

---

① 毛泽东选集(第4卷)[M]．北京：人民出版社，1991：1514.
② 习近平．习近平谈治国理政(第3卷)[M]．北京：外文出版社，2020：10-11.
③ 习近平．在纪念马克思诞辰200周年大会上的讲话[M]．北京：人民出版社，2018：14.
④ 习近平．在纪念马克思诞辰200周年大会上的讲话[M]．北京：人民出版社，2018：14-15.

信、文化自信，为中国特色社会主义制度更加成熟和完善提供思想支撑。

其二，在实践层面，提出新形势下宣传思想工作，必须自觉承担起举旗帜、聚民心、育新人、兴文化、展形象的使命。举旗帜，就是要高举马克思主义、中国特色社会主义的旗帜，坚持不懈地用新时代中国特色社会主义思想武装全党、教育人民、推动工作，在“学懂弄通做实”上下功夫，推动当代中国马克思主义、21世纪马克思主义深入人心、落地生根。聚民心，就是要牢牢把握正确舆论导向，唱响主旋律，壮大正能量，做大做强主流思想舆论，把全党全国人民士气鼓舞起来、精神振奋起来，朝着党中央确定的宏伟目标团结一心向前进。育新人，就是要坚持立德树人、以文化人，建设社会主义精神文明、培育和践行社会主义核心价值观，提高人民思想觉悟、道德水准、文明素养，培养能够担当民族复兴大任的时代新人。兴文化，就是要坚持中国特色社会主义文化发展道路，推动中华优秀传统文化创造性转化、创新性发展，继承革命文化，发展社会主义先进文化，激发全民族文化创新创造活力，建设社会主义文化强国。展形象，就是要推进国际传播能力建设，讲好中国故事、传播好中国声音，向世界展现真实、立体、全面的中国，提高国家文化软实力和中华文化影响力。这五个方面实际上说明了宣传思想工作的五个重要领域。

从马克思主义追求人的自由而全面的发展来看，育新人是最为重要的。而育新人的重中之重是要以坚定的理想信念筑牢精神之基，坚定对马克思主义的信仰，对社会主义和共产主义的信念，对中国特色社会主义道路、理论、制度、文化的自信。要强化教育引导、实践养成、制度保障，把社会主义核心价值观融入社会发展各方面，引导全体人民自觉践行。在全国教育工作会议上，习近平强调我国教育要坚持社会主义办学方向，要培养德智体美劳全面发展的社会主义建设者和接班人。这些表明，在社会主义国家，要通过教育培养坚持社会主义道路、信仰马克思主义的人。

其三，在理论层面，习近平提出宣传思想战线还必须担负起一项战略任务：建设具有强大凝聚力和引领力的社会主义意识形态。这项任务着眼于社会主义意识形态的发展性要求，其目的是使马克思主义指导下的社会主义意识形态能够坚持人类真理、回答时代课题、表达人民意愿、回应思潮质疑，以科学性、人民性、实践性、开放性等品格，对全社会产生凝聚力吸引力，从而凝聚人心、引领思想，能够引领社会前进。

在《中国共产党宣传工作条例》中，将宣传工作根本任务确定为“一个高举”“两个巩固”“三个建设”，并以党内法规的方式予以确认。具体来说就是：高举中国特色社会主义伟大旗帜，巩固马克思主义在意识形态领域的指导地位，巩固全党全国人民团结奋斗的共同思想基础，建设具有强大凝聚力和引领力的社会主义意识形态，建设具有强大生命力和创造力的社会主义精神文明，建设具有强大感召力和影响力的中华文化软实力。

（五）“方法路径论”

做好意识形态工作，必须注重科学方法、遵循科学路线。习近平根据国家治理的“系统治理、依法治理、综合治理、源头治理”总思路，围绕统一思想、凝聚力量这一宣传思想工作中心环节，从方法论层面提出“在基础性、战略性工作上下功夫，在关键处、要害处下功夫，在工作质量和水平上下功夫”，① 体现了固优势、补短板、强弱项的特点。同时，在总结新时代意识形态工作新鲜经验的基础上，对意识形态工作路径进行阐明，为意识形态工作的创新和质量提升指明了方向。

1. 新时代意识形态工作的方法论

第一，在基础性、战略性工作上下功夫。

所谓基础性、战略性工作是关系到党的意识形态工作全局，反映普遍联系规律的基本要求，影响意识形态工作的方向和质量方面。在当代中国，意识形态工

---

① 习近平. 习近平谈治国理政（第 3 卷）[M]. 北京：外文出版社，2020：310.

作的基础性、战略性工作就是社会主义意识形态中国化，包括内容创新和话语创新。

在社会主义意识形态内容上，坚持以马克思主义为指导，秉承马克思主义的优秀品格，从而拥有“说服人”“掌握群众”的必要前提。

其一，坚持马克思主义的科学性。马克思主义是科学的世界观和方法论，这是社会主义意识形态具有凝聚力的根本所在。因此，社会主义意识形态在发展中，要在理论内容上根据社会发展规律和中国国情，运用马克思主义的基本原理和科学方法，准确把握时代发展趋势，科学判断中国历史方位、规划中国发展战略，逻辑严密地说明当代中国社会主义发展道路的历史必然性和现实合理性，深化对人类社会发展规律、社会主义社会建设规律和中国共产党执政规律的认识，以科学性超越其他意识形态。

其二，坚持马克思主义的人民性。马克思主义确定了无产阶级解放全人类的历史使命，要求无产阶级及其政党为最广大劳动人民的利益而奋斗，并明确指出了实践路径。这一特定的价值追求赋予社会主义意识形态鲜明的政治立场，规定着当代中国的社会主义意识形态是中国人民利益和愿望的理论化、系统化的表达。因此，社会主义意识形态秉持马克思主义群众观点，坚持以人民为中心的理念，倡导马克思主义政党的群众路线，尊重、发挥人民群众的主体性，反映人民群众对美好生活的向往，自觉回应人民群众的呼声，为人民代言、为群众发声，以人民性吸引人民。

其三，坚持马克思主义的实践性。马克思主义“实践性是马克思主义理论区别于其他理论的显著特征”。① 马克思主义的实践性确定了社会主义意识形态深深地植根于实践、服务于实践又在实践中不断发展。在中国特色社会主义新时代，社会主义意识形态要坚持从实践中来，从总结提升中国特色社会主义建设实践经验中获得丰富、发展的源泉；围绕坚持和发展中国特色社会主义，系统说明

① 习近平．在纪念马克思诞辰200周年大会上的讲话[M]．北京：人民出版社，2018：9.

“当代中国向何处去”，同时直面现实生活和社会实践中存在的困难和问题，作出科学、合理的解释、说明，化解大众因现实生活中的问题和困难而对中国特色社会主义产生的误判误读，破除错误思想思潮造成的理论迷雾，破解国际舆论对中国的攻击抹黑。这样社会主义意识形态就能在观察实践、解读实践和回应现实问题中超越各种非马克思主义、反马克思主义意识形态的虚假性，展示实践理性和实践品格。

其四，坚持马克思主义的开放性。马克思主义从未脱离人类文明大道，所以，当代中国的社会主义意识形态绝不固步自封，要积极运用马克思主义基本原理和科学方法认识新现象、回答新问题、作出新判断，勇于讲“老祖宗没有说过的话”；坚持“古为今用”，充分利用中国优秀传统文化的丰厚资源，充分总结中国历史和世界社会主义运动历史中的经验教训，不断深化对社会发展规律和现实的理解；坚持“洋为中用”，自觉吸收、借鉴人类文明成果，包括了解国外学术前沿问题，分析、鉴别国际流行的概念范式、分析方法和分析框架、理论体系及相关论争，萃取其中的合理成分，结合时代发展和中国实际给予新阐释。

在社会主义意识形态话语上，要通过创新解决“话语短板”，构建理论话语、学术话语、生活话语和国际话语构成的社会主义意识形态话语体系，以适应不同的场景和受众。从现存的社会主义意识形态话语来看，在构建话语体系中需要把握以下环节：

其一，着力构建社会主义意识形态传播话语。从功能上看，社会主义意识形态话语体系可以区分为理论话语和传播话语两个部分。理论话语系统表达了中国共产党对于中国和世界发展的认识成果，解释了现实社会运作并提供社会秩序的蓝图，在语言风格上严谨、规范、注重逻辑，适用于党的文件、官方正式会议、正式外交场合和学术研究。传播话语是理论话语面向社会大众的转化形式，它以理论话语为基础，但面向全体社会成员甚至国外受众，更加关照受众的认知能力、心态情感、表达习惯和现实生活等，具有灵活性、包容性和普适性等特点，适用于日常生活场景。传播话语包括对内的日常生活话语、对外的国际话语两种。它们与理论话语不同，不一定要完整传递社会主义意识形态的内容体系，而只需要展示社会主义意识形态核心的价值观和理论观点；它们既表达中华民族的共同记忆和关切，也包含对人类命运的思考和关心；它们需要必要的抽象，以反映普遍的利益诉求，能够在一定程度上弥合因现实境遇差别而导致社会思想的分化，突破信息茧房对不同社会群体在形成共同观念上的干扰，增强社会主义意识形态的黏性。

其二，实现社会主义意识形态理论话语与学术话语的贯通。意识形态理论话语与哲学社会科学学术话语从来就不是隔绝的。因为"意识形态"一直是中外众多学者研究的重要领域。无论是对意识形态领域基本理论的讨论，还是对现实生活中意识形态问题的认识和应对，哲学社会科学都以不同学科视角和方法进行考量；哲学社会科学研究聚焦人类社会及其发展，讨论权力、利益、价值等问题，对研究对象进行价值判断，由此具有鲜明的意识形态属性。在当代中国，贯通社会主义意识形态理论话语与学术话语，一方面要把社会主义意识形态的新思想、新观点及相关问题纳入哲学社会科学的研究议题，通过多学科的研究，建构、完善当代中国社会主义意识形态的知识体系和内在逻辑，论证社会主义意识形态理论观点的科学性；另一方面哲学社会科学研究坚持马克思主义的指导，坚持民族立场和以人民为中心的导向，扎根中华学术传统的丰厚沃土，借鉴改造国外学术研究的成果，总结解释当代中国的鲜活实践，设置新议题、生产新理论、提炼新话语，实现中国话语体系的原创性和自主性建构，为社会主义意识形态的创新发展提供思想资源和话语资源。

其三，实现社会主义意识形态传播话语与日常生活话语的对接。社会主义意识形态要更好地进入大众的日常生活场域，其传播话语必须与日常生活话语对接、适宜感性表达。这样的对接通过三种方式实现。一是吸纳，社会主义意识形态传播话语以开放的姿态吸收日常生活话语中那些反映中国发展、追求民族复兴和人民幸福的元素、反映客观规律性认识、生活哲理和民族文化的元素，以扩大社会主义意识形态传播话语和日常生活话语的共同基础。二是转化。"没有'人的感情’，就从来没有也不可能有人对于真理的追求。”①社会主义意识形态要成为被大众追求的真理，就要关注、回应大众的情感和心理，在传播话语上实现从理性向感性转化、从抽象符号向具体符号（文字、图片、音频、视频等）转化，以调动大众积极的内心体验。三是贴近。社会主义意识形态传播话语要贴近大众的日常生活，以大众的日常生活为中心展开叙事，以大众常用的媒体平台和语词传播，融入大众的文艺作品、休闲娱乐活动。

第二，在关键处、要害处下功夫。

关键处、要害处的工作如同党的意识形态工作大局中的重要节点，具有牵一发而动全身的效应，也是现实工作的薄弱环节，更是意识形态工作的底线。综观党的意识形态工作经验、当前我国意识形态领域的现实状态，意识形态工作的关键处、要害处主要有两个，一是青少年教育，二是互联网治理。

关于青少年教育，习近平指出“青少年是祖国的未来、民族的希望”，②“青年是整个社会力量中最积极、最有生气的力量”，③“青年是中国特色社会主义事业接班人、是国家的未来和民族的希望”。④做好青少年的思想政治教育，是培养一代又一代社会主义建设者和接班人的重要保障。“培养什么人，是教育的首要问题。我国是中国共产党领导的社会主义国家，这就决定了我们的教育必须把培养社会主义建设者和接班人作为根本任务，培养一代又一代拥护中国共产党领导和我国社会主义制度、立志为中国特色社会主义奋斗终身的有用人才。”⑤从另一角度来看，西方对我进行意识形态渗透，是把影响青少年的政治价值观、道德观念作为其渗透的手段重要方面。所以，做好青少年教育是党的意识形态工作的关键之处。

① 列宁全集（第25卷）[M]．北京：人民出版社，2017：117.

② 习近平．习近平谈治国理政（第3卷）[M]．北京：外文出版社，2020：328.

③ 习近平．习近平谈治国理政（第3卷）[M]．北京：外文出版社，2020：333.

④ 习近平．在知识分子、劳动模范、青年代表座谈会上的讲话[M]．北京：人民出版社，2016：2.

⑤ 习近平．坚持中国特色社会主义教育发展道路 培养德智体美劳全面发展的社会主义建设者和接班人[N]．人民日报，2018-09-01.

互联网治理成为意识形态工作的关键之处，是因为互联网已融入社会生活的方方面面，深刻地改变了人们的生活方式和思维方式，并成为人们反映心声、表达言论的重要平台。但是，作为西方意识形态的载体和传播途径，西方大国尤其是美国控制的互联网被赋予了“扳倒中国”的重要功能。自互联网在中国发展以来，以美国为首的西方国家一直通过互联网向中国渗透，传输西方的价值观和意识形态，影响网民的思想和行为。它们在网上对我国进行负面报道，对我国政府工作中的不足夸大其词、横加指责，坚持从西方价值观角度来解读我国政策；抓住“台独”“港独”“藏独”和“疆独”等问题，干涉我国内政；散布谣言，捏造事实，直接攻击我国的政治制度和中国共产党的执政；还以多种形式如网络游戏、影视、论坛、课程等吸引中国网民，其目的是在中国网民中培植个人主义、道德虚无主义、自由主义、无政府主义等，弱化网民的国家认同和政治认同。互联网在美国手中正发挥着军队、金钱无法实现的负面作用。伴随西方意识形态的渗透，各种社会思潮在互联网上蔓延激荡。近些年来，凭借互联网信息传播的快速、即时、交互、隐蔽等特点，各种社会思潮不断“攻城略地”，日益突破知识精英的圈子向大众扩展。可以说，互联网已经成为意识形态交锋的主战场，社会舆论的放大器、传导器。在互联网这个虚拟空间里，社会主义意识形态的主导地位、话语空间、社会基础以及我国意识形态的传播方式、防控能力都面临着真实而强大的挑战。网络成为影响我国意识形态安全的最大变量。

习近平高度重视互联网治理，认为互联网已成为意识形态斗争的主战场，他从维护国家安全层面，认为“没有网络安全就没有国家安全；过不了互联网这一关，就过不了长期执政这一关”。① 从应对互联网科学技术发展带来的诸多现实挑战、主流媒体适应网络传播看，习近平强调能不能牢牢掌握意识形态工作领导权，关键要看能不能占领网上阵地，能不能赢得网上主导权。“我们要本着对社会负责、对人民负责的态度，依法加强网络空间治理，加强网络内容建设，做强

① 习近平. 习近平谈治国理政(第3卷)[M]. 北京：外文出版社，2020：317.

网上正面宣传，培育积极健康、向上向善的网络文化，用社会主义核心价值观和人类优秀文明成果滋养人心、滋养社会，做到正能量充沛、主旋律高昂，为广大网民特别是青少年营造一个风清气正的网络空间。”①

第三，在工作质量和水平上下功夫。

意识形态工作的质量和水平，是对宣传思想工作的效率和效果的描述，也标识社会主义意识形态功能的发挥状态。制约宣传思想工作的质量和水平的因素，除了前述的因素外，宣传思想工作自身也存在一些不足。主要是路径依赖，创新不够；官方媒体不适应互联网传播的特点，出现“报纸跟着网站跑、网站跟着公众号跑”的现象；一些具有宣传教育指向的文艺演出内容枯燥单调、营销方式单一；一些理论宣传活动在内容上简单重复、缺乏问题意识和对对象的尊重，一些学校的思想政治课程教学存在内容不准、方法不活的情况；意识形态主管部门对网络舆情中一些热点问题回应、引导不及时，主流媒体对错误思潮思想的辨识和对大众的引领不及时，网络空间对各种有害信息的处理迟缓，以致错误的信息在网上蔓延时间较长，等等。这些问题集中反映出意识形态工作创新不够，意识形态工作队伍的能力有待提升。

应该说，面对国内国际新形势、意识形态领域新态势、信息化发展新趋势，宣传思想工作队伍面临着统一思想、凝聚力量的任务。因而建设具有强大凝聚力和引领力的社会主义意识形态的任务，改进创新宣传思想工作的任务，增强国际话语权、提升国家文化软实力的任务，等等，其繁重艰巨程度前所未有。进一步提升宣传思想干部的本领能力，显得比以往任何时候都更加重要、更为紧迫。习近平在庆祝中国共产党成立95周年大会上曾指出：“各级领导干部要加快知识更新、加强实践锻炼，使专业素养和工作能力跟上时代节拍，避免少知而迷、无知而乱，努力成为做好工作的行家里手。”②

脚力、眼力、脑力、笔力构成了宣传思想工作队伍能力的内容。“脚力”代

① 习近平．习近平谈治国理政(第2卷)[M]．北京：外文出版社，2017：337.
② 习近平．习近平谈治国理政(第2卷)[M]．北京：外文出版社，2017：45.

表着宣传思想工作者能够深入群众、深入基层、深入生活，了解人民群众的喜闻乐见，了解人民群众的愿望期盼，就不会在实际工作中搞“花架子”、形式主义；“眼力”代表着宣传思想工作者坚持正确的政治方向，能够辨识各种错误思潮思想，认清大势。善于发现生活的美好，发现群众的需求。“脑力”则要求宣传思想工作者要勤学勤思，有一定的马克思主义理论修养，能够运用马克思主义立场观点分析问题，能够站在大局上认识问题、处理问题；增强创新思维，保持思想的敏锐性和开放度，认识新事物、把握新规律，敢于打破思维定势和路径依赖。“笔力”是要求宣传思想工作者具有一定的写作能力，能够写出好文章，创作好作品；充分运用新技术新应用创新传播方式、表达方式，推进理念、内容、手段、体制机制等全方位创新。

2. 意识形态工作基本路径

在全国宣传思想工作会议上，习近平在全面总结党的十八大以来宣传思想工作的历史性成就、历史性变革的基础上，总结提出“九个坚持”，系统涵盖了宣传思想工作的各层面、各领域。这“九个坚持”既指明我国意识形态工作的基本内容，也表明了开展意识形态工作的基本路径。

坚持党对意识形态工作的领导权，指明在意识形态工作中党要进行顶层设计、战略安排，保证意识形态工作的正确方向、统筹协调和有效推进。习近平反复强调，能否做好意识形态工作，事关党的前途命运，事关国家长治久安，事关民族凝聚力和向心力；他要求必须把意识形态工作的领导权、管理权、话语权牢牢掌握在手中，任何时候都不能放松，否则就要犯无可挽回的历史性错误。这是从国家最高层面来说明新时代开展意识形态工作的首要事项。

坚持思想工作“两个巩固”的根本任务，即巩固马克思主义在意识形态领域的指导地位、巩固全党全国人民团结奋斗的共同思想基础。这就表明在意识形态工作中，要坚持目标导向，无论意识形态工作的具体环境、对象、范围发生怎样的变化，都必须围绕根本任务去展开，意识形态工作的具体方式要围绕根本任务去设计、实践。

坚持用习近平新时代中国特色社会主义思想武装全党、教育人民，这是新时代宣传思想工作取得的重要实践经验。它表明意识形态工作的基本路径是用马克思主义，尤其是当代中国的马克思主义教育全党和全国人民。同时它还表明，“统一思想”首先是要解决党内的思想问题，首先是在党内形成共识，即“四个自信”，从而在意识形态认同上，以党员干部的意识形态状态为全社会树立示范，并带动全社会学习党的创新理论，认同党的创新理论。

“坚持培育和践行社会主义核心价值观，坚持文化自信是更基础、更广泛、更深厚的自信，是更基本、更深沉、更持久的力量。”①这两个“遵循”表明，开展意识形态工作，不能脱离整个社会的文化环境，必须以培育和践行社会主义核心价值观、在全社会确立共同的道德基础为条件，以文化自信为条件。持续培育和践行社会主义核心价值观，把社会主义核心价值观融入社会发展各方面，转化为人们的情感认同和行为习惯，使其充分发挥对国民教育、精神文明创建、精神文化产品创作生产传播的引领作用，既是意识形态工作中基础性工作，也可以为社会主义意识形态的传播、认同提供文化氛围、文化载体。所以，“我们说要坚定中国特色社会主义道路自信、理论自信、制度自信，说到底是要坚定文化自信”。②

“坚持提高新闻舆论传播力、引导力、影响力、公信力，坚持以人民为中心的创作导向，坚持营造风清气正的网络空间，坚持讲好中国故事、传播好中国声音。”③这四个“遵循”着重说明意识形态工作的重要路径是提升新闻媒体的传播能力，引导文艺创作的方向，加强网络治理，创新传播方式、创新话语体系。

根据中国共产党意识形态工作的经验，总结意识形态工作实践中的新探索，习近平就意识形态工作路径从以下方面展开论述。

---

① 习近平. 习近平谈治国理政(第3卷)[M]. 北京：外文出版社，2020：311.
② 习近平. 习近平谈治国理政(第2卷)[M]. 北京：外文出版社，2017：339.
③ 习近平. 习近平谈治国理政(第3卷)[M]. 北京：外文出版社，2020：311.

关于新闻舆论工作，习近平坚持“政治家办报”的方针，强调“党的新闻舆论工作是党的一项重要工作，是治国理政、定国安邦的大事”,① “做好党的新闻舆论工作，事关贯彻落实党的理论和路线方针政策，事关顺利推进党和国家各项事业，事关全党全国各族人民凝聚力和向心力，事关党和国家前途命运”。② 党的新闻舆论工作必须把讲政治放在第一位，坚持党性原则和正确舆论导向，同时要适应分众化、差异化传播趋势，特别是要适应社会信息化持续推进的新情况，加快传统媒体和新兴媒体融合发展，充分运用新技术新应用创新媒体传播方式，占领信息传播制高点，使主流媒体在舆论空间掌握主动权、话语权。因此，“党的新闻舆论工作必须创新理念、内容、体裁、形式、方法、手段、业态、体制、机制”。③ 创新“要坚持一体化发展方向，加快从相加阶段迈向相融阶段，通过流程优化、平台再造，实现各种媒介资源、生产要素有效整合，实现信息内容、技术应用、平台终端、管理手段共融互通，催化融合质变，放大一体效能，打造一批具有强大影响力、竞争力的新型主流媒体”。④ “建成几家拥有强大实力和传播力、公信力、影响力的新型媒体集团，形成立体多样、融合发展的现代传播体系。”⑤同时“要加快培养造就一支政治坚定、业务精湛、作风优良、党和人民放心的新闻舆论工作队伍”。⑥

关于文艺创作和文化建设，习近平坚持和发展马克思主义文艺观，认为“社会主义文艺，从本质上讲，就是人民的文艺”,⑦ 因此在文艺创作中要坚持以人民为中心的导向，“但最根本的方法是扎根人民。只有永远同人民在一起，艺术

---

① 习近平. 习近平谈治国理政(第 2 卷)[M]. 北京：外文出版社，2017：331.
② 习近平. 习近平谈治国理政(第 2 卷)[M]. 北京：外文出版社，2017：331-332.
③ 习近平. 习近平谈治国理政(第 2 卷)[M]. 北京：外文出版社，2017：333.
④ 习近平. 习近平谈治国理政(第 3 卷)[M]. 北京：外文出版社，2020：317.
⑤ 中共中央文献研究室. 习近平关于全面建成小康社会论述摘编[M]. 北京：中央文献出版社，2016：118.
⑥ 习近平. 习近平谈治国理政(第 2 卷)[M]. 北京：外文出版社，2017：333.
⑦ 习近平. 习近平谈治国理政(第 2 卷)[M]. 北京：外文出版社，2017：314.

之树才能常青”。[①] 发展社会主义文艺，必须“加强文艺队伍建设，造就一大批德艺双馨名家大师，培育一大批高水平创作人才”。[②] 文艺工作者“要珍惜自己的社会形象，在市场经济大潮面前耐得住寂寞、稳得住心神，不为一时之利而动摇、不为一时之誉而急躁，不当市场的奴隶，敢于向炫富竞奢的浮夸说‘不’，向低俗媚俗的炒作说‘不’，向见利忘义的陋行说‘不’”。[③] 文艺创作应该用现实主义精神和浪漫主义情怀观照现实生活，用光明驱散黑暗，用美善战胜丑恶，让人们看到美好、看到希望、看到梦想。“文艺创作如果只是单纯记述现状、原始展示丑恶，而没有对光明的歌颂、对理想的抒发、对道德的引导，就不能鼓舞人民前进。”[④]我国的文艺发展必须坚持党的领导，“党的领导是社会主义文艺发展的根本保证。党的根本宗旨是全心全意为人民服务，文艺的根本宗旨也是为人民创作。把握了这个立足点，党和文艺的关系就能得到正确处理，就能准确把握党性和人民性的关系、政治立场和创作自由的关系”。[⑤]

习近平在党的十九大报告中鲜明地指出，“中国特色社会主义文化是激励全党全国各族人民奋勇前进的强大精神力量”。[⑥] 在当代中国，以马克思主义为指导的中国特色社会主义文化，“源自于中华民族五千多年文明历史所孕育的中华优秀传统文化，熔铸于党领导人民在革命、建设、改革中创造的革命文化和社会主义先进文化，植根于中国特色社会主义伟大实践”。[⑦] 习近平从多个维度强调了建设中国特色社会主义文化的原则和路径。他认为，全党要肩负起文化建设的政治责任，中国特色社会主义文化建设应体现党对文化建设的政治领导；坚持把人民视为文化建设的实践主体和价值主体，通过进行文化体制改革，积极发展文

① 中共中央文献研究室. 习近平关于社会主义文化建设论述摘编[M]. 北京：中央文献出版社，2017：176-177.
② 习近平. 习近平谈治国理政(第3卷)[M]. 北京：外文出版社，2020：34.
③ 习近平. 在中国文联十大、中国作协九大开幕式上的讲话[M]. 北京：人民出版社，2016：19.
④ 习近平. 习近平谈治国理政(第2卷)[M]. 北京：外文出版社，2017：319.
⑤ 习近平. 在文艺工作座谈会上的讲话[M]. 北京：人民出版社，2015：27.
⑥ 习近平. 习近平谈治国理政(第3卷)[M]. 北京：外文出版社，2020：13.
⑦ 习近平. 习近平谈治国理政(第3卷)[M]. 北京：外文出版社，2020：32.

化事业和文化产业，繁荣发展社会主义文艺，完善公共文化服务体系，为人民提供大量优秀的文化产品，丰富人民的精神世界、增强人民的精神力量；中国特色社会主义文化建设要彰显社会主义核心价值观的引领作用，“要以培养担当民族复兴大任的时代新人为着眼点，强化教育引导、实践养成、制度保障，发挥社会主义核心价值观对国民教育、精神文明创建、精神文化产品创作生产传播的引领作用，把社会主义核心价值观融入社会发展各方面，转化为人们的情感认同和行为习惯”。① 中国特色社会主义文化建设要传承中华传统美德，要“推动中华优秀传统文化创造性转化、创新性发展”，营造崇德向善的道德环境，在全社会打造向上、向善的道德力量。这清晰展现了社会主义文化强国建设的中国逻辑，确立了思想引领和理论支撑。

关于青少年教育，习近平高度重视，在多次重要讲话中专门谈到青年、寄语青年。在学校思想政治工作座谈会等相关会议上，在给北京大学、北京师范大学、复旦大学、华中农业大学等多所高校大学生的回信中，在参观北京海淀民族小学等中小学发表的讲话中，提出了关于青少年成长成才的明确要求，包括：学校要贯彻党的教育方针，坚持社会主义办学方向，把立德树人作为中心环节，把思想政治工作贯穿于教育教学全过程；要办好思想政治理论课，用新时代中国特色社会主义思想铸魂育人，使青少年有理想有抱负，坚定“四个自信”，厚植爱国主义情怀，把个人的理想追求融入党和国家的事业，同社会和人民的需要密切结合起来；青少年要努力学习，练就过硬本领，做到知行合一；要通过学校教育、理论研究、历史研究、影视作品、文学作品等多种方式，加强爱国主义、集体主义、社会主义教育，在青少年中树立和培育社会主义核心价值观；全社会都要关心教育，形成教育的合力，为青年成才创造良好的社会环境。要推动城乡义务教育一体化发展，保证教育公平。习近平提出这些要求，旨在确保青少年在“抽穗拔节”时期接受正确的教育引导，“确保党的事业薪火相传，确保中华民族

① 习近平．习近平谈治国理政(第3卷)[M]．北京：外文出版社，2020：33.

永续发展”。①

在青少年教育中，习近平特别重视思想政治理论课的改革创新。党的十八大以来，党中央先后召开全国高校思想政治工作会议、全国教育大会，习近平就思政课建设多次发表重要意见。他强调学校教育的中心环节是立德树人，“办好思想政治理论课意义重大”，要放在世界百年未有之大变局、党和国家事业发展全局中来看待；要从坚持和发展中国特色社会主义、建设社会主义现代化强国、实现中华民族伟大复兴的高度来对待。他提出提升思想政治理论课教学质量的原则要求，包括：办好思政课“最重要的是解决好信心问题”，②“最根本的是要全面贯彻党的教育方针，解决好培养什么人、怎样培养人、为谁培养人这个根本问题”。③“办好思想政治理论课关键在教师，关键在发挥教师的积极性、主动性、创造性”，思政课教师应做到政治要强、情怀要深、思维要新、视野要广、自律要严、人格要正；必须“推动思想政治理论课改革创新，不断增强思政课的思想性、理论性和亲和力、针对性”。④ 思政课教学改革创新要遵循“坚持政治性和学理性相统一、坚持价值性和知识性相统一、坚持建设性和批判性相统一、坚持理论性和实践性相统一、坚持统一性和多样性相统一、坚持主导性和主体性相统一、坚持灌输性和启发性相统一、坚持显性教育和隐性教育相统一”等原则。这“八个统一”覆盖思政课教学的教学理念、教学内容、教学方法、教学过程、教学形式和教学评价等多个方面；他要求“各级党委要把思想政治理论课建设摆上重要议程，抓住制约思政课建设的突出问题，在工作格局、队伍建设、支持保障等方面采取有效措施”。⑤ 这些思想表明中国共产党对于思想政治理论课的重视和认识达到了新的历史高度，为在大中小学推进思想政治理论课改革和建设，提升教学教育质量指明了方向。

---

① 习近平．在纪念五四运动100周年大会上的讲话[M]．北京：人民出版社，2019：12.
② 习近平．思政课是落实立德树人根本任务的关键课程[M]．北京：人民出版社，2020：8.
③ 习近平．思政课是落实立德树人根本任务的关键课程[M]．北京：人民出版社，2020：9.
④ 习近平．思政课是落实立德树人根本任务的关键课程[M]．北京：人民出版社，2020：10，17.
⑤ 习近平．习近平谈治国理政(第3卷)[M]．北京：外文出版社，2020：331.

习近平部署了网络治理、加强网络宣传思想工作，主要思想有七点。其一，要把握大势，重视互联网治理工作。2015 年 5 月，习近平在给国际教育信息化大会的贺词中指出，科技的进步正深刻改变着人们的思维和生产生活方式，互联网成为改变世界的重要力量，明确提出建设网络强国的总目标。其二，“网络空间不是‘法外之地’”,① 要依法治网，加强对网络信息的监管，并培养网民的法律意识。其三，不断提高对网络舆论的引导能力，“做好网上舆论工作是一项长期任务，要创新改进网上宣传，运用网络传播规律，弘扬主旋律，激发正能量，大力培育和践行社会主义核心价值观，把握好网上舆论引导的时、度、效，使网络空间清朗起来”。② 其四，重视网络专业人才的培养。“培养网信人才，要下大功夫、下大本钱，请优秀的老师，编优秀的教材，招优秀的学生，建一流的网络空间安全学院。”③其五，要形成全民维护网络安全的格局。“网络安全为人民，网络安全靠人民，维护网络安全是全社会共同责任，需要政府、企业、社会组织、广大网民共同参与，共筑网络安全防线。”④其六，加强互联网治理的国际合作。互联网在整个世界范围内发展，超越了空间和地域的限制，只有深化互联网在国际范围内的空间合作，构建网络空间命运共同体，才能真正利用、治理和发展好互联网。其七，领导干部要善于运用网络了解民意、开展工作，不断提高对网络舆论的引导能力、对信息化发展的驾驭能力、对网络安全的保障能力。

关于创新话语体系，社会主义意识形态直接呈现出来的是中国共产党的思想理论体系，但是它绝不是纯粹政治话语的演绎，而是吸收哲学社会科学的成就，以哲学社会科学的学术话语为支撑。因此，发展中国特色哲学社会科学，是社会主义意识形态中国化的基础性工作。2016 年习近平在哲学社会科学工作座谈会上提出了“加快构建中国特色哲学科学体系”的重大任务。具体来讲加快构建中

---

① 习近平. 习近平谈治国理政(第 2 卷)[M]. 北京：外文出版社，2017：534.

② 习近平. 习近平谈治国理政[M]. 北京：外文出版社，2014：198.

③ 习近平. 在网络安全和信息化工作座谈会上的讲话[M]. 北京：人民出版社，2016：24.

④ 中共中央文献研究室. 习近平关于社会主义社会建设论述摘编[M]. 北京：中央文献出版社，2017：183.

国特色哲学社会科学体系，就是构建完备的学科体系、学术体系、话语体系。第一，要在现有基础上完善学科体系。包括：①发挥马克思主义理论学科的引领地位和支撑作用，推动哲学社会科学研究坚持以人民为中心的研究导向。一方面，进一步强化马克思主义理论学科体系的构建；另一方面，进一步强化对其他学科的渗透和引领作用。②统筹推进哲学社会科学繁荣发展。“要突出优势、拓展领域、补齐短板、完善体系。一是要加强马克思主义学科建设。二是要加快完善对哲学社会科学具有支撑作用的学科，如哲学、历史学、经济学、政治学、法学、社会学、民族学、新闻学、人口学、宗教学、心理学等，打造具有中国特色和普遍意义的学科体系。三是要注重发展优势重点学科。四是要加快发展具有重要现实意义的新兴学科和交叉学科，使这些学科研究成为我国哲学社会科学的重要突破点。五是要重视发展具有重要文化价值和传承意义的‘绝学’、冷门学科。”[①]③要抓好教材体系建设，以适应中国特色社会主义发展要求，形成立足国际学术前沿、门类齐全的哲学社会科学教材体系。“在教材编写、推广、使用上要注重体制机制创新，调动学者、学校、出版机构等方面积极性，大家共同来做好这项工作。”[②]第二，加强学术体系建设。中国哲学社会科学学术体系的构建要关注中国实践，用中国学术体系回答、阐释中国实践，构建并创新符合中国实践的学术标准、学术命题、学术思想。构建中国特色哲学社会科学学术体系，要扎根中国大地，突出时代特色，树立国际视野，继承和弘扬中华优秀传统文化，积极吸收借鉴国外有益的理论观点和学术成果，融通各种资源，不断推进知识创新、理论创新、方法创新。第三，加强话语体系建设。每个学科都要构建成体系的学科理论和概念。要鼓励哲学社会科学机构参与和设立国际性学术组织，支持和鼓励建立海外中国学术研究中心，支持国外学会、基金会研究中国问题，加强国内外智库交流，推动海外中国学研究。要聚焦国际社会共同关注的问题，推出并牵头组织研究项目，增强我国哲学社会科学研究的国际影响力。要加强优秀外文学术网站

① 习近平. 习近平谈治国理政(第2卷)[M]. 北京：外文出版社，2017：344-345.
② 习近平. 习近平谈治国理政(第2卷)[M]. 北京：外文出版社，2017：346.

和学术期刊建设，扶持面向国外推介高水平研究成果；对学者参加国际学术会议、发表学术文章，要给予支持。通过这些建设，使中国哲学社会科学具有“体现继承性、民族性，原创性、时代性”①等鲜明特点，能够为社会主义意识形态的创新提供思想资源、话语资源。

（六）“重要关系论”

习近平是把意识形态工作置于世界范围内思想文化交流激荡中来考量，作为党治国理政新战略新思想的重要组成部分，融于“四个全面”建设的战略布局来规划。他既关注意识形态工作与中国特色社会主义建设事业其他方面工作的关系，也关注意识形态工作内部各要素之间的联系。他坚持辩证思维，以发展的观点、普遍联系的观点、矛盾对立统一的观点来分析问题，提出了意识形态工作要处理好一系列重要关系的论述。

1. 关于中心工作与意识形态工作的关系

习近平在2013年8月19日的全国宣传工作会议上的讲话中，明确指出“经济建设是党的中心工作，意识形态工作是党的一项极端重要的工作”。② 这一论述既讲明了经济建设在党的各项工作中的中心地位，也指出了意识形态工作的极端重要性。自党的十一届三中全会以来，中国共产党一直坚持以经济建设为中心，并将此确定为党在社会主义初级阶段基本路线的主要内容。对于这一点，习近平是坚持的。他指出：“只要国内外大势没有发生根本变化，坚持以经济建设为中心就不能也不应该改变。这是‘坚持党的基本路线100年不动摇’的根本要求，也是解决当代中国一切问题的根本要求。”③因为，其一，从我国国情看，“我国正处于并将长期处于社会主义初级阶段，这是我们党制定路线方针政策的

① 中共中央文献研究室. 习近平关于社会主义文化建设论述摘编［M］. 北京：中央文献出版社，2017：101.

② 习近平. 习近平谈治国理政［M］. 北京：外文出版社，2014：153.

③ 习近平. 习近平谈治国理政［M］. 北京：外文出版社，2014：153.

根本依据，也是中国特色社会主义理论体系的立论基础”,① 这是我们客观认识当下、规划未来发展、制定相关政策、推进各项事业发展的基点。现实国情要求继续以经济建设为中心，为我国实现社会主义现代化奠定强大的物质经济基础。其二，从解决我国当前面临各种现实问题的要求看，我国在发展过程中出现了一系列问题，比如分配不公严重、环境日益恶化、区域城乡发展失衡、社会道德水平下降，等等。解决这些问题，必须以经济持续发展、科学发展为基础。要“保证人民平等参与、平等发展权利，维护社会公平正义，在学有所教、劳有所得、病有所医、老有所养、住有所居上持续取得新进展，不断实现好、维护好、发展好最广大人民根本利益，使发展成果更多更公平惠及全体人民，在经济社会不断发展的基础上，朝着共同富裕方向稳步前进”。② 当前，以经济建设为中心，要按照“主动适应和引领经济发展新常态，坚持以提高经济发展质量和效益为中心，把转方式调结构放到更加重要位置，更加扎实地推进经济发展”③的思路，促进经济稳步健康发展。

重视意识形态工作是中国共产党的优良传统。从当前的国际国内形势来看，坚持和发展中国特色社会主义，全面建成小康社会，实现中华民族伟大复兴，需要中华民族有凝聚力，需要最广泛的政治认同、价值共识和持久的进取精神，这一切都要求重视和加强意识形态工作。因此，能否做好意识形态工作，事关党的前途命运，事关国家长治久安，事关民族凝聚力和向心力。宣传思想工作必须“在事关大是大非和政治原则问题上，必须增强主动性、掌握主动权、打好主动仗，帮助干部群众划清是非界限、澄清模糊认识”。④

在我国改革开放中，邓小平重视物质文明建设和精神文明建设同步推进，提出了“两手抓，两手都要硬”的思想。中国共产党也强调“只有物质文明建设和精

---

① 中共中央文献研究室. 十七大以来重要文献选编(上)[M]. 北京：中央文献出版社，2009：260.

② 习近平. 习近平谈治国理政[M]. 北京：外文出版社，2014：41.

③ 中共中央文献研究室. 习近平关于社会主义经济建设论述摘编[M]. 北京：中央文献出版社，2017：84.

④ 习近平. 习近平谈治国理政[M]. 北京：外文出版社，2014：155.

神文明建设都搞好，国家物质力量和精神力量都增强，全国各族人民物质生活和精神生活都改善，中国特色社会主义事业才能顺利向前推进”。① 因此，在建设中国特色社会主义的实践中，要遵循经济建设和意识形态工作的辩证统一的原则，正确处理经济建设与意识形态工作的关系。

坚持以经济建设为中心，能为意识形态工作提供物质基础和条件。马克思指出，人们为之奋斗的一切，都与他们的利益相关。经济建设的发展，国家的富强、人民生活水平的提高，才能证实社会主义意识形态的科学性和实践性；经济建设的不断推进，纷繁多样的经济现象不断涌现，一方面推动意识形态工作与时俱进，进行理论创新，提高工作水平，另一方面也为社会主义意识形态的发展提供了大量的素材。

意识形态工作是经济建设的主要保障。做好意识形态工作，能够排除各种错误思想思潮对我国改革的引导和破坏，在纷繁复杂的乱象中为经济建设指明正确的政治方向，保证经济体制改革和各项经济政策措施有利于巩固社会主义制度，有利于满足广大人民群众的利益要求，维护公平正义，以免在经济体制改革中出现颠覆性的错误；做好意识形态工作，能够深入研究、把握经济建设中出现的各种问题及其实质，从而探索解决各种经济发展问题的科学路径；做好意识形态工作，以科学的理论和正确的舆论、作品调动人们的积极性和创造性，激发人们的工作干劲和进取精神，有利于建设充满活力的社会主义市场经济。

因此，在实现中华民族伟大复兴的过程中，经济建设和意识形态工作都不可偏废。要反对将经济建设与意识形态工作脱离乃至对立的思想和做法，坚持“两手抓，两手都要硬”，既要做好中心工作，为意识形态工作提供坚实物质基础，也要做好意识形态工作、为中心工作提供精神动力和思想保障。当前，最重要的是把意识形态工作做实、做强，并且“宣传思想工作一定要把围绕中心、服务大局作为基本职责，胸怀大局、把握大势、着眼大事，找准工作切入点和着力点，

① 习近平．习近平谈治国理政[M]．北京：外文出版社，2014：153.

做到因势而谋、应势而动、顺势而为”。①

习近平在理论上阐明了经济建设和意识形态工作的辩证关系，而且也回应了实践中存在的重经济工作、忽视意识形态工作的错误和将经济建设与意识形态工作对立起来的思想观点，为我国在新时代社会主义建设中，做到“两手都要硬”提供了理论指导。

2. 关于坚持马克思主义与吸收人类文明成果的关系

在当代中国，由于复杂的国际国内原因，在思想文化领域存在马克思主义、中国传统文化、西方文化的交融和碰撞。如何处理三者之间的关系，是意识形态工作面临的一项具有挑战性的重要任务。习近平提出一系列重要观点，为正确处理这三者的关系提供了理论指南。

第一，要坚持马克思主义的指导地位，因为指导思想是一个政党的精神旗帜。“马克思主义尽管诞生在一个半多世纪之前，但历史和现实都证明它是科学的理论，迄今依然有着强大生命力”。② 100年来，中国共产党之所以能够完成近代以来各种政治力量不可能完成的艰巨任务，就在于始终把马克思主义这一科学理论作为自己的行动指南，运用马克思主义立场、观点、方法研究解决各种重大理论和实践问题，才引发了中华文明的深刻变革和中国面貌的深刻变化，指导党和人民取得了举世瞩目的伟大成就；才使中国共产党得以摆脱以往一切政治力量追求自身特殊利益的局限，以唯物辩证的科学精神、无私无畏的博大胸怀领导和推动中国革命、建设、改革，不断坚持真理、修正错误。如果背离或放弃马克思主义，中国共产党就会失去灵魂、迷失方向。

第二，马克思主义是科学的理论、人民的理论、实践的理论和开放的理论。对待马克思主义，不能采取教条主义态度。坚持马克思主义的指导地位，就要“把坚持马克思主义和发展马克思主义统一起来，结合新的实践不断作出新的理

① 习近平. 习近平谈治国理政[M]. 北京：外文出版社，2014：153.
② 习近平. 在哲学社会科学工作座谈会上的讲话[M]. 北京：人民出版社，2016：8.

论创造”。① 不断推进马克思主义中国化、时代化、大众化，继续发展 21 世纪马克思主义、当代中国马克思主义，是中国共产党人肩负的重要责任。

第三，坚持和巩固马克思主义指导地位，必须用宽广视野吸收人类创造的一切优秀文明成果。“中华文化源远流长，积淀着中华民族最深层的精神追求，代表着中华民族独特的精神标识，为中华民族生生不息、发展壮大提供了丰厚滋养”。② 中华优秀传统文化是中华民族的文化根脉，其蕴含的思想观念、人文精神、道德规范，是我们中国人思想和精神的内核，对解决人类问题具有重要价值。“中国共产党人不是历史虚无主义者，也不是文化虚无主义者……中国共产党人始终是中国优秀传统文化的忠实继承者和弘扬者，从孔夫子到孙中山，我们都注意汲取其中积极的养分”，要充分认识“中国优秀传统文化的丰富哲学思想、人文精神、教化思想、道德理念等，可以为人们认识和改造世界提供有益启迪，可以为治国理政提供有益启示，也可以为道德建设提供有益启发”。③ 因此，要把优秀传统文化的精神标识提炼出来、展示出来，把优秀传统文化中具有当代价值、世界意义的文化精髓提炼出来、展示出来；要善于把弘扬优秀传统文化和发展现实文化有机统一起来，紧密结合起来，在继承中发展，在发展中继承。要坚持古为今用、以古鉴今，坚持有鉴别地对待、有扬弃地继承，而不能搞厚古薄今、以古非今，努力实现传统文化的创造性转化、创新性发展，使之与现实文化相融相通，共同服务以文化人的时代任务。特别是要找到中华优秀传统文化和马克思主义的结合点，发挥其在马克思主义中国化和大众化方面的价值和意义。

对于世界范围内的人类文明成果，习近平认为，要尊重世界文明的多样性。要理性处理本国文明与其他文明的差异，认识到每一个国家和民族的文明都是独

① 习近平．在哲学社会科学工作座谈会上的讲话[M]．北京：人民出版社，2016：13.

② 习近平．习近平谈治国理政[M]．北京：外文出版社，2014：164.

③ 中共中央文献研究室．习近平关于社会主义文化建设论述摘编[M]．北京：中央文献出版社，2017：143.

特的，坚持求同存异、取长补短，不攻击、不贬损其他文明；要尊重各国各民族文明。本国本民族要珍惜和维护自己的思想文化，也要承认和尊重别国别民族的思想文化。文明因交流而多彩，文明因互鉴而丰富，要正确进行文明学习借鉴。对人类社会创造的各种文明，无论是古代的中华文明、希腊文明、罗马文明、埃及文明、两河文明、印度文明等，还是现在的亚洲文明、非洲文明、欧洲文明、美洲文明、大洋洲文明等，我们都应该采取学习借鉴的态度，都应该积极吸纳其中的有益成分。当然，文化的吸收和借鉴，不能等同于政治制度、思想理论的照搬照抄，更不是要屈从任何国家的干涉。“我们要虚心学习借鉴人类社会创造的一切文明成果，但我们不能数典忘祖，不能照抄照搬别国的发展模式，也绝不会接受任何外国颐指气使的说教。”①借鉴人类文明成果，“要坚持从本国本民族实际出发，坚持取长补短、择善而从，讲求兼收并蓄，但兼收并蓄不是囫囵吞枣、莫衷一是，而是要去粗取精、去伪存真”。②

3. 关于对内宣传和对外宣传的关系

当前我国宣传思想工作面临重大的历史任务，要以世界眼光，做好对内宣传和对外宣传，既“引导人们更加全面客观地认识当代中国、看待外部世界”，③ 也对外塑造我国的国家形象，提高我国的国际话语权。

对内宣传和对外宣传是紧密联系的，有相同的方面。其中最主要的是解释好中国现象，讲好中国故事。在宣传内容上突出“四个讲清楚”，即，“要讲清楚每个国家和民族的历史传统、文化积淀、基本国情不同，其发展道路必然有着自己的特色；讲清楚中华文化积淀着中华民族最深沉的精神追求，是中华民族生生不息、发展壮大的丰厚滋养；讲清楚中华优秀传统文化是中华民族的突出优势，是我们最深厚的文化软实力；讲清楚中国特色社会主义植根于中华文化沃土、反映

---

① 习近平．习近平谈治国理政[M]．北京：外文出版社，2014：30.

② 习近平．在纪念孔子诞辰 2565 周年国际学术研讨会暨国际儒学联合会第五届会员大会开幕会上的讲话[M]．北京：人民出版社，2014：10-11.

③ 习近平．习近平谈治国理政[M]．北京：外文出版社，2014：155.

中国人民意愿、适应中国和时代发展进步要求，有着深厚历史渊源和广泛现实基础”。① “四个讲清楚”的要求具有严密的逻辑。第一个“讲清楚”从一般规律的意义上，阐明每个国家社会发展道路受到既有的历史传统、文化积淀、基本国情的综合影响；第二个“讲清楚”则具体说明中华文化对中华民族发展的滋养；第三个“讲清楚”更加具体说明中华优秀传统文化的地位；第四个“讲清楚”说明中国特色社会主义与中华优秀传统文化的关系。按照这“四个讲清楚”，就能从历史与现实的结合、文化与社会发展道路的关联上，说明“独特的文化传统，独特的历史命运，独特的基本国情，注定了我们必然要走适合自己特点的发展道路”。② “四个讲清楚”强调了对历史和事实的尊重，突出了中国的文化传统、历史命运和基本国情是判断中国发展道路合理性时的前提，是把中国与西方国家对比时的出发点，对内帮助人们清醒客观地认识我们的国家，对我国的道路、理论、制度的特色和优势有科学把握，对中国在世界上的地位变化、中国与世界关系的变化有正确判断，从而增强“四个自信”；对外掌握国际话语权，传播讲好中国故事、传播好中国声音，阐释好中国特色，树立中国维护国际公平正义、为人类作贡献的负责任大国形象。

当然，对外宣传与对内宣传也有不同之处。对外宣传与对内宣传的对象不同，所面对的环境也不同，关系到经济利益关系、政治关系、文化传统和意识形态等多方面的问题，自然不能照搬对内宣传的方式方法和话语体系。面对我国在改革开放中硬实力显著增强，而国家文化软实力和与之相适应的话语体系建构相对滞后的状态，“要精心做好对外宣传工作，创新对外宣传方式，着力打造融通中外的新概念新范畴新表述，讲好中国故事，传播好中国声音”。③ “要加强国际传播能力建设，精心构建对外话语体系，发挥好新兴媒体作用，增强对外话语的

① 习近平. 习近平谈治国理政[M]. 北京：外文出版社，2014：155-156.
② 习近平. 习近平谈治国理政[M]. 北京：外文出版社，2014：156.
③ 习近平. 习近平谈治国理政[M]. 北京：外文出版社，2014：156.

创造力、感召力、公信力。”①“要加强国际传播能力建设，增强国际话语权，集中讲好中国故事，同时优化战略布局，着力打造具有较强国际影响的外宣旗舰媒体。”②也就是说，要以讲好中国故事为目的，以建设融通中外的话语体系为突破口，通过打造国际一流的媒体和提升国家传播能力，在中国道路、中国制度等重大问题的对外传播上掌握主导权，在国际热点的新闻竞争中占据主动权，让国际社会对中国有一个客观、充分、理性的认识。

4. 关于全党动手和部门负责的关系

在日益复杂的国际国内环境中更好地坚持党的领导、坚持和发展中国特色社会主义，是对当代中国共产党人的严峻考验。在这个大背景下来认识意识形态工作，无疑任务更重、要求更高。因此，要适应国际国内环境的变化，努力创造思想宣传工作的新格局。

首先，“做好宣传思想工作必须全党动手”。“要树立大宣传的工作理念，动员各条战线各个部门一起来做。”③要实现各条战线、各个部门齐动手，全党上下共参与，把宣传思想工作同各个领域的行政管理、行业管理、社会管理更加紧密地结合起来，形成上下互通、协作联合、齐抓共管的大宣传工作格局。

其次，各级党委切实担负起政治责任和领导责任。“各级宣传部门领导同志要加强学习、加强实践，真正成为让人信服的行家里手。”④各级党委要增强抓意识形态工作的积极性和主动性，改变“不想抓”“不会抓”“不敢抓”的状态，树立宣传思想工作的整体思维和战略思维，加强对宣传思想领域重大问题的分析研判和重大战略性任务的部署指导，做好统筹谋划、整合资源，不断提高领导宣传思想工作能力和水平。

---

① 习近平. 习近平谈治国理政[M]. 北京：外文出版社，2014：162.
② 习近平. 习近平谈治国理政(第2卷)[M]. 北京：外文出版社，2017：333.
③ 习近平. 习近平谈治国理政[M]. 北京：外文出版社，2014：156.
④ 习近平. 习近平谈治国理政[M]. 北京：外文出版社，2014：156.

最后，宣传思想部门责无旁贷，必须守土有责、守土负责、守土尽责。宣传思想部门工作要有力有成效，一是领导权要掌握在坚定的马克思主义者手中；二是要在宣传思想工作中把握好时、度、效，增强吸引力和感染力，不断壮大主流思想舆论；三是要找准宣传思想工作的切入点和着力点，增强主动性、掌握话语权。

5. 关于政治原则问题、学术问题和思想认识问题的关系

正确区分政治原则问题、学术问题和思想认识问题，是意识形态工作中的一个难点。客观来讲，区分政治原则问题、学术问题和思想认识问题之难，主要在于：一是这些问题本身的边界是否清晰；二是判断是非的标准，亦即用来区分的工具是否科学；三是“区分”作为一种思维活动，必然受到一定的社会历史环境的影响，受到主体价值观和能力状态的影响。这三种因素叠加在一起，就是如何“区分政治原则问题、学术问题和思想认识问题”成为难以把握的问题。西方国家在对我国的意识形态渗透、各种错误思潮蔓延中，一直鼓吹绝对的“学术自由”“写作自由”，制造“纯粹学术”“学者价值中立”的假象，并把知识分子不听从党和政府的领导、对当代中国社会现实采取批判态度称为“坚守社会良知”“坚持独立见解”，在我国相当一批知识分子中颇有影响。错误思潮常常将历史上苏联和我国在这个问题上的失误作为借口，反对在中国共产党加强意识形态工作。

如何判断、对待政治原则问题、学术问题和思想认识问题，直接关系到我国的哲学社会科学研究、文艺创作的方向问题。在2016年的哲学社会科学座谈会上，习近平在强调学术研究要坚持马克思主义指导、坚持以人民为中心研究取向的前提下，提出“要正确区分学术问题和政治问题，不要把一般的学术问题当成政治问题，也不要把政治问题当作一般的学术问题，既反对打着学术研究旗号从事违背学术道德、违反宪法法律的假学术行为，也反对把学术问题和政治问题混淆起来、用解决政治问题的办法对待学术问题的简单化做法”。① 在党的十九大

① 中共中央文献研究室. 习近平关于社会主义文化建设论述摘编［M］. 北京：中央文献出版社，2017：94.

报告中，习近平再次提出要“注意区分政治原则问题、思想认识问题、学术观点问题”。在这段话中，实际上包含着以下观点：

一是一般性的学术问题和政治问题是可以识别的。因为，学术问题主要是专业研究者围绕学术话题，借助一定的理论范式和学术框架阐发自己主张和见解。其表达方式是学术性的。尽管学术话题会涉及现实的政治、经济、社会等多方面的问题，研究者有一定价值取向，但是这种研究行为仅仅局限于学术界，并不追求政治方面的实践，不会推向社会层面以影响生活世界和大众政治观念。但是政治问题显然不同，政治问题具有鲜明的价值取向、实践取向，虽然以一定的学科和学术研究为基础，但是它有否定当代中国政治现实的立场，追求宣传效应和鼓动效应，利用多种媒体和传播渠道影响社会大众，具有强烈的现实关怀。当然，如果学术研究被错误思潮利用，被媒体加持并推向社会大众，那么其性质就会发生变化。

二是要反对那些戴着学术面具，经过“学术研究”包装的政治原则问题。在当代中国，错误思潮为了掩人耳目、逃脱监管，往往把自身打扮成坚持“价值中立”的“学术研究”。比如历史虚无主义思潮，以中国近现代历史、中共党史的学术研究为基础，有一些专业人士通过运用多种研究方法进行研究，不断生产出学术观点；一些非专业人士则以多种方式，包括撰写小说、书评，出版回忆录，开展社会调查，在媒体上开辟专栏讨论、专栏节目，拍摄影视剧，等等，支持、应和专业研究者的学术观点，使其在形象化、具体化、现实化中向普通大众蔓延；它追求宣传效应和鼓动效应，采用多种表达方式，既有系统的、学术性的表达，也有碎片化、情绪化、形象化的表达。更为重要的是，历史虚无主义思潮不遗余力地错误引导着人们的历史观，引导人们形成对近代以来中国的“四个选择”形成否定性认识。因此，不能因有学术研究基础、运用了一些学术研究的方法和范式，就把历史虚无主义思潮归为学术思潮。对于错误思潮的这种乔装打扮，必须清晰认识、坚决反对。

三是可以依照宪法和法律区分政治问题和学术问题、思想认识问题。习近平运用法治思维，把是否符合宪法和法律作为区分政治问题和学术问题、思想认识问题的标准。我国宪法的总纲部分和一些部门法的具体条文对中华人民共和国公民的言行有明确规定，加上我国已经明确坚持马克思主义在意识形态领域的指导地位是国家的根本制度，这些为在实际工作中正确判断这类问题提供了客观的标准。

四是对待学术问题和政治问题应该有不同的方法。具体问题具体分析是马克思主义的一个重要原则。中国共产党在领导社会主义文化建设中提出了“双百”方针、“二为”方向。习近平重申中国共产党的“双百”方针，提出了对待学术问题的基本政策。他指出：“百花齐放、百家争鸣，是繁荣发展我国哲学社会科学的重要方针。要提倡理论创新和知识创新，鼓励大胆探索，开展平等、健康、活泼和充分说理的学术争鸣，活跃学术空气。要坚持和发扬学术民主，尊重差异，包容多样，提倡不同学术观点、不同风格学派相互切磋、平等讨论。”①“要坚持百花齐放、百家争鸣的方针，发扬学术民主、艺术民主，营造积极健康、宽松和谐的氛围，提倡不同观点和学派充分讨论，提倡体裁、题材、形式、手段充分发展，推动观念、内容、风格、流派切磋互鉴。”②这两段话表明，中国共产党坚持百花齐放、百家争鸣的方针，鼓励、支持在宪法与法律许可范围内的学术民主、艺术民主，倡导正确处理不同学术流派、艺术流派之间包容与批评的关系。这些为学术研究、艺术创作的自由创新发展提供了前提条件。依照宪法和法律的规定，对一些违法言论进行思想斗争，并不是对学术研究、艺术创作的干扰，反而是为学术研究、文艺创作的推进、创新提供良好的环境。

因此，对于违反《中华人民共和国宪法》《中华人民共和国英雄烈士保护法》《中华人民共和国网络安全法》等法律条文规定，在重大原则问题上与社会主义意识形态完全对立的错误思想观点，必须开展积极的思想斗争，深入分析其理论渊源和思想方法、政治价值取向、社会危害，同时阐明社会主义意识形态在原则

---

① 习近平. 在哲学社会科学工作座谈会上的讲话[M]. 北京：人民出版社，2016：28.
② 习近平. 在文艺工作座谈会上的讲话[M]. 北京：人民出版社，2015：11.

问题上的基本主张。对于学术问题，则坚持发扬学术民主，开展平等讨论，以理服人；对于思想认识问题，通过摆事实、讲道理，加强正面宣传，利用多种传播渠道和方法有针对性地引导。

三、新时代社会主义意识形态中国化的实践进展

党的十八大以来，中国共产党围绕“巩固马克思主义在意识形态领域的指导地位，巩固全党全国人民团结奋斗的共同思想基础”的根本任务，以树立“四个自信”为目标，加强顶层设计，通过运用多种治理方法和手段，整合意识形态领域内外资源，“系统治理、依法治理、综合治理、源头治理”，① 全面展开意识形态工作的崭新探索。

(一)在守正创新中增强社会主义意识形态的凝聚力、引领力

当代中国的社会主义意识形态，是以马克思主义为指导，反映中国工人阶级、中华民族根本利益要求和现实社会主义运动的系统化的思想观念体系。社会主义意识形态的凝聚力、引领力则是这一思想观念体系的功能，其所反映的是社会主义意识形态对人们认识世界、解释社会的理论指导和对人们社会行为的价值牵引。马克思指出：“理论只要说服人[ad hominem]，就能掌握群众；而理论只要彻底，就能说服人[ad hominem]。所谓彻底，就是抓住事物的根本。”②这一论断指明了理论“说服人”“掌握群众”的必要前提是理论的内容具有彻底性，即科学反映客观事物，把握事物的本质和发展规律。马克思主义之所以对世界无产阶级产生凝聚力、引领力，根本在于马克思主义具有科学性、人民性、实践性和开

① 中共中央文献研究室．习近平关于社会主义社会建设论述摘编[M]．北京：中央文献出版社，2017：130.

② 马克思恩格斯文集(第1卷)[M]．北京：人民出版社，2009：11.

放性的理论特征。马克思主义的科学性赋予社会主义意识形态符合、反映社会发展客观规律的真理力量；马克思主义的实践性决定社会主义意识形态面向实践并随着实践发展而不断发展；马克思主义的人民性赋予社会主义意识形态“为了绝大多数人的利益”的价值立场，成为人民大众利益和意志的“总的表达”；马克思主义的开放性赋予社会主义意识形态积极吸收人类文明成果，具有宽广的国际视野和深邃的历史眼光。

党的十八大以来，以习近平同志为核心的党中央以科学的态度对待马克思主义，科学分析我国社会主要矛盾发生的变化及其对党和国家提出的新要求，分析世界发生的纷繁复杂变化，通过系统阐述坚持和发展中国特色社会主义的总目标、总任务、总体布局、战略布局和发展方向、发展方式、发展动力、战略步骤、外部条件、政治保证等基本问题，以一系列新理念新思想新战略回答了坚持和发展什么样的中国特色社会主义、怎样坚持和发展中国特色社会主义这一重大课题，形成了习近平新时代中国特色社会主义思想。这一理论成果以“守正”与“创新”的紧密结合，充分展现了思想引领力。

从“守正”来看，习近平新时代中国特色社会主义思想坚持和运用马克思主义立场观点方法，捍卫了马克思主义科学的真理性。习近平新时代中国特色社会主义思想进一步深化了对马克思主义的认识，诠释了马克思主义的理论特征和时代价值。主要包括：高度概括马克思主义的理论特质，阐明马克思主义是科学的理论、人民的理论、实践的理论和开放发展的理论等；深刻阐释马克思主义的实践功能，指出马克思主义是认识世界、改造世界的强大思想武器等；独到分析马克思主义深刻改变中国的历史进程，阐明马克思主义为中国革命、建设、改革提供强大思想武器等；旗帜鲜明地回应、批驳“共产主义渺茫论”“马克思主义过时论”“历史终结论”……这就捍卫了马克思主义的科学真理性，深化了对马克思主义在21世纪历史命运的思考，进一步回答了21世纪的中国为什么要坚持马克思主义的问题。

习近平新时代中国特色社会主义思想深化了对坚持马克思主义基本原理和科

学方法的理解，自觉运用马克思主义立场观点方法分析世情国情党情，把马克思主义作为回答时代之问、实践之问和人民之问的理论基础、逻辑起点。主要表现在：坚持马克思主义关于生产力和生产关系的思想，坚持以解放和发展社会生产力为根本任务，对全面深化改革作出顶层设计，以调整生产关系、完善上层建筑来推动社会全面进步，让中国特色社会主义更加符合规律地向前发展；坚持人民是历史创造者的观点，确立以人民为中心的发展思想，坚持共同富裕的目标；坚持马克思主义关于人民民主的思想，强调人民当家作主是社会主义民主政治的本质和核心，以不断完善我国制度体系保障人民的民主权利；坚持马克思主义关于无产阶级政党建设的观点，作出全面从严治党的战略部署；坚持社会意识对社会存在反作用的观点，强调马克思主义在意识形态领域的指导地位和党对意识形态工作的领导权，高度重视和全面规划意识形态工作；坚持马克思主义关于人与自然关系的思想，提出新时代生态文明建设新理念，动员全社会力量推进生态文明建设；坚持马克思主义关于未来社会的思想，提出坚持和完善支撑中国特色社会主义制度的根本制度、基本制度、重要制度，充分体现科学社会主义基本原则的要求；坚持马克思主义关于世界历史的思想，提出推动构建人类命运共同体的理念；运用社会基本矛盾分析法，科学分析当今世界的基本面貌和发展趋势，明确当代中国还处于"马克思主义所指明的历史时代"，认识把握中国社会主要矛盾的变化及其要求；坚持具体问题具体分析方法，厘清我国经济社会发展和党的建设中存在的问题及其原因，有利于在实践中"奔着问题去"，等等。

从"创新"来看，习近平新时代中国特色社会主义思想以原创性理论成果发展了马克思主义，推进了对中国特色社会主义的认识。习近平新时代中国特色社会主义思想坚持"马克思主义并没有结束真理，而是开辟了通向真理的道路"，植根于新时代中国特色社会主义新的伟大实践，立足于新时代中国发展新的历史方位，准确把握当代世界与中国发展大势，以我们正在做的事情为中心，坚持问题导向，在总结党的十八大以来治国理政成功经验的基础上，讲了大量"老祖宗没有讲过的新话"。这一思想深化了对中国特色社会主义的认识，系统阐述了中国特色社会主义的历史渊源、发展演进、本质规定、独特优势和重大意义；深化了对社会主义发展规律的认识，用“八个明确”“十四个坚持”阐释中国特色社会主义发展规律的内涵，提出了“中国特色社会主义进入新时代”、我国社会主要矛盾发生变化重大判断等；深化了对社会主义发展阶段和现代化战略的认识，提出了新的“两步走”战略；深化了对中国特色社会主义建设总任务的认识，提出了实现中华民族伟大复兴的中国梦；深化了对社会主义现代化建设规律的认识，提出了“五位一体”总体布局、“四个全面”战略布局等；深化了对社会主义发展动力的认识，提出了全面深化改革战略部署；深化了对中国特色社会主义经济的认识，提出了“使市场在资源配置中起决定性作用，更好发挥政府作用”等；推进了马克思主义安全观，提出了“总体国家安全观”等；推进了对世界历史和全球化的认识，提出了“构建人类命运共同体”“一带一路”倡议等；推进了对马克思主义执政党执政规律的认识，强调了“党是领导一切的”“以党的自我革命推动伟大社会革命”等；根据互联网发展对社会生活的深刻影响，提出了一系列网络治理的战略举措……这些创新的思想成果深刻揭示了中国特色社会主义的本质特征、发展规律和建设路径，将中国共产党人对中国特色社会主义的认识提升到新的高度。

同时，习近平新时代中国特色社会主义思想实现了话语创新。这一思想着力于讲好中国故事，打造国际社会和人民大众能够理解、易于接受的新概念、新表达，反映中国共产党人对世界现实状态和未来发展的思考与认识。一是实现理论话语与生活话语的融通。坚持用人民大众喜闻乐见的通俗质朴、生动活泼的语言阐述深刻道理。如以“中国梦是国家的、民族的，也是每一个中国人的”说明个人命运与国家民族的命运休戚与共，用“鞋子合不合脚，只有穿鞋人自己才知道”说明中国特色社会主义道路是中国人民的选择，用“点赞”“幸福是奋斗出来的”鼓舞人民劳动创造，等等；二是实现与中国优秀传统文化的良性互动，既借助优秀传统文化元素表达思想，又赋予中国优秀传统文化以时代内涵。如以“去民之患，如除腹心之疾”说明全面从严治党、反腐倡廉是民心所向、刻不容缓，用“法令既行，纪律自正，则无不治之国，无不化之民”强调依法治国重要性，用“一花独放不是春，百花齐放春满园”揭示经济全球化大潮在各国应包容互惠，等等。三是用具有普遍通识性的话语说明世界需要寻求发展共性、重塑治理秩序，比如提出“构建人类命运共同体”。

理论内容的创新赋予习近平新时代中国特色社会主义思想鲜明的时代性和现实性，系统回答了“新时代坚持和发展什么样的中国特色社会主义、怎样坚持和发展中国特色社会主义”的基本问题，回应了人们思想认识中关于中国特色社会主义、关于中国与世界关系的种种疑惑，展现出强大的现实解释力；理论话语的创新赋予习近平新时代中国特色社会主义思想鲜明的中国风格、中国气派和强烈的时代气息，展现出强大的亲和力和感召力，进而展现出社会主义意识形态的强大凝聚力和引领力。

（二）以全面从严治党提升全党意识形态状态

当代中国的社会主义意识形态是由中国共产党的意识形态上升而来的国家意识形态，是中国共产党以思想体系、理论形态等形式体现自身的宗旨理念和政治图谱，是中国共产党展示给人民群众的精神标识，也是中国共产党规范自身动、约束党员干部、引领全党前进的思想保障。党内的意识形态状态不仅与党的思想建设直接相关，而且与组织建设、制度建设、作风建设等也有密切联系。中国共产党是社会主义意识形态内容的建构者，也是社会主义意识形态传播、认同的领导者、推动者。马克思、恩格斯在《共产党宣言》中指出，共产党人“在理论方面，他们胜过其余无产阶级群众的地方在于他们了解无产阶级运动的条件、进程和一般结果”。[①] 这表明共产党人应该全面掌握、认同无产阶级的理论体系，具有高于一般无产阶级群众的理论修养和运用理论解决问题的能力。在当代中国意识形态领域存在多种价值观的条件下，这种“胜过”“捍卫”“实现”体现为中国共

① 马克思恩格斯文集(第2卷)[M]. 北京：人民出版社，2009：44.

产党在意识形态认同上的统一，体现为从理论和实践两个层面对马克思主义的坚守。

在当代中国，中国共产党身处复杂的执政环境之中，影响党的先进性、弱化党的纯洁性的因素复杂多样，“四大考验”“四大风险”长期困扰中国共产党，使党内意识形态复杂化。党员干部中存在马克思主义理论修养贫乏、理想信念淡薄、群众观点缺失等现象。“理想信念动摇是最危险的动摇”,① “思想上的滑坡是最严重的病变”。② 党的一些领导干部在思想上缺乏清醒的认识，甚至“有的人奉西方理论、西方话语为金科玉律，不知不觉成了西方资本主义意识形态的吹鼓手”,③ 这不仅助推各种错误思潮思想泛滥，而且导致党内政治生态恶化，政治腐败和经济腐败交织，形式主义、官僚主义、享乐主义和奢靡之风日益发展，等等。这种状态背离了社会主义意识形态中对共产党人的定义，损坏了中国共产党的形象和威望，损害了国家利益和人民群众的利益。在现实生活中，人民群众往往是根据党员干部的实际言行去认识、判断社会主义意识形态。那么这种背离、损坏造成了两种对社会主义意识形态的误解：或是认为社会主义意识形态是党员干部都难以践行的“假大空”；或是认为社会主义意识形态只是针对、约束人民大众的“统治工具”，从而冲抵社会主义意识形态的凝聚力和引领力。

中国共产党具有思想建党的优良传统，从古田会议就确立了思想建党的原则。在中国共产党100年的奋斗史中，始终把思想建设放在首位，把思想从严贯彻到各项政治运动和党的建设之中。正是重视思想建党，中国共产党在革命、建设和改革的历史进程发挥凝心聚力的作用，赢得人民群众的认同和拥护，确立起独特优势，也为全社会树立精神坐标。中国共产党从不回避自身建设中存在的问题。党的十八大以来，中国共产党站在坚持和发展中国特色社会主义、确保党始终成为中国特色社会主义事业坚强领导核心的高度，把全面从严治党作为重要的

① 习近平. 习近平谈治国理政[M]. 北京：外文出版社，2014：415.
② 中共中央文献研究室. 十八大以来重要文献选编(中)[M]. 北京：中央文献出版社，2016：94.
③ 习近平. 习近平谈治国理政(第2卷)[M]. 北京：外文出版社，2017：327.

战略部署，坚持思想建党和制度治党相统一，坚持使命引领和问题导向相统一，坚持抓"关键少数"和管"绝大多数"相统一，坚持行使权力和担当责任相统一，坚持严格管理和关心信任相统一，坚持党内监督和群众监督相统一，持续进行了一场深刻的自我革命。在这场自我革命中，解决党员干部的理想信念问题、价值观念问题被放在首位。

在新时代，中国共产党持续开展了一系列从严治党的活动。在学习教育上，围绕"坚定理想信念，坚守共产党人精神追求"；开展群众路线教育实践活动、"三严三实"专题教育、"两学一做"学习教育等活动，加强理论武装、党性教育和社会主义核心价值观教育，补足党员干部的精神之钙，推动全党树立理想信念，牢记宗旨、不忘初心。在制度建设上，把纪律和规矩挺在前面，结合国家治理体系的改革，不断完善党内法规制度，逐步构建不敢腐的惩戒机制、不能腐的防范机制、不易腐的保障机制，出台了《中国共产党廉洁自律准则》等 50 多部党内法规，基本形成了涵盖党的建设和党的工作主要领域、适应管党治党需要的党内法规制度体系框架，将"权力关进制度的笼子里"。在作风建设上，严明政治纪律和政治规矩，推动全党树立"四个意识"，维护党中央的权威；以"反四风"、完善考核方式、优化选人用人环境、加强问责和巡视监督，实行党员干部下沉社区基层，推动党员干部转变工作作风，坚持群众路线，密切党群干群联系，以零容忍态度惩治腐败、反对腐败，保持对腐败的高压姿态。

全面从严治党的一系列举措和反腐败斗争的压倒性胜利，产生了极为重要的意识形态意义。其一，推动全党加强了对社会主义意识形态这一"理论体系"的学习。多年来，广大党员干部逐步认识到马克思主义理论学习的重要性、增强理论学习的自觉性，不断提高马克思主义理论修养，对马克思主义理论，尤其是习近平新时代中国特色社会主义理论的更加深刻、丰富的理解。其二，推动中国共产党党员干部树立政治意识、大局意识、核心意识、看齐意识，转变工作作风，自觉用社会主义意识形态的价值观念、原则立场和党规党纪约束自己，在实践中自觉维护党中央的领导权威，坚持以人民为中心。社会主义意识形态所倡导的理想追求、价值原则和道德规范等在党内得到弘扬，社会主义意识形态对于中国共产党的约束、激励、导向等功能得到显现，党内正气日益充沛。在2020年抗击新冠疫情中，广大党员不忘初心、牢记使命，充分发挥先锋模范作用，25000多名优秀分子在火线上宣誓入党，用事实证明党内意识形态的状态明显好转。其三，带动人民群众提升社会主义意识形态的认同度。由于党中央不断强化对党员干部理论学习的要求，对党员干部理想信念、道德水平和工作作风的要求，越来越多的党员干部成为社会主义意识形态的真实践行者，不仅使党群关系、干群关系得到很大改善，而且用事实回应了人们对社会主义意识形态的误解，使人民群众看到社会主义意识形态及其功能的真实性，从而对社会主义意识形态产生认同。

（三）全面构建意识形态工作的制度体系

长期以来，中国共产党重视思想宣传工作，主要依靠中央会议、文件在指导、规范这一工作。然而在实践中，出现了宣传思想工作“说起来重要，做起来次要，忙起来不要”的情形，出现了基层宣传思想工作缺人手、缺经费的情形，存在着思路不清、方法不新、效果不好，意识形态工作与中心工作（业务工作）“两张皮”等问题。“制度问题更带有根本性、全局性、稳定性和长期性。”①党的十八大以来，党中央坚持法治思维，在坚持和完善中国特色社会主义制度、推进国家治理体系和治理能力现代化过程中更加注重意识形态领域的制度建设，着力建构系统完备、科学规范、运行有效的宣传思想工作制度体系。具体而言：

第一，明确马克思主义在意识形态领域指导地位的根本制度。

党的十九届四中全会第一次把马克思主义在意识形态领域指导地位作为根本制度明确提出来，是中国特色社会主义制度体系的重大创新。因为根本制度是反映一种社会形态本质属性和基本特征的制度，在整个国家制度体系中处于统领地位，发挥决定性作用。由于意识形态领域的根本制度标识着国家和执政党的价值

① 中共中央文献研究室．十七大以来重要文献选编（上）［M］．北京：中央文献出版社，2009：599.

取向，所以坚持马克思主义在意识形态领域指导地位的根本制度，就意味着要在当代中国旗帜鲜明地宣传、传播马克思主义，尤其是马克思主义中国化的最新理论成果，要把马克思主义指导地位贯穿到社会主义建设各方面，凸显马克思主义在整个社会精神生活中的统领地位和引领功能；意味着要把坚持正确的政治方向、舆论导向、价值取向落实到工作理念、思路、举措之中，这就从根本制度层面确认了社会主义意识形态中国化的方向和意识形态工作的重要价值。

第二，推进国家法律对意识形态领域的规范。

党的十八大以来，党中央着眼于固根基、扬优势、补短板、强弱项，在完善社会主义法制过程中，增加了对意识形态领域风险防控的考量，不断建构和完善关乎意识形态、宣传思想工作的法律法规。先后制定和出台了《中华人民共和国国家安全法》《中华人民共和国网络安全法》《中华人民共和国英雄烈士保护法》等法律，对涉及国家意识形态安全、政治安全的言论、行为，有明确的法律条文进行规范，对违法言论、行为有明确的处罚措施。这就回应了“网络言论自由”论和历史虚无主义对英雄烈士形象、名誉的玷污，清晰划出正常讨论与违法言论的边界，对错误思潮的蔓延起到威慑作用。同时，中央先后通过《关于培育和践行社会主义核心价值观的意见》《社会主义核心价值观融入法治建设立法修法规划》《关于进一步把社会主义核心价值观融入法治建设的指导意见》等文件，推动将社会主义核心价值观融入法治建设，为在全社会培育和践行社会主义核心价值观提供保障。

第三，以意识形态责任制等落实党的领导权。

为了将党对意识形态工作的领导权落到实处，党中央还建立起一系列制度规定。包括：实行意识形态责任制和政治巡视制度，先后出台《党委(党组)宣传思想工作责任制实施办法》《党委(党组)网络宣传思想工作责任制实施细则》《中国共产党巡视工作条例》等，从而压实压紧各级党委(党组)在意识形态方面的责任。这样我国意识形态工作主体责任按照“党委统一领导、党政齐抓共管”的方针，由原来的单一主体责任构建发展成为多个部门共同参与模式中的复合主体责任链，呈现出系统分化、交互衔接、紧密相扣等特征。各级党员干部以及各个部门在党的统一领导下联动配置，有机互动，推动意识形态工作责任层层落细落小落实，加强梳理排查风险点，强化风险防范责任；建立健全意识形态工作长效机制，强化督查问效责任，明确各部门在意识形态工作中的主体作用以及肩负的重任。

第四，以政治纪律和学习制度强化党内思想引领。

党的十八大以来，以习近平同志为核心的党中央多次强调政治纪律和政治规矩的重要性，政治纪律被提升到前所未有的新高度。政治纪律是党员政治信仰、政治立场、政治态度、政治行为等方面必须遵守的刚性要求，包含着对党员干部的意识形态要求。中国共产党先后以党内法规方式审议通过《关于新形势下党内政治生活的若干准则》，颁布了《中国共产党党内监督条例》《中国共产党纪律处分条例》等。这些准则和处分条例明确了党的政治纪律，划定了违反政治纪律的各类行为。其中，明确指出“对歪曲、丑化、否定党的历史、中华人民共和国历史、人民军队历史的言行，对歪曲、丑化、否定党的领袖和英雄模范的言行，对一切违背、歪曲、否定党的基本路线的言行，必须旗帜鲜明反对和抵制”,① 这给全体党员的意识形态划出了清晰底线。

同时，党中央先后发布《中国共产党党委理论学习中心组学习规则》《中国共产党党员教育管理工作条例》等，持续在全党开展马克思主义理论及其中国化最新成果的学习，用制度来保障全党的思想理论学习规范化、常态化，引导广大党员坚定共产主义远大理想和中国特色社会主义共同理想，增强“四个意识”、坚定“四个自信”、做到“两个维护”。这一系列制度、规则表明重视思想宣传工作必须转化为现实的行动，表明党员应该在坚守社会主义意识形态、推进思想宣传工作方面发挥带头、示范作用。

第五，完善思想宣传工作的工作制度。

---

① 中共中央文献研究室. 十八大以来重要文献选编(下)[M]. 北京：中央文献出版社，2018：423.

为全面贯彻习近平关于思想宣传工作的思想、论述，中国共产党着眼于思想宣传工作的实践，制定、颁布了《中国共产党宣传工作条例》。《中国共产党宣传工作条例》把习近平关于宣传工作的地位作用、目标任务、职责使命和实践要求等系列重要论述贯穿其中，是宣传领域的主干性、基础性的党内法规，涵盖宣传领域各方面工作，包括理论、新闻舆论和出版、思想道德建设、文化文艺、互联网宣传、基层宣传工作、意识形态管理、加强党对宣传工作的全面领导等多个方面，阐明了宣传思想工作的指导思想、目标任务、责任使命、工作原则、条件保障等，标志着新时代中国共产党宣传思想工作“科学化规范化制度化”建设迈上一个新的台阶，为各级党组织开展思想宣传工作提供了清晰指引和根本遵循。

上述制度建设举措，具有两个方面的重要意义。一是从根本上解决了社会主义意识形态中国化的法理依据、宣传思想工作的制度依据；二是将意识形态工作纳入党内法规、法律法规和制度设立的范围，以制度建设来保障意识形态工作规范化科学化，为提升意识形态工作的有效性提供了刚性保障。同时也从实际运作层面解决了宣传思想工作的领导力量、工作方法、工作路径问题，为推进新时代宣传思想工作创新、提升实效提供了有力的支持。以国家法制和党内法规推进、规范意识形态工作，致力于构建科学有效的意识形态工作体制机制，成为新时代意识形态工作的鲜明特征。

(四)积极打造思想宣传工作的主体“合力”

长期以来，由于党和政府各项工作的归口管理，在人们思想中形成了“思想宣传工作是宣传部门的事情”“学生的思想政治教育是思政课教师、辅导员的责任”等简单化的认识，导致在实际工作中部门之间协调、配合不足，甚至出现冲突的情况。党的十八大以来，中国共产党针对新时代思想宣传工作的现实需要，着力增强宣传思想工作的主体力量，壮大思想宣传工作队伍。

其一，营造全党重视意识形态工作的局面。党的十八大以来，党中央加强对意识形态工作的领导，部署意识形态领域的趋势研判、战略制定、制度建设和政策安排，统筹宣传思想工作与全面深化改革、“五位一体”总体布局，推动地方各级党委落实意识形态责任制；各级党委和宣传部门坚持“守土有责、守土负责、守土尽责”，规划、安排本部门、本地区的宣传思想工作，在政治上与党中央保持一致，提高政治敏锐性，增强对意识形态领域问题的辨识力，积极落实党中央提出的战略举措，结合具体实际创新宣传思想工作的方式和途径；广大党员干部在理论学习中不断提升马克思主义理论修养，在遵守党规党纪中自我检省，深化对“初心”“使命”的认识，也提升了对宣传思想工作的认识。可以说，全党已经形成普遍重视、推动开展宣传思想工作的新局面。

其二，动员多领域力量参加意识形态工作。2013 年 8 月 19 日全国宣传工作会议召开后，习近平先后主持召开了文艺工作座谈会(2014 年 10 月)、党的新闻舆论工作座谈会(2016 年 2 月)、网络安全和信息化工作座谈会(2016 年 4 月)、哲学社会科学工作座谈会(2016 年 5 月)、全国高校思想政治工作会议(2016 年 12 月)、全国宣传思想工作会议(2018 年 8 月)、学校思想政治理论课教师座谈会(2019 年 3 月)，等等。习近平在座谈会上发表重要讲话，明确文艺、新闻舆论、网络治理、哲学社会科学研究、高校思想政治工作、思政课教学等各领域在实现民族复兴、社会主义意识形态中国化和宣传思想工作中的重要作用，明确各个领域的职责和使命，并针对不同领域存在的现实问题提出要求和希望，其中共性的要求就是坚持党的领导，坚持以人民为中心的价值取向，坚持正确的政治方向，努力创新，充分反映时代要求和人民愿望。这些座谈会的召开，将与宣传思想工作直接相关的大批知识分子凝聚在中国特色社会主义的旗帜下，鼓舞了这些领域的学者、记者、艺术家、教师、网络管理人员等群体的责任心和荣誉感，推动着这些群体自我约束，自觉履行好建设社会主义意识形态、传播马克思主义理论和社会主义核心价值观的重要职责，促使其成为研究、传播社会主义意识形态，向错误思潮“亮剑”的主力军。

其三，建设新型智库为思想宣传工作服务。党的十八大以来，以习近平同志为核心的党中央根据新时代健全科学民主决策、提升国家治理能力现代化水平、增强国家软实力的现实要求，以空前的力度重视智库、善用智库、发展智库，将中国特色新型智库纳入国家治理体系。党的十八届三中全会提出，要加强中国特色新型智库建设，建立健全决策咨询制度。2015 年 1 月中办、国办印发《关于加强中国特色新型智库建设的意见》后，中央各部委纷纷出台智库建设意见、办法，全国各省、自治区、直辖市的智库建设进入火热阶段。党的十八届五中全会强调，要实施哲学社会科学创新工程，建设中国特色新型智库。2015 年 11 月，习近平主持中央深改组会议，通过了国家高端智库建设试点工作方案，第一批高端智库已经建立并运行起来，重点围绕国家重大战略需求开展前瞻性、针对性、储备性政策研究。到目前已经形成了官方智库、半官方智库、社会智库三大类型。大批智库汇众智、聚众力，积极开展自主研究，对内咨政建言、辅助决策，创办媒体深入阐释党和国家的发展战略、引导社会舆论；对外以专业的视角、融通的话语与世界展开多维、多形式的沟通，捍卫中国利益、传扬“中国方案”，驳斥“中国威胁论”“中国债务危机论”“中国崩溃论”等消极论调，展现了强大的传播力和影响力。尽管有相当一批智库不是直接从事思想宣传工作，但是在实际运作中发挥了为人民大众正确认识中国、正确认识中国与世界的关系释疑解惑的作用，发挥了让世界了解中国、“自塑”中国形象的作用。根据美国宾夕法尼亚大学“智库研究项目”（TTCSP）研究编写的《全球智库报告 2019》，我国已有 2015 家智库，数量为世界第三，有 8 家中国智库连续两年入选全球百强智库榜单。① 通过建设中国特色新型智库，凝聚了多方智慧，连接了政府与民众，为推动形成“中国学派”“中国话语”、打造思想宣传工作新格局创造了条件。当然，在智库建设中还存在一些问题，有的智库研究存在重数量、轻质量问题，有的存在重形式传播、轻内容创新问题，还有的流于搭台子、请名人、办论坛等形式主义的做法。智库建设要把重点放在提高研究质量、推动内容创新上。要加强决策部门同智库的信息共享和互动交流，把党政部门政策研究同智库对策研究紧密结合起

① 数据来源：http://world.people.com.cn/n1/2020/0201/c1002-31566499.html。

来，引导和推动智库建设健康发展、更好发挥作用。

此外，还积极发挥民间正能量的作用，尤其是在互联网的治理上。如设立不良信息举报制度，发动网民对互联网的信息进行监督；很多地方成立、培训了网络舆论引导员队伍；一些地方加强对自媒体的引导，如 2017 年 4 月上海专门举办自媒体正能量传播案例的评选和颁奖，2019 年河北省三河市开展正能量自媒体“十佳号”评选活动，等等，推动自媒体在信息传播中遵纪守法、自觉承担社会责任。

通过一系列措施，不仅逐步在党内形成了“党委领导、部门负责、全党动手”的宣传思想工作新局面，而且在全社会出现了人民群众多方参与宣传思想的新局面，从而形成了宣传思想工作的主体“合力”。

（五）以多种方式强化社会主义意识形态的宣传教育

社会主义意识形态的宣传教育是意识形态工作的最重要的方面。在十八大以来的宣传教育实践中，宣传教育相关的各领域、各部门遵循以立为主、立破并举的原则，坚持正面引导，创造性地以多种方式开展工作，在创新教育方法、壮大舆论阵地、治理传播环境等多个方面取得了显著成效。

1. 突出价值引领，在全社会培育和践行社会主义核心价值观

培育和践行社会主义核心价值观是进行伟大斗争、建设伟大工程、推进伟大事业、实现伟大梦想的铸魂工程。党的十八大以来，中国共产党倡导在全社会培育和践行社会主义核心价值观，通过强化教育引导、实践养成、制度保障等，发挥社会主义核心价值观对国民教育、精神文明创建、精神文化产品创作生产传播的引领作用，把社会主义核心价值观与人们日常生活紧密联系起来，把社会主义核心价值观融入法律法规“立、改、废、释”的全过程，推动社会主义核心价值观从抽象的理论转化为具体的“民间知识”“价值共识”和“行为规则”，在落细、落小、落实上下功夫。2013 年中央发布《关于培育和践行社会主义核心价值观的

意见》，把培育和弘扬社会主义核心价值观作为凝魂聚气、强基固本的基础工程来建设，并进行了总体规划。2015年中宣部、中央文明办印发《培育和践行社会主义核心价值观行动方案》，着眼践行、立足行动，设计工作抓手，组织开展活动，着力把培育和践行社会主义核心价值观的要求具体化。在党的十九大报告中，习近平总书记再次就培育和践行社会主义核心价值观进行部署，由此推动了我国培育和践行社会主义核心价值观的持续、深入展开。

我国培育和践行社会主义核心价值观主要在三个层面展开。一是在“教育引导”层面，重点抓住青少年和党员干部这两大群体，主要通过社会主义核心价值观宣传教育、开展向模范人物学习等，加强典型性、集中性示范教育，在广大青少年和党员干部中树立价值标杆、强化以身作则。二是在“实践养成”层面，着眼于把社会主义核心价值观融入社会发展各方面，转化为人们的情感认同和行为习惯，以公民道德建设工程和新时代文明实践中心建设为重点，把核心价值观内化为人们的思想道德水准，外化为人们的日常行为举止。2018年，中共中央办公厅印发《关于建设新时代文明实践中心试点工作的指导意见》的通知，公布全国新时代文明实践中心建设50个试点县(市、区)名单，2019年中央又发布了新时代文明实践中心建设450个试点单位名单。这样在全国就有500个县(市、区、旗)基层单位被纳入其中。新时代文明实践中心建设大大拓展了思想政治教育的实践空间，全面打通了宣传群众、教育群众、关心群众、服务群众的“最后一公里”，以鲜明的群众性将培育和践行社会主义核心价值观落实到基层、落实到群众的日常生活中。三是在“制度完善”层面，通过《关于培育和践行社会主义核心价值观的意见》《关于进一步把社会主义核心价值观融入法治建设的指导意见》等文件，将社会主义核心价值观融入法治建设、融入网络平台制度建设，从而将“德治”和“法治”结合起来，以“法治”推进“德治”。

与此同时，党中央把社会主义核心价值观落实到国家发展实践和社会治理中，积极推进各级党委政府部门对于社会政治、经济以及民生领域诸多问题的解决，强调“党领导立法、保证执法、带头守法”，把权力关进制度的笼子里，并严厉惩治腐败，坚持“老虎”“苍蝇”一起打，并把全面从严治党作为战略布局的一部分。

2. 开掘文化资源，推进以文化人

党的十八大以来，党中央根据习近平关于建设社会主义文化强国的思想，推动我国文化建设取得重大进展。2015 年 9 月中共中央发布了《关于繁荣社会主义文艺的意见》，说明了文艺工作在举精神旗帜、立精神支柱、建精神家园中的重要地位，分析了当前我国文艺工作在价值引领、意识形态倾向等方面存在的问题，明确了文艺工作的指导思想和方针原则，要求坚持以人民为中心的创作导向，让中国精神成为社会主义文艺的灵魂，创作无愧于时代的优秀作品，建设德艺双馨的文艺队伍，强调要加强和改进党对文艺工作的领导。这一文件对于正确认识文艺的认识、教育、娱乐、审美的功能，纠正那些在市场经济条件下只承认文艺的商品属性，否认文艺的审美意识形态属性，只承认文艺的娱乐功能，否认文艺的教育审美功能的偏向，推动我国文艺工作践行“二为”方向具有直接的指导意义。

在党中央的周密部署下，一系列重磅文件密集出台，精准发力、环环相扣，着力破解文艺领域的发展难点，为文化建设迈上新台阶提供政策支撑与机制保障。国办印发关于支持戏曲传承发展的若干政策，提出实施戏曲剧本孵化计划，为优秀剧本创作提供专项资金；针对评奖过多过滥、公信力不强的问题，中办、国办出台《关于全国性文艺评奖制度改革的意见》，使文艺评奖快速“瘦身”，奖项含金量、美誉度显著提升；中宣部等六部门联合印发《2016—2017 年全国文艺骨干和管理干部培训工作规划》，将培训 13 万名文艺工作者；国家新闻出版广电总局实施电影剧本孵化计划、优秀电视剧剧本扶持引导项目评选，增强剧本原创力；中国文联进一步完善创新文艺家协会会员发展和管理制度，积极吸纳网络作家、独立制片人、独立演员歌手、自由美术工作者等文艺领域有生力量加入协会和专委会，将服务对象扩展到整个文艺界；中国作协和各级地方作协加大重点作品创作规划和扶持力度，发挥文学评奖的激励作用，推动文学理论研究和文学评论，加强文学人才队伍建设，为作家创作提供有利条件。2017年6月，《全民阅读促进条例(草案)》实施，将“全民阅读”纳入国家战略；2018年10月，《关于加强文物保护利用改革的若干意见》印发，成为切实做好新时代文物工作的总抓手。公共文化服务保障法、电影产业促进法、网络安全法、公共图书馆法等相继实施，文化立法正在驶入快速路。

在党的指引下，我国文艺领域发生了明显变化，开展了多项富有创造力、影响力的工作。

①深入发掘中国优秀文化传统的现代价值，在创造性转化、创新性发展中增强中华文化的生命力。国家组织实施《中华传统文化百部经典》编撰工作、统筹实施中华文化资源普查工程、国家古籍保护工程等15个重点计划项目、京剧“像音像”工程、地方戏曲振兴计划致力于挖掘整理优秀传统剧目，推进数字化保存和传播。从2017年新学年开始，教育部统一组织新编义务教育道德与法治、语文、历史教材在全国投入使用，更多经典名篇进入课本，楹联成语、传统节日、民歌民谣、传统美德、民族精神、古代辉煌科技成就等内容涵盖其中，戏曲、书法、传统舞蹈等进校园进课表，等等，这一系列举措推动了中国优秀传统文化精华的发掘和传承落到实处。一大批火爆荧屏的原创文化类节目，如《中华好诗词》《唐诗风云会》《中国汉字听写大会》《中国成语大会》《中国诗词大会》，受到广大群众的热烈欢迎和高度赞扬；一批地方剧种创作新剧，如芗剧《保婴记》、秦腔《花儿声声》、黄梅戏《小乔初嫁》、汉剧《宇宙锋》、湘剧《谭嗣同》等，展现了民族精神和时代精神。

②以多样化方式宣传社会主义核心价值观。中国音乐家协会组织音乐家围绕社会主义核心价值观24字内容，创作《富强之路》《民主之风》《文明之花》等一组13首歌曲，让广大人民群众在音乐中将24字内化于心、外化于行；中国美术家协会组织老中青三代画家以“时代领跑者”为主题，收集整理大量劳模资料，为劳模造像、为时代记忆；中国曲艺家协会组织100多位曲艺工作者关注“一带一

路"建设发展，体验丝绸之路沿线人民群众的生活，在为当地群众送去欢乐的同时，创作了一批反映"一带一路"生产生活实际的优秀作品；中国摄影家协会聚焦"中国梦"的奋斗历程，引导广大摄影人用镜头记录历史和沸腾的现实生活，发现、挖掘现实生活中的真善美。"好山好水好人好事"摄影展两个月共收到近7万件来稿。电影《流浪地球》(1、2)、《百团大战》《战狼》(1、2)，电视剧《平凡的世界》《太行山上》《北平无战事》，现代京剧《西安事变》，豫剧《焦裕禄》，评剧《母亲》《红高粱》，话剧《麻醉师》等影视剧作品推出，既获得了良好的经济效益，也产生良好的社会效益，引导人们求真、崇善、向美。

③加强国际传播能力建设，向世界讲述中国精神、中国智慧、中国方案。例如，《习近平谈治国理政》四卷以十几种文字在世界上100多个国家发行，《中华文明的根柢——民族复兴的核心价值》等书籍输出到美国、越南等国；"剑桥中国文库"粗具规模，向世界介绍最具中国特色、最具时代风貌的当代中国文化。

这一系列活动和成果，全面反映了中华民族深厚的文化底蕴、当代中国多元丰富的现代生活、宽松和谐的社会氛围、人民日益满足的精神文化生活，展现了整个文化领域的强劲正能量，展现出当代中国的文化自信，为"以文化人"营造出积极向上的文化环境。

3. 以媒体融合发展筑牢全媒体宣传舆论阵地

面对新媒体的迅猛发展、自媒体的兴盛等阿里的媒体格局变化，我国主流媒体根据习近平提出的"高举旗帜、引领导向，围绕中心、服务大局，团结人民、鼓舞士气，成风化人、凝心聚力，澄清谬误、明辨是非，联结中外、沟通世界"①"加快传统媒体和新兴媒体融合发展"②"加快推动媒体融合发展"③等要求，

---

① 习近平. 习近平谈治国理政(第2卷)[M]. 北京：外文出版社，2017：332.

② 中共中央文献研究室. 习近平关于社会主义文化建设论述摘编[M]. 北京：中央文献出版社，2017：31.

③ 习近平. 论党的宣传思想工作[M]. 北京：中央文献出版社，2020：355.

做好党的政策主张的传播者、时代风云的记录者、社会进步的推动者、公平正义的守望者，牢牢占据舆论引导、思想引领、文化传承、服务人民的传播制高点，全面推进新闻传播和舆论引导的创新。

首先，坚持提升内容的核心竞争力，增强内容的吸引力、贴近性。主流媒体始终把宣传好习近平新时代中国特色社会主义思想作为首要政治任务，以全媒体时代下人们喜闻乐见的方式，推动习近平新时代中国特色社会主义思想生动阐释、广泛传播；将关注焦点对准普通人的日常生活，回应百姓关切，解释国家政策，表现普通人民群众在物质文化生活水平提高下的幸福感、获得感；结合党的十九大召开、改革开放40周年和新中国成立70周年，加强社会主义、爱国主义教育，结合抗击新冠疫情宣传必须坚持党的领导、宣扬社会主义制度优越性和抗疫精神；在重大国际事件、国际舆论斗争中，主流媒体主动出击，敢于发声、善于发声，充分阐明中国主张、中国方案，有力配合国家对外工作大局。

其次，积极推进媒体融合，不断扩大主流舆论阵地。主流媒体党报党刊、电台电视台、网络媒体按照“深度融合、移动先行”的理念，打造多个移动媒体平台，在原有纸媒基础上，积极加大、加强移动传播新平台，逐步形成新闻客户端为主体、社交媒体为两翼、第三方平台为补充的移动传播新媒体格局，达到媒体全联动、舆论全覆盖的状态。在融合生产平台建设方面实现新闻信息内容的“一次性采集、多媒体呈现、多渠道发布”。从中央到地方，新闻单位纷纷整合内部组织架构，设立全媒体或融媒体机构，统筹采编资源，实现生产布局合理化、传播渠道全能化。到目前，18家中央媒体几乎都建有功能完善的“中央厨房”或“全媒体中心”，如人民日报“中央厨房”、新华社融媒体中心、光明日报融媒体中心、中国青年报“融媒小厨”等。60多家省级主流媒体(报业集团、广播电视台)80%建有“中央厨房”。新华社、人民日报社、中央电视台三家中央媒体还推出精心打造的直播平台，吸引了多家媒体和党政机构加入。中央媒体还在脸书、推特、优兔、Instagram、连我、VK等多个平台上以多种语言推送信息，及时、广泛地传播“中国声音”。这些媒体融合创新不仅推动主流媒体升级迭代，大大增加了国内舆论空间的正面信息，在引导舆论上产生了更强劲的力量，而且在一定程度上改变了中国在国际的“他塑”状态，提升了国际话语权，让世界能更全面地认识中国。

最后，创造更好的用户体验，提升宣传引领质量。主流媒体积极利用移动直播、虚拟现实、短视频等层出不穷的媒体技术，更好地发展各种互动式、服务式、体验式的新闻信息服务。当前主流媒体正在探索根据自己的目标人群，研究其特征和需求，因人而谋，为人服务。努力从新闻内容、新闻形式、传播渠道、表达方式等方面针对不同的人群进行差异化的设计和定制。这样将大大提高宣传引领的针对性，提升引导质量和水平。

总之，主流媒体的创新探索，已经逐步改变社会主义意识形态宣传“说了群众听不懂”“说了群众不愿听”等状态，在传播力、影响力、引导力、公信力有明显的跃升。中国的发展成就和社会主义意识形态正通过媒体的创新转化为话语优势。

4. 推进网络治理，打造风清气正的网络空间

进入新时代后，党中央高度重视互联网治理工作，既将互联网作为国家治理的重要对象，也将其作为改善和加强国家治理的有力工具。互联网治理已经成为我国经济社会发展战略和公共政策的重要组成部分，助力于深度融合构建现代国家治理体系和提升国家治理能力现代化水平的进程。就维护我国意识形态安全而言，互联网治理主要体现在对互联网信息内容的治理上。

习近平在党的十九大报告中提出“加强互联网内容建设，建立网络综合治理体系，营造清朗的网络空间”，为我国开展互联网内容建设指明了方向。在实践中，除了前述我国主流媒体通过融媒体建设，利用互联网传播、掌握网络舆论话语权外。我国还在互联网信息内容的治理上采取了以下措施：①根据互联网各种平台的发展，不断完善互联网治理的制度体系。自 2014 年以来，国家颁布直接关涉互联网的法律 3 部，国家网信办发布的规范性文件有 17 个，部门规章 9 个。

这些法规和制度，一方面为各平台运营商提供了明确的行为准则，另一方面为纠正网络乱象、维护网络安全以及完善治理体系提供了依据。其中2020年3月1日开始实施的《网络信息内容生态治理规定》，对网络信息内容生产者、服务平台、使用者的主体责任作出明确规定，已将我国的价值观指向和意识形态要求融于其中。②开展网络信息内容的整顿。国家网信办推动各网络平台根据法律法规、规范性文件的要求开展自查自纠，从机制、队伍、产品、技术等不同维度发力，补短板、补漏洞，对恶意营销、淫秽色情、网络暴力、恐怖惊悚、网络谣言等违法违规信息进行清理、拦截，对于违法的自媒体终端账号等进行关闭、封号。③积极发挥正能量的作用，设立不良信息举报制度，发动网民对互联网的信息进行监督；很多地方成立、培训了网络舆论引导员队伍；一些地方加强对自媒体的引导，如2017年4月上海专门举办自媒体正能量传播案例的评选和颁奖，河北省三河市2019年开展正能量自媒体“十佳号”评选活动，等等，有力推动了自媒体在信息传播中遵纪守法，并自觉承担社会责任。④创办“学习强国”学习平台，首次实现了“有组织、有管理、有指导、有服务”的学习，增加互联网正能量信息的生产和供给，极大地满足了互联网条件下广大党员干部和人民群众多样化、自主化、便捷化的学习需求。目前“学习强国”已经成为人们了解新闻、学习理论的新闻平台，也成为各行业、各领域知识汇聚的学习资源平台，以群组形式注册的学习组织架构达390万个。

这一系列举措，极大增强了社会主义意识形态传播的网络阵地，深刻改变了网络信息内容的生态，使党领导下的主流媒体占据舆论引导、思想引领、文化传承、服务人民的制高点。

（六）主动回应社会思潮　廓清思想迷雾

当代中国意识形态领域已经是多元化格局，多种社会思潮围绕“当代中国向何处去”这一重大议题，构建理论、引导讨论、争取大众。一些错误思想思潮如新自由主义、“西式宪政”理论、“普世价值”论、历史虚无主义等，遵循西方资本主义意识形态的价值取向、实践取向，利用西方哲学社会科学的思想资源和话语资源，从不同的角度对社会主义意识形态进行否定、攻击，否定社会主义意识形态的理论科学性、逻辑自洽性和现实解释力，已经对社会主义意识形态的凝聚力、引领力形成了巨大压力，严重制约了党的宣传思想工作的实际效果。对此，有种观点认为，社会主义意识形态的凝聚力、引领力源于其包容性，因而社会主义意识形态要对其他意识形态采取包容、接纳的态度。应该说，社会主义意识形态的凝聚力、引领力的确要求社会主义意识形态在内容上吸收人类文明成果，在话语上吸收学术话语、日常生活话语，在传播形式和载体上要符合时代要求、尽可能适应不同受众，但是这并不意味着社会主义意识形态可以放弃马克思主义的基本原则，与一些反马克思主义、反社会主义的意识形态进行调和。

“正确的东西总是在同错误的东西作斗争的过程中发展起来的。”①一部马克思主义发展史，展示出马克思主义是在不断与各种反马克思主义的理论、学说论战中，不断完善、丰富和发展的。马克思主义始终坚持站在无产阶级的立场上，不把任何理论视为永恒的、神圣的不可侵犯的教条，不在原则上对任何迷信和谬误让步，在与资产阶级各种攻击、歪曲的斗争中，在与各种工人运动内部各种错误思想思潮的斗争中自我澄清、发展创新，最终确立起马克思主义在工人运动、无产阶级革命中的指导地位。无论是马克思、恩格斯对青年黑格尔派、空想社会主义、蒲鲁东主义、巴枯宁主义、拉萨尔主义和杜林主义等的批判，还是列宁对民粹主义、马赫主义、修正主义等的批判，都显示出思想理论斗争与彰显马克思主义凝聚力、引领力的正向关系。

在当代中国，提升宣传思想工作的效果，在思想领域形成“最大同心圆”，增进社会主义意识形态认同，必须廓清被错误思想弄乱的理论问题，回应大众被错误思潮引导产生的种种疑问，对错误思想思潮展开积极的思想斗争，“要用马克思主义对它们的思想内容和表现方法进行分析、鉴别和批判”，② 澄清是非曲

① 毛泽东文集(第7卷)[M]. 北京：人民出版社，1999：230.
② 邓小平文选(第3卷)[M]. 北京：人民出版社，1993：44.

直，强化思想引领。正如列宁指出：在这种格局下，要凝聚全社会坚持和发展中国特色社会主义的共识，“我们应当坚决地同一切资产阶级意识形态作斗争，不管它披着怎样时髦而华丽的外衣”。①

党的十八大以来，党中央高度重视回应错误思想思潮的挑战，习近平特别强调：“党员、干部特别是高级干部在大是大非面前不能态度暧昧，不能动摇基本政治立场……要挺身而出、亮明态度，主动坚决开展斗争。”②针对错误思潮造成的认识误区，习近平多次主动回应。主要包括：

1. 关于我国改革开放的性质和方向

在我国，如何评价改革，人们思想认识中存在多种判断。新自由主义思潮认为，中国不完成私有化，“改革就是不彻底的”，“改革就是要在中国建立西方式的制度体系”，“改革开放就是向西方文明回归”；民族主义认为，中国在改革开放中丧失了经济发展的自主权，成为“西方资本的依附”；一些在改革开放中利益受损的群体认为“改革开放就是对人民群众的剥夺”“改革开放已经走了邪路”，“改革是失败的”“改革开放导致我国社会思想混乱、道德滑坡”，等等。对于改革开放的不同评价，意味着缺乏共识，不仅关系到对改革开放的目的、性质、成效的认识，还关系到对中国特色社会主义的科学理解，关系到在全面深化改革的实践中如何避免“颠覆性错误”。对此，习近平在多次讲话中，说明我国改革开放的历史必然性，强调“改革开放是决定当代中国命运的关键一招”“改革开放是我们党的历史上一次伟大觉醒，正是这个伟大觉醒孕育了新时期从理论到实践的伟大创造”，③ 指出“改革只有进行时，没有完成时”；④ 强调我国改革的社会主义性质，指出“我们的改革开放是有方向、有立场、有原则的。

① 列宁全集(第6卷)[M]. 北京：人民出版社，2013：251.

② 中共中央党史和文献研究院. 十八大以来重要文献选编(下)[M]. 北京：中央文献出版社，2018：423.

③ 中共中央文献研究室. 习近平关于全面深化改革论述摘编[M]. 北京：中央文献出版社，2014：2.

④ 习近平. 习近平谈治国理政(第3卷)[M]. 北京：外文出版社，2020：235.

我们当然要高举改革旗帜，但我们的改革是在中国特色社会主义道路上不断前进的改革，既不走封闭僵化的老路，也不走改旗易帜的邪路”。① 这里的“方向”是指社会主义方向，不走“老路”就是不停止改革的步伐，回到过去计划经济时代；不走“邪路”，“就是不断推动社会主义制度自我完善和发展，而不是对社会主义制度改弦易张”；② 改革“是为了推动党和人民事业更好发展，而不是为了迎合某些人的‘掌声’，不能把西方的理论、观点生搬硬套在自己身上”。③ 全面深化改革总目标是“完善和发展中国特色社会主义制度、推进国家治理体系和治理能力现代化。前一句规定了根本方向……后一句规定了在根本方向指引下完善和发展中国特色社会主义制度的鲜明指向。”④习近平强调改革的价值取向，“全面深化改革是我们党守初心、担使命的重要体现”，⑤ 要坚持以人民为中心，尊重人民的首创精神，也要让人民群众共享改革开放的成果，有“更多的获得感”。

2. 关于正确认识改革开放前后两个历史时期的关系

长期以来，历史虚无主义思潮否认改革开放前30年社会新中国经济建设的成就，以“大跃进”“反右扩大化”和“文革”为由否定前30年中国共产党领导的正确性，把改革开放后这一历史阶段视为“向西方文明回归”。对此，习近平旗帜鲜明地指出：“我们党领导人民进行社会主义建设，有改革开放前和改革开放后两个历史时期，这是两个相互联系又有重大区别的时期，但本质上都是我们党领导人民进行社会主义建设的实践探索。……虽然这两个历史时期在进行社会主义建设的指导思想方针政策，实际工作上有很大差别，但两者绝不是彼此割裂的，

---

① 中共中央文献研究室. 习近平关于全面深化改革论述摘编[M]. 北京：中央文献出版社，2014：14.

② 中共中央文献研究室. 习近平关于全面深化改革论述摘编[M]. 北京：中央文献出版社，2014：15.

③ 中共中央文献研究室. 习近平关于全面深化改革论述摘编[M]. 北京：中央文献出版社，2014：20.

④ 习近平. 习近平谈治国理政(第2卷)[M]. 北京：外文出版社，2017：289.

⑤ 习近平. 习近平谈治国理政(第3卷)[M]. 北京：外文出版社，2020：179.

更不是根本对立的。”①

3. 关于科学评价毛泽东等党和国家领导人

针对历史虚无主义对毛泽东的污蔑，习近平在纪念毛泽东诞辰120周年座谈会上明确肯定毛泽东“是伟大的马克思主义者，伟大的无产阶级革命家、战略家、理论家，是马克思主义中国化的伟大开拓者，是近代以来中国伟大的爱国者和民族英雄，是党的第一代中央领导集体的核心，是领导中国人民彻底改变自己命运和国家面貌的一代伟人”。② 同时也指出应当正视毛泽东在社会主义建设道路的探索中走过弯路，特别是在“文化大革命”中犯了严重错误。但要看到，“革命领袖是人不是神。尽管他们拥有很高的理论水平、丰富的斗争经验、卓越的领导才能，但这并不意味着他们的认识和行动可以不受时代条件限制。不能因为他们伟大就把他们像神那样顶礼膜拜，不容许提出并纠正他们的失误和错误；也不能因为他们有失误和错误就全盘否定，抹杀他们的历史功绩，陷入虚无主义的泥潭”。③ 所以，坚持历史唯物主义的科学方法来评价历史人物，“应该放在其所处时代和社会的历史条件下去分析，不能离开对历史条件、历史过程的全面认识和对历史规律的科学把握，不能忽略历史必然性和历史偶然性的关系。不能把历史顺境中的成功简单归功于个人，也不能把历史逆境中的挫折简单归咎于个人。不能用今天的时代条件、发展水平、认识水平去衡量和要求前人，不能苛求前人干出只有后人才能干出的业绩来”。④

4. 关于党的领导和依法治国的关系

针对西方宪政论提出在中国“党比法大”“权比法大”等观点，习近平明确指

① 习近平. 习近平谈治国理政[M]. 北京：外文出版社，2014：22.
② 习近平. 在纪念毛泽东同志诞辰120周年座谈会上的讲话[M]. 北京：人民出版社，2013：1-2.
③ 习近平. 在纪念毛泽东同志诞辰120周年座谈会上的讲话[M]. 北京：人民出版社，2013：12.
④ 中共中央文献研究室. 十八大以来重要文献选编(上)[M]. 北京：中央文献出版社，2014：693.

出，“党大还是法大”是一个政治陷阱，是一个伪命题。对这个问题，我们不能含糊其词、语焉不详，要明确予以回答。“我们说不存在‘党大还是法大’的问题，是把党作为一个执政整体而言的，是针对党的执政地位和领导地位而言的，具体到每个党政组织、每个领导干部，就必须服从和遵守宪法法律，就不能以党自居，就不能把党的领导作为个人以言代法、以权压法、徇私枉法的挡箭牌。我们有些事情要提交党委把握，但这种把握不是私情插手，不是包庇性的插手，而是一种政治性、程序性、职责性的把握。这个界线一定要划分清楚。”①

习近平对错误思潮思想的主动回应，表明了当代中国马克思主义在这些重大问题上的基本态度，为在意识形态领域旗帜鲜明地开展对错误思潮思想的分析批判作出了表率。十八大以来，我国主流媒体和学术期刊开辟专栏，推出一大批分析和批判错误思潮思想的文章，这些文章有的通过网络进行传播，引导社会大众；高校思想政治理论课努力坚持建设性和批判性相统一，直面各种错误观点和思潮及其在大学生中造成的疑惑，展开思想引导；一些科研机构、舆情分析机构加强对错误思潮发展态势的追踪、分析，为党中央的决策建言；国家哲学社会科学基金、教育部人文社会科学研究基金设置了一批针对错误思潮思想研究的课题、项目。通过这些举措，有力扼制了错误思潮思想的蔓延，廓清了人们思想上的迷雾，更加充分地展现了党的思想引领力，使主旋律、正能量在我国舆论空间中更加响亮。

习近平对错误思潮思想的主动回应，还表明直面我国社会现实和人们认识中存在的问题，并不会有损于社会主义意识形态的凝聚力、引领力。当代中国在发展中出现了一些问题，如腐败问题、社会公平问题、大众民主参与问题、生态环境问题，等等。这些问题与人民大众的权利、利益密切相关，受到普遍关注，成为大众对中国现实产生负面判断、负面认知的依据。错误思潮思想往往借助这些问题表达自己的立场、主张，尤其是将各类问题的发生都归因于马克思主义、

① 中共中央文献研究室. 习近平关于社会主义政治建设论述摘编[M]. 北京：中央文献出版社，2017：100.

社会主义制度和中国共产党领导，蛊惑大众。因此，社会主义意识形态在批判错误思潮思想时，必须直面这些现实问题，运用马克思主义科学方法进行分析，科学说明这些问题出现的原因、问题的性质、现实条件下解决问题的可行办法、党和政府解决问题的思路举措等，提供关于这些问题的解释和认识这些问题的方法，从而把握在现实问题上的话语权，压缩错误思想思潮解读现实问题的空间。

(七)在全面深化改革中构筑社会主义意识形态认同的实践基础

意识形态是"与物质前提相联系的物质生活过程的必然升华物",① 其内容形成和功能发挥都以一定的社会实践为基础。改革开放是"当代中国最显著的特征、最壮丽的气象",② 是社会主义意识形态指导下的伟大实践，构成当代中国社会主义意识形态不可或缺的"物质生活过程"，是社会主义意识形态的重要话题。因此，改革开放对人们现实生活状态的影响直接关联着人们对社会主义意识形态的认识和态度。应该说，改革开放给中国带来了发展奇迹，以不可辩驳的事实彰显了改革开放中形成的中国特色社会主义制度、道路的优越性，为社会主义意识形态发展创新提供了大量实践素材。但是，由于改革是在探索中前进的，一些体制中深层次的问题解决不及时，各个领域的改革相互配套协调不够，存在着制度缺失、制度不完善和制度间冲突等问题，由此衍生出一些社会问题，造成一部分人民群众的利益和权利受损，使人们对社会主义意识形态中的改革话语体系及其价值取向产生怀疑，深化改革的共识难以形成。

党的十八大以来，中国共产党清醒地认识到"中国特色社会主义制度也需要不断完善",③ 坚定改革开放再出发的决心和信心必须以解决实际问题为前提。党中央确立全面深化改革的基本方略，明确全面深化改革总目标是完善和发展中

---

① 马克思恩格斯文集(第1卷)[M]. 北京：人民出版社，2009：525.

② 习近平. 在庆祝改革开放40周年大会上的讲话[M]. 北京：人民出版社，2018：10.

③ 习近平. 习近平谈治国理政[M]. 北京：外文出版社，2014：10.

国特色社会主义制度、推进国家治理体系和治理能力现代化，坚持以问题为导向，着力增强改革系统性、整体性、协同性，着力抓好重大制度创新，着力提升人民群众获得感、幸福感、安全感，全面深化经济、政治、文化、社会、生态文明体制和党的建设制度改革。在全面深化改革中推进全面小康社会建设，充分彰显社会主义意识形态的价值追求。具体而言：其一，在指导思想上坚持改革开放的社会主义性质和方向。习近平多次强调“改革是在中国特色社会主义道路上不断前进的改革，既不走封闭僵化的老路，也不走改旗易帜的邪路”。① 改革是不断推动社会主义制度自我完善和发展，而不是对社会主义制度改弦易张。“改什么、怎么改必须以是否符合完善和发展中国特色社会主义制度、推进国家治理体系和治理能力现代化的总目标为根本尺度，该改的、能改的我们坚决改，不该改的、不能改的坚决不改。”②其二，在发展目的上坚持以人民为中心，不断实现人民对美好生活的向往。全面深化改革“以促进社会公平正义、增进人民福祉为出发点和落脚点”，③ 各项改革措施“既要往有利于增添发展新动力方向前进，也要往有利于维护社会公平正义方向前进”，④ 通过制度安排更好保障人民群众各方面的权益。其三，在改革实践上注重从群众关注的焦点、百姓生活的难点中寻找切入点，通过一系列制度调整、政策安排，让人民共享经济、政治、文化、社会、生态等各方面发展成果，有更多、更直接、更实在的获得感、幸福感、安全感，不断促进人的全面发展，实现全体人民共同富裕。尤其是在民生领域，解决民生领域中人民群众关注的系列问题，开展精准扶贫，按照兜底线、织密网、建机制的要求全面建成覆盖全民、城乡统筹、权责清晰、保障适度、可持续的多层次社会保障体系，使人民群众对美好生活的向往日益转化为现实。

---

① 中共中央文献研究室．习近平关于全面深化改革论述摘编[M]．北京：中央文献出版社，2014：14.

② 习近平．习近平谈治国理政(第3卷)[M]．北京：外文出版社，2020：184.

③ 习近平．习近平谈治国理政[M]．北京：外文出版社，2014：96.

④ 习近平．习近平谈治国理政(第2卷)[M]．北京：外文出版社，2017：103.

“一步实际运动比一打纲领更重要。”①在全面深化改革中人民群众现实生活状态的改变、具体利益的逐步实现，比任何力量都能够引导人们正确认识全面深化改革，理解中国特色社会主义的优越性，感受习近平新时代中国特色社会主义理论所蕴含的思想力量。随着全面深化改革的不断推进，中国特色社会主义制度的不断完善，人民期待的美好生活在越高的程度上实现，就越能够为社会主义意识形态的凝聚力、引领力提供更多支撑。

经过几年的努力，我国社会意识形态状态发生了显著变化。尤其是在2020年抗击新冠疫情中，中国坚持党的集中统一领导，发挥社会主义集中力量办大事的优势。“坚持人民至上、生命至上，以坚定果敢的勇气和坚韧不拔的决心，同时间赛跑、与病魔较量，迅速打响疫情防控的人民战争、总体战、阻击战，用1个多月的时间初步遏制疫情蔓延势头，用2个月左右的时间将本土每日新增病例控制在个位数以内，用3个月左右的时间取得武汉保卫战、湖北保卫战的决定性成果，进而又接连打了几场局部地区聚集性疫情歼灭战，夺取了全国抗疫斗争重大战略成果。”②抗疫期间，党和政府把人民群众的生命安全放在首位，广大党员干部冲锋陷阵、下沉基层，在病患治理、疫情防控、物资供应、生活保障等多方面做了大量工作，以实际行动和防控成效赢得了人民群众的高度肯定。人民群众对中国共产党、中国特色社会主义制度的认同达到了新的高度。

虽然当前我国社会意识形态领域的多元化趋势仍然使社会主义意识形态面临诸多挑战，社会主义意识形态的凝聚力、引领力还需要构建、培植，但中国共产党拓展社会主义意识形态凝聚力、引领力实现路径的实践探索，深刻揭示出一个重要经验，即社会主义意识形态凝聚力、引领力的彰显，不是社会主义意识形态功能的自动发挥，或者社会主义意识形态宣传传播的自然结果，而是理论创新、宣传强化、思想斗争、主体建设、制度建设和利益满足等多方面因素有机结合产生的综合效应。在中国特色社会主义新时代，无论是建设具有强大凝聚力引领力

① 马克思恩格斯文集(第3卷)[M]. 北京：人民出版社，2009：426.

② 习近平. 在全国抗击新冠肺炎疫情表彰大会上的讲话[M]. 北京：人民出版社，2020：3-4.

的社会主义意识形态，还是实现社会主义意识形态的凝聚力引领力，都应遵循这一经验，把塑造主观世界与改造客观世界结合起来，把解决认识问题与解决现实问题结合起来，在全面推进中国特色社会主义事业中实现社会主义意识形态的强大功能。

第六章

社会主义意识形态理论中国化的经验教训

一、推动社会主义意识形态中国化的基本经验

中国共产党在长期革命、建设和改革的历程中，积累了建设社会主义意识形态的丰富而宝贵的经验。纵观社会主义意识形态中国化的历史，可将这些经验概括为“五个结合”。

（一）坚持马克思主义价值原则与中国国情、具体实践相结合

把马克思主义的基本原理与中国实际相结合，是中国共产党坚持马克思主义指导、推进马克思主义中国化的基本原则。这一原则浸润于中国共产党的全部理论探索活动和探索成果之中。具体在社会主义意识形态中国化上，就是坚持马克思主义的价值原则与中国国情、具体实践相结合，形成符合中国实际的意识形态体系和建设意识形态的基本路径。

1. 坚持马克思主义的价值追求并实现转化

马克思主义以实现“人的自由全面发展”为终极追求，强调通过无产阶级革命，消灭私有制，建立无产阶级专政，发展社会生产力，实现与旧的思想观念的“决裂”，推动国家逐步消亡等，来实现这一追求。在解放全人类中也解放无产阶级，从而使人类摆脱“劳动的异化”，实现人的本质的回归。当然，马克思主义经典作家对这一追求只有原则性的表述，没有对这一价值理想作详细深入的说明。

中国共产党在领导中国革命、建设和改革的过程中，坚持以马克思主义为指导，其中一个重要方面就是坚持以马克思主义的价值原则为指导，以建设一个满足人的自由全面发展的社会为最高纲领。同时，中国共产党在实践中逐步认识到，终极价值目标的达成必须以完成具体的历史任务为前提，必须体现在现实的

实践活动中。马克思主义的价值追求只有体现在维护中华民族根本利益、解决中国社会发展道路问题、提高人民物质文化生活水平之中，才能实现马克思主义的价值引领和思想指导功能。因此，中国共产党根据近代以来中国的国情以及由此产生的历史任务，结合中国传统意识形态念，对马克思主义的价值原则在中国的转化和具体体现进行探索。在第一次国内革命时期，中国共产党把无产阶级解放转化为“劳工神圣”“劳工解放”，以增强中国工人阶级和劳动大众的阶级意识，有利于广大工人阶级认知马克思主义并组织起来；在抗日战争时期，中国共产党提出要建立一个民主、独立、自由的国家，以激发中国人民的爱国激情、坚持抵抗侵略者；在新中国成立初期用“五爱”来引导人们认识新中国、确立符合社会主义发展要求的意识形态念；在改革开放过程中，提倡爱国主义、公平正义、共同富裕、民族复兴、和谐诚信，等等，努力实现马克思主义的价值原则与社会主义市场经济健康发展的内在需要的结合。

中国共产党在不同历史时期，将马克思主义的价值原则与具体的奋斗目标、历史任务结合起来，实现了马克思主义价值原则的中国化、时代化、大众化。因此，尽管中国共产党在不同历史时期对社会主义意识形态念的认识程度有差别，在语言表述上也不同，但在思想内涵上，一是具有鲜明的继承性，民族独立、人民解放，国家富强、人民幸福等核心指向一以贯之；二是具有丰富的实践内涵，改变半殖民地半封建社会现状，大力发展社会生产力，确立人民当家作主的社会制度，建立生产资料公有制，发展民族的、科学的、大众的新文化，构建社会主义和谐社会等实践要求，都蕴含于其中；三是具有突出的民族色彩，于国家“走社会主义道路、实现中华民族伟大复兴”，于社会重视整体利益、维护人民民主、实现公平有序，于个人要求爱国、敬业、诚信等，都反映出中国传统“修齐治平”理念的意蕴、反映出中国人民现实的利益要求。完成马克思主义价值原则的转化，有利于中国人民对社会主义意识形态的认知、理解和践行。

2. 坚持以马克思主义为指导开展社会主义意识形态中国化

马克思主义，尤其是结合国情的中国化马克思主义，是社会主义意识形态中国化的根本内容，更是社会主义意识形态中国化的根本指导思想和理论基础。中国共产党一贯强调坚持马克思主义的指导，在社会主义意识形态中国化上“指导”包含两个层面的要求：一是用完整准确的马克思主义指导社会主义意识形态中国化，在社会主义意识形态中国化中坚持和彰显马克思主义的本质规定性、基本原理和价值原则；二是坚持利用马克思主义中国化的理论成果，即毛泽东思想和中国特色社会主义理论体系来指导社会主义意识形态中国化，在社会主义意识形态中国化中面对时代要求、保持民族特色、回答现实问题。

中国共产党对社会主义意识形态的理解和建设，与对马克思主义的理解密切相关。马克思主义是发展的、关于人类社会发展一般规律的科学，是无产阶级实现自身解放和全人类解放的思想武器。中国共产党正确掌握这一思想武器，就能够在社会主义意识形态中国化中把握正确方向。在革命时期，中国共产党推动的社会主义意识形态教育以马克思主义阶级斗争、无产阶级自身解放和全人类解放等学说为主要指导思想和主要内容，围绕革命目标和军事斗争需要展开工作，确保了革命的胜利。在社会主义制度确立阶段，社会主义意识形态中国化主要围绕“无产阶级上升为统治阶级，并争得民主”、发展生产力展开；在改革开放阶段，社会主义意识形态中国化围绕大力发展生产力、巩固社会主义制度、坚持马克思主义在意识形态领域的指导地位展开。但是，在“文化大革命”中，由于对马克思主义存在教条化、庸俗化的理解，存在对经典作家思想断章取义甚至歪曲的情况，从而使一些社会主义意识形态教育的内容脱离中国国情甚至违背马克思主义基本原理，比如“社会主义就是贫穷”等。所以，“通观马克思主义中国化的历史和党的意识形态建设的历史，不难发现这样一个带有规律性的认识：凡是党能够正确对待马克思主义的时候，马克思主义中国化就比较顺利，党的价值观建设就比较顺利；凡是党不能够正确对待马克思主义的时候，马克思主义中国化就会遭受挫折，党的价值观建设就会遭受挫折”。①

① 石国亮. 论中国共产党意识形态建设的基本经验[J]. 长白学刊，2009(3)：54-55.

由于中国漫长的封建社会历史和西方列强入侵的历史，在中国社会思想领域存在大量非马克思主义、非社会主义，反马克思主义、反社会主义的思想观念。在马克思主义指导下开展社会主义意识形态中国化，必然要与大量非马克思主义、非社会主义思想发生冲突，必须对这些思想观点进行批判，以引领大众思想。以马克思主义批判这些思想观念，用集体主义抵制极端个人主义、用公有观念取代私有观念、用爱国主义取代狭隘的民族主义、用诚信互助代替欺诈自利，等等，是社会主义意识形态中国化的必然要求，也是重要内容。由于社会意识的相对独立性，由于国际社会和我国现实存在着各种滋生错误思想观念的经济社会基础，因而马克思主义战胜各种谬误、社会主义意识形态"掌握群众"的过程必然是艰巨的，特别是社会意识形态多元化的条件下，这一过程充满着思想观念的冲突与斗争。在新中国成立之初表现为知识分子的"思想改造运动"，在当代中国则表现为以马克思主义立场、观点、方法批判各种错误思潮和基于私有制的思想观念。在现实的国情状态下，社会主义意识形态中国化必将是长期的。

（二）坚持党的领导与发挥群众主体性相结合

社会主义意识形态中国化是中国共产党用马克思主义价值原则武装全党和全社会的活动。党的科学领导推动和人民群众学习实践是这一活动过程的两个密切联系、相辅相成的方面。坚持党的领导和发挥群众主体的创造相结合，是社会主义意识形态中国化的一条基本经验。

1. 充分发挥党作为社会主义意识形态中国化主导者的作用

中国共产党是中国社会主义事业的领导核心。开展社会主义意识形态中国化，用社会主义意识形态武装、教育人民，关键在于不能脱离、放松中国共产党的领导。这是因为：

其一，中国共产党是社会主义意识形态的奉行者。中国共产党是以马克思主义为指导建立的中国工人阶级的先锋队，坚持以实现共产主义为最高纲领，坚持走社会主义道路实现中华民族的伟大复兴，是社会主义意识形态观的奉行者。在领导中国革命、建设和改革的过程中，中国共产党积极倡导社会主义意识形态，以全心全意为人民服务为宗旨，以实现中国人民根本利益为党的奋斗目标。无数共产党员自觉践行社会主义意识形态，秉持宗旨，为民族独立、国家强大和人民解放幸福，不畏艰险、英勇战斗，勤奋工作、乐于奉献，公而忘私、舍己为人，以实际行动甚至生命为社会主义意识形态作了最好的注解。

其二，中国共产党是社会主义意识形态中国化的主导者。中国共产党致力于在中国发展具有民族特色的社会主义事业。推动全社会树立社会主义意识形态，为人的自由全面发展创造思想文化条件，是这一事业的主要组成部分。历史表明，中国共产党自成立以来，就是社会主义意识形态中国化的主导力量。党既在理论上概括社会主义意识形态，明确社会主义意识形态的内涵和功能，又在实践中日益自觉地组织对广大人民群众进行社会主义意识形态的“灌输”，探索社会主义意识形态中国化的多种形式和途径，并积累了丰富经验。

纵观社会主义意识形态中国化历程，可以看到中国共产党始终在社会主义建设上保持积极主动的姿态，其领导作用主要体现在以下方面：其一，在理论上明确社会主义意识形态的基本内容，说明社会主义意识形态对于中国革命、建设和改革的重大意义，确定社会主义意识形态中国化的规划，部署社会主义意识形态中国化的实践活动；其二，总揽全局，协调各方，为社会主义意识形态中国化提供必要的物质保障和法律制度支撑；其三，以制度为保障、以教育活动为载体、以专门的机构和人员为基本队伍，组织开展对广大人民群众的宣传教育，包括社会教育和学校教育；其四，树立自觉践行社会主义意识形态的模范榜样，发掘凝练其精神品格，号召全社会向模范榜样学习；其五，不断总结社会主义意识形态中国化的经验，自觉回应和处理社会主义意识形态中国化实践中出现的各类问题。

正是坚持中国共产党在社会主义意识形态中国化中的领导，我国在多个时期社会主义意识形态中国化取得了显著成绩。

2. 积极发挥人民群众的主体性

马克思主义认为，社会主义事业是人民群众共同的事业。社会主义事业的顺利推进，需要人民群众成为有觉悟的劳动者，发挥主体能动性、积极参与，由此要求人民群众树立、践行社会主义意识形态。另外，社会主义意识形态中国化属于精神文明建设的重要方面。社会主义意识形态在内容上需要从广大人民群众的劳动创造成果中汲取养分，反映广大人民群众的根本利益要求和思想道德境界；在表现上需要采用人民群众喜闻乐见的形式；在发展上要以人民群众对美好生活的向往、对高尚道德情操的不懈追求为不竭动力。可以说，人民群众是社会主义意识形态的主体，是社会主义意识形态中国化的社会力量。

从我国社会主义意识形态中国化的历史进程来看，任何时期的建设活动都有赖于人民群众的参与，社会主义意识形态也依靠人民群众的彰显。无论是革命时期马克思主义理论和社会主义意识形态的传播，还是建设和改革时期社会主义意识形态的宣传，都能看到人民群众积极参与的画面；无论是为民族独立、人民解放而献身牺牲的英雄，还是为了国家富强、人民幸福而勤奋工作、乐于奉献的先进人物、劳动模范，如邓稼先、王进喜、张秉贵、雷锋等，都以实际行动丰富着社会主义意识形态的内涵，实现意识形态的具体化、形象化。在当代培育社会主义核心意识形态的过程中，既可以看到学术界对社会主义核心意识形态的深入研讨，也可以看到广大人民群众以多种方式如参加志愿者活动、建设和谐社区、扶贫支教、网络救助等践行社会主义核心意识形态。

中国共产党在推进社会主义意识形态中国化中，坚持了群众观点和群众路线，相信群众、依靠群众。一方面，结合广大人民群众的利益诉求，动员群众参与社会主义意识形态的建设，另一方面积极吸取人民群众在实践中的创造，包括关于社会主义意识形态的表述、各种宣传社会主义意识形态的形式等，从而使社会主义意识形态中国化活动植根于中人民群众的社会实践，渗透于人民群众的日常生活。

历史表明，社会主义意识形态中国化需要坚持党的领导和发挥人民群众主体性的紧密结合。一方面，党的领导离不开人民群众的支持，离不开人民群众的创造性活动；否则社会主义意识形态就只能是中国共产党的意识形态，不会获得社会共识，那么党的方针、路线和政策也难以得到人民群众的理解和认同；另一方面，人民群众的创造性实践活动也离不开党的领导，离不开党的宏观规划和组织，这是避免无政府主义、保证意识形态建设正确方向的根本要求。只有将两者有机结合起来，社会主义意识形态中国化才能有序持续地推进。

（三）理论研究与教育普及相结合

由于意识形态是具有一定理论基础的、系统的思想观念，因此社会主义意识形态中国化既有实践形态，又有理论形态。作为实践形态，它表现为中国共产党领导下的社会主义意识形态宣传教育活动和人民群众践行意识形态的实践活动；作为理论形态，它表现为中国共产党对社会主义意识形态内涵的研究与提炼、围绕社会主义意识形态进行的理论建构和对意识形态建设实践经验的总结提升，还表现为人民群众对社会主义意识形态的认识理解。两种形态密切结合，构成了社会主义意识形态建设的实践—认识—再实践—再认识的基本路线。

从社会主义意识形态中国化的历史来看，对社会主义意识形态的理论研究、升华与对人民群众进行宣传教育是同一过程的两个方面。坚持理论研究与教育普及相结合，是社会主义意识形态中国化的一条基本经验。

中国共产党高度重视对马克思主义的理论研究，不仅要把握马克思主义的真谛，而且要系统思考马克思主义在中国现实国情条件下的运用、思考马克思主义与中国优秀传统文化的结合。为此，中国共产党建立了马克思主义理论研究队伍，有组织、有计划地推进对马克思主义价值原则及其中国化、时代化、大众化的研究。在社会主义意识形态中国化的历程中，中国共产党及其领导的哲学社会科学界开展相关研究从未停止。如在延安时期，1938 年 5 月 5 日成立了马列学院，主要任务是开展马克思主义理论研究和教学。1941 年 7 月中央将马列学院改组为马列研究院，作为专门研究马克思列宁主义理论以及应用马列主义的方法研究中国历史与现实问题的公开学术机构。1941 年 9 月 8 日，中央又将马列研究院改名为中央研究院，作为培养党的理论干部的高级研究机构，直属中央宣传部。中央研究院对马克思主义的深入研究，为全党正确认识马克思主义、推进马克思主义中国化提供了理论论证。又如在当前开展社会主义核心意识形态建设的过程中，我国哲学社会科学界对社会主义核心意识形态的原则凝练、内涵构成、语言表达、传播方式、传播效应等进行了系统而深入的研究，撰写了大量研究成果。在研究中深化对社会主义核心意识形态的认识，厘清社会主义核心意识形态与资本主义意识形态、封建主义意识形态的本质区别，总结社会主义意识形态中国化的经验，为社会主义意识形态中国化实践提供理论支持。这种理论研究展示了中国共产党和人民群众进行社会主义意识形态中国化的自觉，有利于把握社会主义意识形态中国化的规律。

社会主义意识形态不能“只有零星的闪光点，却不能形成燎原之势”，也不能“只有某些点或区域的提高和升华”,① 它必须与人民大众“亲密接触”，才有可能从政党的意识形态念和学者的长篇大论转变为社会的共同观念和行为。如果说建设社会主义意识形态，在理论上进行研究，重在形成对社会主义意识形态及其建设活动的理性认识，那么开展宣传教育，用社会主义意识形态凝聚社会共识、确定社会规范，则体现着意识形态建设的广泛性要求。借助一定的形式、途径将特殊的、先进的社会主义意识形态念灌输到群众当中去，使人民群众经由认知、认识达到认同，进而内化为每个人的意识形态、外化为每个人的行为，是社会主义意识形态中国化的必由之路。在我国社会主义意识形态中国化的过程中，中国共产党对社会主义意识形态的教育普及从未停止。不仅形成了专门负责宣传普及的机构、有专门的教育普及队伍，把教育普及纳入国民教育体系，而且让社会主义意识形态渗透到人民大众的日常生活之中，通过文艺演出、影视节目、节日纪

① 周向军. 精神文明发展规律论[M]. 济南：山东大学出版社，2005：282.

念庆典、社会行为规范(如市民公约等)和模范人物示范等，使抽象的社会主义意识形态以感性的形式呈现于人的感官，大大增强了社会主义意识形态可亲可信可用可行的程度。尤其是在当代开展社会主义核心意识形态建设，正努力按照“使社会主义核心意识形态像空气一样无处不在”的要求，在教育普及上探索更多的方法和路径。

(四)改造观念与满足利益要求相结合

唯物史观认为，社会存在决定社会意识。人们的思想观念往往受制于其生存的社会环境和物质生活状态。“人们首先必须吃、喝、住、穿，然后才能从事政治、科学、艺术、宗教等等。”①毛泽东指出，“马克思列宁主义的基本原则，就是要使群众认识自己的利益，并且团结起来，为自己的利益而奋斗”。② 一定的意识形态是处于一定经济关系之中的人们的利益和需要的反映，它决定着人们的思想取向和行为选择。社会主义意识形态是反映人民群众根本利益的观念体系，它不是空洞的口号，而是包含着人民对美好生活的憧憬和向往。社会主义意识形态中国化不是唱高调，更不是“将党的意志强加于人民”，而是帮助人民群众排除一些错误思想观念的影响，形成对自身利益和社会发展的正确认识，以共同的行动追求美好的生活。能否结合人民大众的实际利益开展意识形态教育，决定着意识形态教育的有效性。因此，开展社会主义意识形态中国化，必须将改造观念与满足利益要求结合起来。

从不同的历史时期社会主义意识形态教育实践来看，在大多数情况下，党能够注重将社会主义意识形态教育与满足群众切身利益紧密结合，防止空洞说教，从而增强社会主义意识形态教育的实效性。正如邓小平所说：“不讲多劳多得，不重视物质利益，对少数先进分子可以，对广大群众不行，一段时间可以，长期不行。革命精神是非常宝贵的，没有革命精神就没有革命行动。但是，革命是在

① 马克思恩格斯文集(第3卷)[M]. 北京：人民出版社，2009：601.
② 毛泽东选集(第4卷)[M]. 北京：人民出版社，1991：1318.

物质利益的基础上产生的，如果只讲牺牲精神，不讲物质利益，那就是唯心论。”①中国共产党注重满足人民群众的利益要求，主要包括：

其一，注重满足人民群众的政治利益。如新中国成立初期，党致力于建立一个没有阶级剥削、人民当家作主的新社会。党把实现人民的民主权利作为民主政治建设的出发点，并以1954年第一届全国人大的召开和人民代表大会制度的确立，展现了对人民民主的价值追求。同时，国家政权机关和社会管理机构吸收了大量工农家庭出身的成员参与管理。这些使得广大人民群众真实感受到什么是社会主义民主。

其二，注重满足人民群众的经济利益。在新中国成立初期，中国共产党领导土地改革运动，以解决人民群众的生存问题。在“土地改革运动中通过诉苦、挖苦根、算剥削账等办法对农民进行阶级观念教育，在实现‘耕者有其田’的基础上，不仅使得农业生产得以恢复和发展，人民解放军的后方更加巩固，而且在‘参军保田’、‘发展生产、保障供给’等口号的鼓动下，广大农民群众的思想觉悟、政治觉悟和组织程度空前提高，掀起了巨大的参军热潮和声势浩大的支前运动，出现了‘前方打老蒋、后方挖蒋根’的生动局面，为赢得解放战争的胜利提供了基本保障”。② 改革开放以来，中国共产党坚持以经济建设为中心，努力推动国家走向富强，提高人民物质生活水平。由于国家的国际地位提升、人民生活水平的提高，社会主义核心意识形态中的“富强”获得了人民群众的认同。

其三，注重满足人民群众的文化利益。这就是在既有的社会历史条件下，通过发展社会主义先进文化、弘扬优秀文化传统，提供给人民在文化参与、创造和享受上的平等权利和机会，丰富人民群众的精神生活，提升人民群众的精神境界。如新中国成立以来，特别是改革开放以来，我国大力发展文化教育事业，实施义务教育以提高全社会受教育的水平，修建、开放大批博物馆、图书馆、群艺馆等文化设施，拍摄制作影视作品、繁荣出版事业、推动互联网健康发展，等

① 邓小平文选(第2卷)[M]. 北京：人民出版社，1994：146.
② 王东维，张连侠. 延安时期党的思想道德建设的经验[J]. 理论探索，2010(6)：39.

等，这些不断改变了中国人民的精神风貌，满足了人民的精神需求，从而使“公平”“文明”等意识形态得到实践的支撑，成为人民群众的共识。

当然，由于社会发展，由于国际国内各种因素的影响，人们的现实利益要求会发生变化，也会不断提高。而且由于生产力发展状态不均衡，社会生产关系不会是单一的，多种生产关系必然导致社会出现多元的意识形态。这就要求社会主义意识形态中国化一定要正确把握社会的变动以及由此产生的群众观念变化，把握多元意识形态共存的状态，不仅在理论上深化对社会主义意识形态、对多元意识形态之间关系的认识，能够用社会主义意识形态合理解释显示社会现象，而且要在社会主义意识形态的表达、传播和教育上积极创新，适应时代和社会变化。在意识形态多元的社会条件下，要从不同利益主体的诉求中找到共同点，并将它们与社会主义意识形态关联起来。当代中国出现多元利益主体并存的格局。对此，中国共产党一方面积极寻找各方利益的最大公约数，明确提出实现中华民族伟大复兴的“中国梦”，围绕“中国梦”宣传社会主义核心意识形态，以社会主义核心意识形态凝聚共识，为在中国特色社会主义道路上实现“中国梦”提供强大精神力量。另一方面，用社会主义核心意识形态教育引导人们理性地看待个人的物质利益与民族利益的关系，说明“中国梦”也是每一个人的梦。这样“在思想上正视个人利益，重视整体利益，追求和谐发展。在实践中坚持物质鼓励与精神鼓励相结合。坚决反对不正当和非法的利益要求。在新型义利观的指导下积极协调改革开放进程中出现的利益矛盾”。① 同时在党和国家的各项政策和措施中，积极控制分配收入差距，倡导对贫困阶层、边缘群体和弱势群体的尊重和关爱。

(五)宣传教育与制度强制相结合

马克思主义经典作家认为，无产阶级政党一天也不能放松对无产阶级的教育，使其保持清醒的阶级意识。列宁明确提出了加强对无产阶级教育、“灌输”

① 胡飒. 改革开放三十年思想政治教育的基本经验[J]. 思想政治工作研究，2008(5)：25.

共产主义意识的理论。开展社会主义意识形态的宣传教育，正是遵循这些思想理论。宣传教育是社会主义意识形态中国化的一条基本路径。它通过启发人们的思想觉悟、转变思想观念、提升精神境界，使人们的行为选择由外在的他律转变为内在的自律。从我国社会主义意识形态中国化的历程来看，宣传教育的确起到了非常重要的作用，它帮助广大人民群众认知社会主义意识形态，了解践行社会主义意识形态的基本方式，效仿先进模范人物，等等，因此它得到了中国共产党的长期重视。加强社会主义意识形态的宣传教育一直是建设社会主义意识形态的重要方面，而且在长期实践中，中国共产党探索了宣传教育的多种方式和多种载体。

但宣传教育对于改造人们的思想观念而言只是一种软性的约束机制，它对人们观念和行为的影响，最终取决于人们的认知能力、接受能力和情感态度。因此，中国共产党在长期探索中，通过制度建设来引导人们的意识形态、规范人们的行为。以制度的刚性约束作用强化社会主义意识形态养成的效果，这是因为：

其一，制度作为社会关系的规范化，本身就是意识形态念的深刻体现，有着丰富的文化价值内蕴。“任何一种制度安排，无不以某种价值预设为前提，无不体现出某种价值取向。规范化的制度，实际上正是由在特定历史条件下形成的传统、生活习惯以及道德意识形态所凝聚形成的。”①可以说，一个社会的根本制度、具体体制和各种规定所反映的价值立场，所规范、引导社会生活的价值取向，正是该社会意识形态的核心内容。要在一个社会树立社会主义意识形态，就必须利用制度体系来彰显和维护。

其二，制度规范在展现意识形态要求方面更明确、清晰，告诉人们什么是被允许的、什么是受鼓励的、什么是被禁止的信息，从而为人们的行为选择设立了一个合理的空间。特别是各种奖惩制度，“不断地对人们的行为进行双向的激励。当人们做出合乎制度规范要求的选择时，给予正向激励，使人们的选择获得合理

---

① 何显明. 制度建设与社会主义精神文明[J]. 哲学研究，1997(9)：15.

的回报；当人们做出违反制度规范的选择时，则给予负向激励即惩罚，由此来对人们的行为选择加以引导”。①

其三，制度强制是进行有效的社会主义意识形态教育的重要保证。因为社会主义意识形态是与生产资料社会共同占有、无产阶级及广大劳动群众摆脱劳动异化、“上升为统治阶级”联系在一起的意识形态。但是在现实的社会主义运动中，生产力的发展和社会关系的调整还达不到消除“劳动异化”的程度，生产资料私有制在世界范围内广泛存在，各种以私有制为基础的思想观念在社会思想领域还很有市场，在世界范围内资产阶级对马克思主义、社会主义的攻击从未停止。因此社会主义意识形态在我国的确立不可避免是一个艰难的过程，仅仅依靠宣传教育的软性约束难以达到目的，必须用制度的力量来强化效果。在社会主义意识形态中国化中，利用制度力量是一条重要途径。不过，社会主义意识形态中国化中的强制并不是指一般的强迫、命令、压制，而是将社会主义价值准则转变为制度规范，以系统化的规则建构、强化职权责任关系，在制度中形成奖惩、督促等机制，并依靠制度的权威性、强制性来加以推广。具体体现在两个方面：一是在宏观层面，使国家的根本制度、具体体制承载社会主义意识形态的内涵，彰显社会主义意识形态的要求；二是在微观层面，根据建设社会主义意识形态的现实需要，制定与人民群众日常工作生活密切联系的行为规范和准则。由此在整个社会形成规范性的意识形态来引导教育氛围，促使人们根据制度的要求来调整自己的观念和行为。

在社会主义意识形态观建设过程中，中国共产党不仅领导取得了新民主主义革命的胜利，在中国从宏观层面建立起显示社会主义价值追求的社会制度；如人民代表大会制度、政治协商制度和民族区域自治制度等，确立起维护社会主义意识形态的法律制度；而且在微观层面也建立起大量的日常行为规范，如市民公约、行业自律准则、中小学生行为准则等，努力以制度的强制推动社会主义意识

① 何显明. 制度建设与社会主义精神文明[J]. 哲学研究，1997(9)：18.

形态被广泛接受与认同。尽管我国的具体体制还不够完善，微观层面的各种规范制度也存在这样那样的不足，但是我国的制度体系基本构成了一个强大的社会主义意识形态支撑体系，以刚性力量配合宣传教育的柔性约束，推动社会主义意识形态中国化更有成效地开展。

上述“五个结合”从社会主义意识形态中国化的主体、内容、路径等多个角度反映了社会主义意识形态中国化的内在要求，反映了中国共产党探索社会主义意识形态中国化所取得的成绩，是今后开展社会主义意识形态中国化的重要参考。

二、社会主义意识形态中国化的历史教训

回顾历史，我国社会主义意识形态中国化在取得了大量成功经验的同时，也有不少教训。恩格斯说：“伟大的阶级，正如伟大的民族一样，无论从哪方面学习都不如从自己所犯错误的后果中学习来得快。”①总结、吸取历史教训有利于当前社会主义核心意识形态建设遵循规律、凸显特色、增进实效、推向前进。

1. 正确处理国家中心工作与意识形态建设之间的关系

马克思主义认为，人类社会是充满矛盾的有机体。在考察社会发展中，应从纷繁复杂的矛盾中把握主要矛盾，把握影响社会发展归根到底的决定性因素，同时注意考察各种矛盾之间的关系，以获得对社会发展的深刻认识。在中国这样有半殖民地半封建历史、经济文化水平尚未达到马克思主义经典作家设想状态的国家推进社会主义事业，开展社会主义意识形态中国化，必须把握影响中国历史命运的根本性力量，由此确定中国共产党在一定历史时期的中心工作和主要任务，

① 马克思恩格斯选集(第4卷)[M]. 北京：人民出版社，1995：285.

围绕中心工作和主要任务来设计、部署社会主义意识形态中国化的实践活动。

在中国共产党百年的奋斗历程中，中国共产党在认识国情，把握主要矛盾和中心工作方面历经曲折。在中国共产党的幼年时期，由于党对中国国情的判断存在偏差，导致革命过程几经波折，对共产主义的宣传也存在脱离中国老百姓现实生活、脱离中国革命现实要求的方面。直至延安时期，以毛泽东为代表的中国共产党人确立“实事求是”的思想，立足于中国国情来运用马克思主义的基本原理，对中国社会的主要矛盾、中国共产党的中心工作和马克思主义中国化形成了系统、成熟的认识，明确了党的中心工作是领导人民经过武装斗争，推翻“三座大山”，建立新民主主义共和国。由此对于马克思主义意识形态的宣传传播摆脱了对经典作家词句的照搬，主要围绕革命的现实的任务展开，宣传的形式、方法则更加符合中国革命的主力军——工农群众的文化水平。社会主义制度在中国确立后，由于党对中国社会主要矛盾的判断出现错误，忽视中国现实生产力水平低下的事实，希望通过建立纯粹的生产资料公有制和提高人们的精神境界来建设社会主义，出现了人民公社化运动和“大跃进”运动。到20世纪60年代中期，把阶级矛盾视为国家的主要矛盾，开始了“文化大革命”运动。在这种状态下，社会主义意识形态中国化被赋予决定社会主义命运的功能，受到了从中央到地方各级组织的高度重视，对社会主义意识形态的宣传教育呈现高强度的状态，社会主义意识形态可谓无处不在，人们对马克思主义经典作家和党的领袖的语录也是耳熟能详。表面上看，社会主义意识形态的建设是成功的。但实际上，社会主义意识形态的宣传教育存在以下问题：一是脱离中国现实生产力水平，脱离人民群众的物质生活状态，片面强调精神崇高，讲求“共产主义觉悟”；二是对马克思主义的价值追求作了机械化、教条化的理解，对社会主义意识形态的宣传充斥着唯心主义和形而上学；三是片面强调社会主义意识形态念与封建思想、资产阶级思想的“彻底决裂”，忽视了对中国优秀传统文化和人类文明的继承。可以说，社会主义意识形态中国化处于非理性的状态。这种状态是不可能长期持续的。

在改革开放过程中，中国共产党纠正了忽视发展生产力的错误，坚持以经济建设为中心，坚持改革开放，强调对人类文明成果的学习、继承。这是非常正确的。但是在实践中，出现了一种错误倾向，即片面强调经济建设的重要性，重视生产力发展和物质财富的增长，淡化、忽视社会主义精神文明的建设，社会主义意识形态的宣传教育在内容上僵化、在形式上创新不够，对于各种非社会主义意识形态的蔓延发展应对乏力，以致极端个人主义、功利主义、自由主义大行其道，人们对马克思主义的信仰缺失，社会道德水平下降，社会行为失范，各种丑恶现象出现。正是针对这种状况，习近平总书记指出，经济建设是党的中心工作，意识形态工作是一项极端重要的工作。不能因为以经济建设为中心，就忽视意识形态工作。

可见，正确处理国家的中心工作与社会主义意识形态中国化的关系非常重要。如果脱离现实的物质经济状况，社会主义意识形态中国化就会成为无源之水；如果只顾发展物质文明，淡化、削弱社会主义意识形态中国化，必然导致人们的思想行为失去正确的方向，最终影响社会发展。

2. 正确对待传统意识形态和西方意识形态

鸦片战争以后，随着资本-帝国主义的入侵，资产阶级意识形态也传入中国，促使中国社会的意识形态逐步呈现多元状态。20 世纪初马克思主义来到中国并得到日益广泛的传播，我国社会形成了马克思主义意识形态、中国传统意识形态和西方意识形态并立的格局。这就意味着在中国开展社会主义意识形态中国化，必然要面对中国传统意识形态和西方意识形态的影响，要正确对待传统意识形态和西方意识形态。

从历史来看，中国共产党在意识形态多元的条件下，为传播马克思主义、宣传马克思主义价值原则方面付出了大量的努力，对于中国传统意识形态和西方意识形态，基本态度是“取其精华、去其糟粕”。新中国成立后，毛泽东还提出了“古为今用，洋为中用”“百家争鸣、百花齐放”的方针。但是，如何对待传统意识形态和西方意识形态，在社会主义意识形态中国化的实践中仍然存在很多问题。

其一，对中国传统意识形态和西方意识形态不作辩证分析，笼统地否定。中国传统意识形态以儒家学说为理论基础，适应了小农社会和封建专制统治的需要。西方意识形态反映了西方资产阶级的利益要求，为维护资本主义制度服务。它们在本质上的确与马克思主义指导下的社会主义意识形态格格不入。但是，在中国传统意识形态和西方意识形态作为人类社会发展在一定历史阶段的观念上的产物，其中并非没有合理成分。如中国传统意识形态中不仅有“三纲五常”等封建王权价值体现的糟粕，也有“厚德”“自强”等包含民族品格的优秀意识形态。西方意识形态中具有反封建、尊重科学的成分。这些合理成分在经过辩证“扬弃”后，可以用来丰富社会主义意识形态的内容，也可以帮助人们理解社会主义意识形态。但是，在我国社会主义意识形态中国化中，特别是在“文化大革命”中往往对中国传统意识形态和西方意识形态缺乏深入细致的分析，对它们的批判也比较笼统。有些批判甚至是基于对这些意识形态的误解。这往往导致人们的不解甚至反感。

其二，否定社会主义意识形态中国化要继承人类文明成果，片面地从对立的角度看待社会主义意识形态与中国传统意识形态、西方意识形态的关系。如“文革”期间把中国传统文化中礼、义、仁、信等意识形态和西方文化中的“民主”“人权”“自由”“科学”等统统当作“封资修”，将它们与社会主义意识形态完全对立起来，“凡是资本主义有的，社会主义就不能有”，忽视社会主义意识形态的历史渊源，忽视社会主义意识形态是在汲取这些意识形态精华的基础上实现对它们的超越。这些既偏离马克思主义经典作家的思想，也不利于社会主义意识形态的传播。

其三，把社会主义意识形态与中国传统意识形态和西方意识形态混为一谈。这主要是无视中国传统意识形态和西方意识形态的阶级实质和时代条件，无视社会主义意识形态与中国传统意识形态、西方意识形态的本质区别，简单生硬地把它们与社会主义意识形态联系在一起。这种错误在当下社会主义意识形态中国化中时有所见。比如，在“弘扬中国优秀传统文化”的旗号下，要在当今中国恢复原汁原味的儒学，甚至是“儒化中国”；在“继承人类文明成果”的名义下把西方意识形态当作“普世价值”；简单地从中国传统意识形态和西方意识形态中寻找社会主义意识形态的依据，等等。这种错误同样造成人们的思想混乱。

上述错误表明，在社会主义意识形态中国化中，一定要正确处理社会主义意识形态与中国传统意识形态、西方意识形态的关系。在坚持“取其精华、去其糟粕”“古为今用，洋为中用”等方针的同时，要在理论上深入研究、区分中国传统文化和西方意识形态中的“精华”与“糟粕”，对于如何做到“古为今用，洋为中用”应在实践上下功夫，既要反对简单抛弃割裂的错误，也要反对盲目照搬的错误。

3. 不断创新社会主义意识形态的宣传教育

在社会主义意识形态宣传教育方面，可以说，我国已经形成了一整套比较成熟的做法，也积累了很多经验。但是意识形态宣传教育的方法、重点对象、途径和时效上仍然存在一些问题，制约了社会主义意识形态宣传教育的实效。

其一，从意识形态教育的方法来看，理论宣传、学校教育、榜样示范、文艺作品引导和群众性活动等都行之有效。但是，理论宣传存在话语老套、叙述程式化、内容结合实际不够的情况，过于注重宏观叙述而忽略微观描述，缺少生活话语和人文情怀。不分人群对象的统一教育多，针对不同群体的分众化教育少；学校教育存在着目标过高，对大中小学生的意识形态教育缺乏层次递进，过度强调意识形态的认知，在教育中忽视学生的主观能动性和自我教育作用的发挥，以显性教育（设置课程、开展专题活动等）为主，隐性教育（营造环境氛围、间接影响）不足；对榜样的宣传往往存在拔高、“神化”倾向，似乎榜样模范都是道德上的“完人”，给人感觉不是真实可信可效仿，而是高不可攀；文艺作品引导有的生硬简单、有的形不达意、有的似是而非。这些使社会主义意识形态教育效果不够理想。

其二，从意识形态教育途径来看，我国一直以来沿用的是从社会、学校、家庭到个人的路径选择。在意识形态教育的四个层面之中主要依赖社会教育和学校教育，尤其是学校教育，而轻视了家庭教育和个人教育，社会、学校、家庭、个人四个层面的意识形态教育未能达到均衡化，这给社会教育和学校形成了很大的压力，社会教育和学校教育的效果往往被家庭、个人等因素所抵消。这表明社会主义意识形态如何深入老百姓的日常生活还存在一定的困难。

其三，从意识形态教育的对象来看，我国开展社会主义意识形态教育，往往将青少年作为重点对象。固然，青少年是国家的未来，意识形态教育"从娃娃抓起"非常有必要。但是青少年对整个社会发展方向和社会风气缺乏影响示范的能力。在现实社会生活中，中国共产党是执政党，党员干部思想观念、言行举止状态更能反映、引领社会的风气风尚。中国共产党是社会主义意识形态的倡导者，党员干部理应成为践行社会主义意识形态的榜样，在社会主义意识形态的具体化、人格化方面发挥带头作用。而事实上，党员干部在意识形态方面存在这样那样的问题和不足，党员干部的意识形态发生偏差导致腐败的现象并不少见，也曾造成恶劣的社会影响。开展社会主义意识形态教育，如果不把党员干部当作重要对象，忽视、放松对党员干部的教育，形成某种"灯下黑"的状况，无疑会使社会主义意识形态教育的效果大打折扣。

其四，从意识形态教育的时效来看，开展社会主义意识形态教育，把握时效非常重要，这意味着话语权和主动权的确立。我国自改革开放以来，伴随社会主义市场经济体制的逐步确立、经济全球化的冲击、网络时代的到来和西方利用经济和科技优势推行其意识形态，导致我国社会价值碰撞、价值冲突异常激烈，社会主义意识形态的话语权受到了严重挑战。由于我国社会主义意识形态宣传教育在应对挑战方面不够及时，特别是在利用互联网开展教育、传播社会主义意识形态、回应时代和现实问题方面相对被动，以致在一些重大问题上，如民主、自由、公平、法治、人权等，西方话语一度影响甚广。

因此，提升社会主义意识形态宣传教育的实效，必须善于发现既有工作中存在的问题，善于把握时代发展提出的新要求，善于把握社会主义建设实践中出现的新情况，善于把握各种非社会主义意识形态的新动态，及时调整社会主义意识形态宣传教育的策略，抓住重点对象，注重宣传教育的时、效、度，完善既有的方法和路径，根据时代发展和人民群众的喜闻乐见及时创新。

4. 社会主义意识形态中国化要科学化、常态化

由于我国有着漫长的封建社会历史和近 150 年半殖民地半封建社会历史，有 56 个民族，有多种宗教信仰，社会的思想观念必然具有多样性和复杂性，这决定了建设社会主义意识形态不可能一蹴而就、立竿见影，必然是一项长期艰巨的工程。因此，社会主义意识形态中国化应着眼于长久，作为一项常态化的工作，并在尊重认识发展规律，体现科学化。应该说，中国共产党一直没有忽视社会主义意识形态的建设，在一些历史时期还特别重视这一工作，并在宏观上积极规划和部署。但在基层的实践中，常常出现以下三种不良倾向：

一是庸俗化倾向。社会主义意识形态中国化的一个重要内容就是使社会主义意识形态融入大众日常生活。融入不是简单、消极地让社会主义意识形态适应、迎合大众，而是用一种先进的意识形态去改造、提升大众的思想观念，达成整个社会的价值共识，并引导、塑造井然有序、和睦稳定的大众日常生活。为此，抽象的社会主义意识形态必须在呈现形式上通俗化，以日常生活的视角、口语化的语言、生动的形象去表达去传播。但是，在实践中存在把庸俗化当作通俗化的问题。通俗化和庸俗化的本质区别在于，通俗化观照大众的理解能力和体验感受，却无损于社会主义意识形态的科学性，无损于社会主义意识形态的引导教育功能。而庸俗化则淡化意识形态的人文追求，注重感官刺激和欲求，追求商业利润和轰动效应，使人无法从精神层面获得价值提升。其具体表现包括学习宣传停留于读读报纸、念念文件，只求形式，不看效果，不注重解决大众思想上的困惑；用错误的观点、低俗的话语戏谑解释社会主义意识形态的内涵，把社会主义意识形态弄得面目全非；利用社会主义意识形态的宣传传播来谋取商业利益，等等。

二是“一刀切”倾向。我国是一个地域广阔、民族众多、区域发展差异明显的国家。由于地理、民族、历史、文化等多种因素的影响，由于区域发展差距、城乡发展差距和社会分层分化的发展，无论是处于相同地域、相同民族和文化传统中的大众，还是处于不同地域、不同民族、不同文化传统中的大众，其日常生活存在着明显差异。这在客观上要求传播社会主义意识形态的具体内容和表现方式，必须采取差异化的策略，而不是简单的“一刀切”“一锅煮”。“一刀切”倾向主要表现为不能根据不同地域、民族、宗教信仰的人民大众日常生活，寻找社会主义意识形态与其的结合点；对待党员干部与普通群众不作区别，对党员干部的要求偏低；对于不同年龄、知识文化水平的群众采用统一要求，等等。

三是“运动式”倾向。在我国政治生活中，长期存在着“运动式”的工作方法。它以发动群众为主要手段，通过政治动员，集中、组织社会资源以完成国家的各种任务。这一做法虽然在短时间里产生一定效果，但是具有比较浓厚的人治色彩，缺乏制度化的建设和细致的工作，往往难以保持成果，最终导致工作的低效化、无效化。而且短时间内搞“临时突击”，常常出现为了达成目标不尊重客观实际、不尊重规律，不惜牺牲群众的利益，打乱群众正常生活状态的现象，有的地方动不动搞“定期达标”，把复杂的思想转化工作简单化为数字堆砌或者景观建设。这些都会引起群众的反感。

这三种倾向不仅难以将社会主义意识形态正确地传播给人民群众，而且还因为工作方法失当，导致群众对社会主义意识形态中国化活动产生误解，形成“搞形式主义”“走过场”的判断，也不会在实际行动上配合支持。因此，在当今中国开展社会主义核心意识形态建设中，一定要避免这三种倾向。在培育社会主义核心意识形态的过程中，一段时间内高强度、密集化的宣传教育和专项活动是必要的，但更应着眼于长期、深入、细致的教化。为此，党政干部要确立对培育和践行社会主义核心意识形态的正确认识，更加关注长效机制，尊重人民大众的自主性，做好相关制度建设、法制建设和日常行为规范建设，密切结合人民大众的日常生活中发掘多种方式和途径，在润物无声中构建全社会的价值共识。

参考文献

1. 马克思恩格斯选集(第 1~4 卷)[M]. 北京：人民出版社，1995.
2. 马克思恩格斯文集(第 1~10 卷)[M]. 北京：人民出版社，2009.
3. 列宁选集(第 1~4 卷)[M]. 北京：人民出版社，1995.
4. 毛泽东选集(第 1~4 卷)[M]. 北京：人民出版社，1991.
5. 毛泽东文集(第 7、8 卷)[M]. 北京：人民出版社，1999.
6. 邓小平文选(第 1~3 卷)[M]. 北京：人民出版社，1994，1993.
7. 陈云年谱(下卷)[M]. 北京：中央文献出版社，2000.
8. 江泽民文选(第 1~3 卷)[M]. 北京：人民出版社，2006.
9. 习近平总书记重要讲话读本[M]. 北京：学习出版社、人民出版社，2014.
10. 中共中央文献研究室. 十四大以来重要文献选编(上、中、下)[M]. 北京：人民出版社，1996.
11. 中共中央文献研究室. 十六大以来重要文献选编(上、中、下)[M]. 北京：中央文献出版社，2006.
12. 中共中央文献研究室. 邓小平年谱(上、下)[M]. 北京：中央文献出版社，2004.
13. 中共中央文献研究室. 江泽民论有中国特色社会主义(专题摘编)[M]. 北京：中央文献出版社，2002.
14. 中国大百科全书(政治学卷)[M]. 北京：中国大百科全书出版社，1992.
15. [俄]普列汉诺夫. 论个人在历史中的作用问题[M]. 唯真，译. 北京：生活 · 读书 · 新知三联书店，1961.
16. [俄]普列汉诺夫. 普列汉诺夫哲学著作选集(第 3 卷)[M]. 北京：生活 · 读书 · 新知三联书店，1962.
17. 陈独秀文章选编(上册)[M]. 北京：生活 · 读书 · 新知三联书店，1984.
18. 梁柱，龚书铎. 警惕历史虚无主义思潮[M]. 北京：人民教育出版社，2006.
19. 梁柱，张守民. 社会主义初级阶段与四项基本原则[M]. 北京：人民出版社，2002.

20. 周新城. 民主社会主义思潮评析[M]. 北京：社会科学文献出版社，2008.
21. 周新城，张旭. 苏联演变的原因与教训——一颗灿烂红星的陨落[M]. 北京：社会科学文献出版社，2008.
22. 梅荣政，张晓红. 新自由主义思潮[M]. 北京：高等教育出版社，2004.
23. 金冲及. 二十世纪中国史纲(第3卷)[M]. 北京：社会科学文献出版社，2009.
24. 沈桂萍. 马克思主义民族观与党的民族政策[M]. 北京：中央编译出版社，2007.
25. 吴易风. 马克思主义经济学和新自由主义经济学[M]. 北京：中国经济出版社，2006.
26. 夏伟东，李颖，杨宗元. 论个人主义思潮[M]. 北京：高等教育出版社，2006.
27. 侯惠勤. 马克思的意识形态批判与当代中国[M]. 北京：中国社会科学出版社，2010.
28. 张世保. 大陆新儒学评论[M]. 北京：线装书局，2006.
29. 房宁，王柄权. 民族主义思潮[M]. 北京：高等教育出版社，2004.
30. 俞吾金. 意识形态论[M]. 北京：人民出版社，2009.
31. 张国祚. 文化软实力蓝皮书[M]. 北京：社会科学文献出版社，2011.
32. 钱其琛. 外交十年[M]. 北京：世界知识出版社，2003.
33. 刘建军. 当代中国政治思潮[M]. 上海：复旦大学出版社，2010.
34. 王俊秀，杨宜音. 社会心态蓝皮书：2011年中国社会心态研究报告[M]. 北京：社会科学文献出版社，2011.
35. 聂立清. 我国当代主流意识形态认同研究[M]. 北京：人民出版社，2010.
36. 吴请. 意识形态与国家安全[M]. 武汉：华中师范大学出版社，2011.
37. 李友梅，等. 社会认同：一种结构视野的分析[M]. 上海：上海人民出版社，2007.
38. 左大培. 混乱的经济学：经济学到底教给了我们什么？[M]. 北京：北京石

油工业出版社，2002.

39. 刘淑春，等.“十月”的选择：90年代国外学者论十月革命[M]. 北京：中央编译出版社，1997.

40. 谢泳. 逝去的年代：中国自由知识分子的命运[M]. 北京：北京文化艺术出版社，1999.

41. 刘军宁. 北大传统与近代中国：自由主义的先声[M]. 北京：中国人事出版社，1998.

42. 余飘. 中外著名人士谈毛泽东[M]. 北京：大众文艺出版社，1999.

43. 蒋庆. 政治儒学：当代儒学的转向、特质与发展[M]. 北京：生活·读书·新知三联书店，2003.

44. [英]约翰·汤普森. 意识形态与现代文化[M]. 高恬，等译. 南京：译林出版社，2005.

45. [美]诺姆·乔姆斯基. 新自由主义和全球秩序[M]. 徐海铭，季海宏，译. 南京：江苏人民出版社，2000.

46. [美]弗朗西斯·福山，等. 全球化：时代的标识——国外著名学者、政要论全球化[M]. 中国现代国际关系研究所全球化研究中心，编译. 北京：时事出版社，2003.

47. [美]弗朗西斯·福山. 历史的终结及最后之人[M]. 黄胜强，等译. 北京：中国社会科学出版社，2003.

48. [美]塞缪尔·亨廷顿. 文明的冲突和世界秩序的重建[M]. 周琪，等译. 北京：新华出版社，1998.

49. [美]丹尼尔·贝尔. 意识形态的终结[M]. 牛可，董正华译. 南京：江苏人民出版社，2001.

50. [美]迈克尔·H. 亨特. 意识形态与美国外交政策[M]. 褚律元，译. 北京：世界知识出版社，1999.

51. [美]艾恺. 采访这个世界会好吗——梁漱溟晚年口述[M]. 北京：东方出版

中心，2006.
52. [英]弗雷德里希·奥古斯特·冯·哈耶克. 通往奴役之路[M]. 王明毅，等译. 北京：中国社会科学出版社，1997.
53. [美]伊曼纽尔·沃勒斯坦，等. 开放社会科学：重建社会科学报告书[M]. 北京：生活·读书·新知三联书店，1997.
54. [美]普特南. 理性、真理与历史[M]. 童世骏，李光程，译. 上海：上海译文出版社，1997.
55. [捷]奥塔·希克. 第三条道路——马克思列宁主义理论与现代工业社会[M]. 张斌，译. 北京：人民出版社，1982.
56. 教育部邓小平理论和“三个代表”重要思想研究中心. 用社会主义核心价值体系引领多样化社会思潮[N]. 光明日报，2008-05-13.
57. 沙健孙. 坚持马克思主义指导地位 正确对待西方思想理论[N]. 光明日报，2005-04-27.
58. 陈奎元. 繁荣发展中国特色的哲学社会科学[N]. 人民日报，2004-04-20.
59. 中国社会科学院“新自由主义研究”课题组. 新自由主义研究[J]. 马克思主义研究，2003(6).
60. 陈先达. 文化复兴与尊孔读经[J]. 高校理论战线，2008(1).
61. 侯惠勤. 新中国主流意识形态建设的基本经验(下)[J]. 思想理论教育导刊，2009(9).
62. 周新城. 社会主义与资本主义两种社会制度能够趋同吗——评辛子陵关于未来社会发展趋势的一个观点[J]. 贵州师范大学学报(社会科学版)，2011(5).
63. 邓小平关于正确评价毛泽东和起草历史问题决议的谈话选载[J]. 党的文献，2011(3).
64. 李崇富. 关于马克思主义阶级观点和阶级分析方法的正确理解与运用[M]//俞可平，李慎明、王伟光，等. 阶级和革命的基本观点研究(马克思主义研究论丛·第10辑). 北京：中央编译出版社，2008.
65. 程霞，马得林. 社会主义核心价值体系引领社会思潮机制研究述评[J]. 毛泽东思想研究，2013(9).
66. 萧延中. 近期中国的毛泽东研究：一个政治意识生态的框架草图[J]. 湖南科技大学学报(社科版)，2011(6).
67. 石云霞. 当代中国文化发展中的意识形态安全问题[J]. 中国特色社会主义研究，2012(2).
68. 刘少杰. 制度变迁中的意识形态分化与整合[J]. 江海学刊，2007(1).
69. 刘思源. 正确看待毛泽东对中国特色社会主义道路的探索[J]. 上海党史党建，2010(12).
70. 孙麾. 当代学术思潮的前提批判[J]. 马克思主义研究，2008(3).
71. 姜辉. 剧烈变动时代的世界社会主义：机遇与挑战[J]. 国外社会科学，2012(5).
72. 刘淑春. 全球经济危机背景下世界社会主义面临的机遇与挑战[J]. 科学社会主义，2011(6).
73. 田改伟. 试论我国意识形态安全[J]. 政治学研究，2005(1).
74. [美]黄宗智. 学术理论与中国近现代史研究，学术界，2010(3).
75. 丁冰. 失灵的药方——看西方学者如何批评新自由主义[J]. 红旗文稿，2009(3).
76. 汪亭友. 打破西方宪政的“普世”迷思[N]. 中国社会科学报，2013-06-18.
77. 杨建伟、张平. 公民社会理论之困境[J]. 学术月刊，2007(7).
78. 李新安. 对“公民社会”思潮的思考[J]. 西安政治学院学报，2013(6).
79. 吴易风. 西方经济学中的新自由主义[J]. 红旗文稿，2014(5).
80. 康晓光. 文化民族主义论纲[J]. 战略与管理，2003(2).
81. 王习胜. 思想政治教育如何面对“淡化意识形态”思潮[J]. 马克思主义研究，2012(3).